中国职业技术教育学会
智慧文旅职业教育专业委员会推荐用书

专家指导委员会　主　任／韩玉灵
　　　　　　　　副主任／邓　宁
总主编／杜兰晓

| 智慧旅游技术应用系列教材 |

智慧旅游运营实务（第2版）

ZHIHUI LÜYOU
YUNYING SHIWU

主　编　杨　栋
副主编　陈　超　张　翊　孟凤娇
　　　　刘　平　罗婵玉　阚玉丽

北京·旅游教育出版社

立体化教学资源

图书在版编目（CIP）数据

智慧旅游运营实务 / 杨栋主编. -- 2版. -- 北京：旅游教育出版社，2025. 1. --（智慧旅游技术应用系列教材）. -- ISBN 978-7-5637-4768-9

Ⅰ．F590.6

中国国家版本馆CIP数据核字第2024CW0970号

智慧旅游技术应用系列教材

智慧旅游运营实务
（第2版）

杨　栋　主编

陈　超　张　翊　孟凤娇　刘　平　罗婵玉　阚玉丽　副主编

总　策　划	丁海秀
执行策划	陈凤玲
责任编辑	陈凤玲
出版单位	旅游教育出版社
地　　址	北京市朝阳区定福庄南里1号
邮　　编	100024
发行电话	（010）65778403　65728372　65767462（传真）
本社网址	www.tepcb.com
E-mail	tepfx@163.com
排版单位	北京旅教文化传播有限公司
印刷单位	天津雅泽印刷有限公司
经销单位	新华书店
开　　本	710毫米×1000毫米　1/16
印　　张	19
字　　数	285千字
版　　次	2025年1月第2版
印　　次	2025年1月第1次印刷
定　　价	59.80元

（图书如有装订差错请与发行部联系）

智慧旅游技术应用系列教材
专家指导委员会、编委会

专家指导委员会

主　　任：韩玉灵
副 主 任：邓　宁
委　　员：康　年　魏　凯　卓德保　丁海秀

编委会

总 主 编：杜兰晓
执行总主编：韦小良　郭　一
委　　员（按姓氏笔画顺序排列）：

丁原祖	王亚丽	王国栋	王莹莹	王新宇	邓　进	邓莎莎
叶冬梅	田　超	邢剑飞	伍　欣	刘　丹	刘　平	刘　凯
孙　晶	李　云	李　俊	李雪丽	李　想	李　霞	杨　栋
杨　强	杨　璐	汪早荣	汪敏倩	沙子凯	张伟国	张　洁
张　萍	张梦雨	张　翊	陈志伟	陈　亮	陈晓华	陈克明
陈　超	邵　阳	罗婵玉	孟凤娇	孟晓龙	胡　卉	施蓓琦
姚梅芳	俞志兴	袁　芬	钱天宇	徐汗青	黄东梅	黄　昇
康传德	彭士平	韩　玮	韩黄英	程　琪	焦金英	谢仲文
阚玉丽	潘　宁	潘贵忠	魏　健			

《智慧旅游运营实务》
编委会

主　　编：杨　栋
副 主 编：陈　超　张　翊　孟凤娇　刘　平　罗婵玉　阚玉丽
编　　委：康传德　田　超　刘　丹　俞志兴　韩黄英　陈　亮　陈晓华

总序 PREFACE

随着信息技术的快速发展并在旅游领域的深入应用，旅游业发生了前所未有的变革。《"十四五"文化和旅游发展规划》指出：积极发展智慧旅游，深化"互联网＋旅游"，加快推进以数字化、网络化、智能化为特征的智慧旅游发展。如何利用信息技术发展智慧旅游，实现旅游服务、旅游管理、旅游营销和旅游体验的智能化，促进旅游业全面转型升级和高质量发展，为把旅游业建设成为人民群众更加满意的现代服务业提供智力支持和人才保障，是当下旅游高等教育亟待解决的重要课题。

浙江旅游职业学院一直秉持着"依托行业、产学结合、接轨国际"的办学理念，借着浙江数字经济转型的东风，工学结合、校企合作，紧紧围绕智慧旅游教育领域积极探索，并开设了智慧旅游等一系列平台课程。2021年3月，教育部全面修订新版职业教育专业目录。本人很荣幸地受教育部委托，作为组长牵头旅游大类中高本一体化专业目录修（制）订工作。在此过程中，由浙江旅游职业学院牵头申报了智慧旅游技术应用这个新专业并得到批准。自此，智慧旅游技术应用成为高职院校独立的专业，并于2021年9月正式开始招生。2021年8月，本人再次受教育部委托，作为组长牵头带领团队完成了智慧旅游技术应用专业教学标准和专业简介的研制工作。

智慧旅游技术应用作为新专业，亟需一套与之相匹配的专业教材。在旅游教育出版社的邀请和大力支持下，我们开始筹划全国首套智慧旅游技术应用专业系列教材的编写与出版工作。2021年6月，浙江旅游职业学院承办了智慧旅游技术应用专业系列教材论证会，牵头组织了国内14所旅游院校、10余家旅游行业企业专家参与系列教材的编写工作。

该系列教材一共5册，分别是《智慧旅游技术概论》《旅游大数据及其应用》《旅游新媒体运营》《智慧旅游运营实务》《智慧旅游产品创新与创业》。该系列教材的编撰，紧扣智慧旅游技术应用专业标准，注重学生理论知识的提炼与实践能力的提升，从智慧旅游基础知识、旅游行业、实践运营、案例分析等多维度，围绕市场调研与商务数据分析、旅游大数据应用、旅游新媒体运营、智慧旅游产品应用以及智慧旅游运营逻辑主线而精心编撰，优选了国内外大量的智慧旅游相关案例，具有较强的针对性和实用性。

在此，要衷心感谢北京第二外国语学院、上海师范大学、上海旅游高等专科学校、青岛酒店管理职业技术学院、郑州旅游职业学院、太原旅游职业学院、泰山学院、江西婺源茶业职业学院、淄博职业学院、山西职业技术学院、长沙商贸旅游职业学院、南充文化旅游职业学院、上海师范大学天华学院、南京旅游职业学院等单位和编写团队的倾情付出。同时，也诚挚感谢以韩玉灵教授为主任、邓宁为副主任的专家指导委员会的悉心指导和帮助，以旅游教育出版社丁海秀副社长为首的工作团队的全力支持与配合。

本套教材既可作为中高职旅游类专业教学用书，也可作为职业本科旅游类专业教学参考用书，同时还可作为工具书供从事旅游服务与管理的企事业单位专业人员和社会人士借鉴与参考。

本套教材虽凝聚多方心血而成，但基于智慧旅游技术应用是新专业，且应用领域十分广泛，作为全国首套智慧旅游技术应用专业系列教材，肯定还存在诸多不足和遗漏之处，恳请读者不吝批评和指正，我们将在今后再版过程中予以完善与修正。

总主编：

2022年8月

前言 FOREWORD

  当前互联网、大数据、人工智能、物联网、云计算、区块链等新技术与旅游产业的融合日新月异，旅游产业正在经历数字化升级转型，旅游产业迎来智慧旅游的新时代。新型旅游职业场景面向智慧化转型过程的旅游产业，涵盖在线旅游、旅行社、酒店、餐饮、景区、目的地、智能穿戴、演艺、购物、文创、交通等领域。文旅行业正搭乘"数字快车"，加速向数字化、智慧化发展。新时代智慧文旅行业发展呼唤既精通旅游服务、运营与管理之道，又娴熟掌握智慧旅游技术应用之术的复合型创新人才，以驱动行业的创新发展与高效运营。

  本教材结合院校智慧旅游研究和旅游企业行业智慧化运营相关成果，将智慧技术和旅游两大领域深度融合和创新发展，培养学生运用智慧旅游新思维和新技术的综合能力，以更好满足智慧旅游行业相关岗位对于新技术、新流程、新标准的要求。教材共分8个项目：项目一介绍智慧旅游发展历程和基本框架等内容，项目二介绍常见的几种在线旅游行业智慧化运营；项目三介绍旅行社行业智慧化运营，项目四介绍酒店行业智慧化运营，项目五介绍旅游景区智慧化运营，项目六介绍旅游目的地智慧化运营，项目七介绍了一些智慧旅游工具的应用，项目八介绍了旅游演艺、旅游购物、旅游文创和旅游交通等旅游相关行业的智慧化运营等内容。

  本教材注重应用性、实践性和可操作性，既为智慧旅游技术应用、旅游管理、酒店管理等旅游类本、专科相关专业教学提供教学资源，同时也为文旅企业从业者自学提供学习参考。本教材主要有如下特点。

第一，编写理念先进，内容科学新颖。本教材体现了职业教育的类型特征，深度对接文旅产业数字化、网络化、智能化发展新趋势，对接新产业、新业态、新模式下智慧旅游管理、服务、营销等岗位（群）的新要求，有力推动了旅游类专业职业教育专业升级和数字化改造。

第二，注重思政教育，体现价值育人。在学习目标、内容体系和训练任务的构建过程中，有机融入思政元素，引导学生树立正确的职业价值观，塑造诚信意识、契约精神、文化自信、创新意识，培养学生在智慧旅游运营中坚守底线思维，追求卓越品质的精神。

第三，学习资料丰富，配套资源多样。本教材顺应数字化教学发展的趋势，教材图文并茂，可读性强，扫描二维码实现随时随地学习。建设了包括微课、电子课件、企业案例、在线互动、在线测试、虚拟仿真、动画、问答等在内的各类资源1200余条的在线学习平台。

第四，强化育训并举，对接真实岗位。本教材每个任务中配套了实训环节，包括任务导入、任务训练和习题考核，以能力训练和创新思维培养为中心，提炼典型工作任务，将智慧旅游运营的学习和训练实践相融合，使学习与训练联动，将专业知识和实践技能融入真实企业岗位任务情景中。

本教材由青岛酒店管理职业技术学院、江西婺源茶业职业学院、淄博职业学院、山西职业技术学院等院校和山东文旅云智能科技有限公司、金棕榈（上海）教育科技有限公司、浙江深大智能科技有限公司、青岛旅游大数据中心共同编写完成。本教材入选了青岛市优秀人文社科图书，同时是青岛酒店管理职业技术学院推进国家"双高计划"建设的成果之一。

感谢旅游教育出版社有关领导、专家和编辑，他们为本教材撰写和出版付出辛勤的劳动，提出有益的修改建议。同时也诚挚感谢国内外智慧旅游研究领域专著、教材、报纸杂志、网络资料及论文报告的作者们。他们的作品为本教材的顺利编写提供了丰富的参考，使编写团队受益匪浅。由于编者水平有限，加之智慧旅游运营领域发展很快，教材中难免有一些不足和疏漏之处，希望读者批评指正，有任何问题均可与编者联系，我们将虚心接受，以利于提高。

编者

2025年1月

课程介绍

目录 CONTENTS

项目一　认识智慧旅游 1
　　任务一　了解智慧旅游的发展现状 3
　　任务二　熟悉智慧旅游的内容 25
　　任务三　了解智慧旅游的构架 29

项目二　在线旅游行业智慧化运营 39
　　任务一　认识在线旅游行业的智慧化 41
　　任务二　综合类旅游电商智慧化运营 47
　　任务三　攻略社区类旅游电商智慧化运营 57
　　任务四　定制旅行类旅游电商智慧化运营 63
　　任务五　工具类旅游电商智慧化运营 68

项目三　旅行社行业智慧化运营 75
　　任务一　认识旅行社的智慧化 77
　　任务二　旅行社内容生态建设 93
　　任务三　旅行社 ERP 系统 100
　　任务四　智能旅行服务 103

项目四　酒店行业智慧化运营 109
　　任务一　认识酒店的智慧化 111

  任务二 酒店无接触服务与自助服务终端操作 …… 118
  任务三 酒店 PMS 系统运营 …… 121
  任务四 客房智能系统运营 …… 129
  任务五 智能餐饮管理 …… 138
  任务六 酒店智能化发展 …… 143

项目五 旅游景区智慧化运营 …… 151
  任务一 认识景区的智慧化 …… 153
  任务二 景区智慧导览运营 …… 160
  任务三 景区门票及识别系统操作 …… 168
  任务四 景区智慧调度系统运营 …… 175
  任务五 景区视频融合、大数据及综合业务管控系统运营 …… 179

项目六 旅游目的地智慧化运营 …… 191
  任务一 认识旅游目的地的智慧化 …… 193
  任务二 SaaS 平台应用 …… 198
  任务三 旅游公共服务运营 …… 200
  任务四 旅游目的地供应链管理 …… 207
  任务五 旅游大数据应用 …… 213
  任务六 全景智慧导游运营 …… 221
  任务七 旅游目的地内容生态建设 …… 230

项目七 智慧旅游工具应用 …… 237
  任务一 智能旅游穿戴设备应用 …… 239
  任务二 虚拟现实旅游产品应用 …… 246
  任务三 电子导游产品应用 …… 255
  任务四 旅游内容营销实施 …… 261

项目八 旅游相关行业智慧化运营 …… 269
  任务一 旅游演艺项目智慧化运营 …… 271
  任务二 旅游购物项目智慧化运营 …… 277
  任务三 旅游文创项目智慧化运营 …… 280
  任务四 旅游交通项目智慧化运营 …… 285

参考文献 …… 291

项目一　认识智慧旅游

项目导读

本项目主要是对智慧旅游的发展历程和基本概念进行阐述，与后面各项目形成呼应，相关概念在后面的项目和任务中会再次或多次出现。本项目主要讲了智慧旅游的发展现状、内容和架构。智慧旅游的发展现状需要掌握智慧旅游的一些基本概念和关键技术，同时要了解智慧旅游在国内外的发展状况。智慧旅游主要包括服务智慧化、管理智慧化和营销智慧化，要求掌握这3个方面的具体表现和智慧化特征。智慧旅游的构架主要包括智慧旅游的主体和客体两个关键内容，学生需掌握主体的服务目标和客体的服务需求。

学习目标

素质目标

1. 遵守旅游行业的职业道德规范，认真履行工作职责，诚实守信、保守商业秘密。
2. 自觉维护企业和游客的合法权益，对智慧旅游运营工作充满责任感。
3. 践行以游客为中心的服务理念，树立提供优质、高效、个性化智慧旅游服务的职业追求。

知识目标

1. 掌握旅游、智慧旅游的概念，了解智慧旅游与智慧城市的关系。
2. 了解智慧旅游的相关技术及其应用。
3. 了解国内外智慧旅游的发展历程和现状。
4. 掌握智慧旅游的3个基本内容。
5. 掌握智慧旅游的主体和客体相关知识。

能力目标

1. 具备对新兴技术的敏锐洞察力，不断提升技术应用水平。
2. 能将智慧旅游领域的新方法、新技术、新工艺、新标准应用于实践场景。

价值引领案例1：
服务美好生活
"数实融合"便民服务——"鲟侠船长"AI交互数字人

思维导图

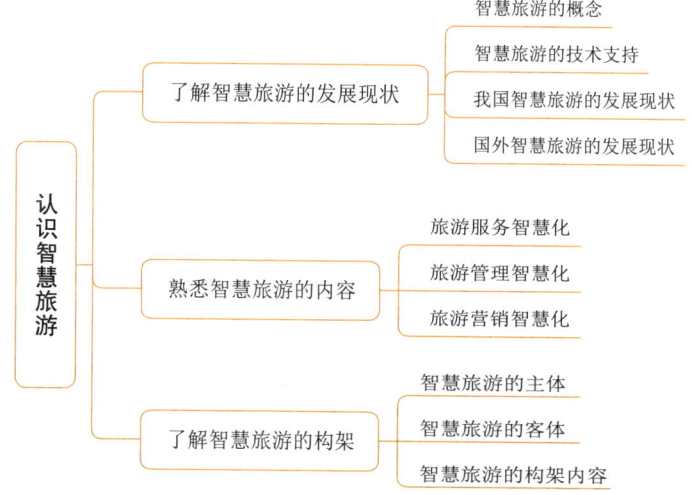

任务一　了解智慧旅游的发展现状

【任务导入】

所谓智慧旅游，是以信息技术为引领的现代科技与旅游产业深度融合的产物。产品创新和服务创新将成为吸引消费者的关键。近年来，各地在发展智慧旅游方面都有哪些亮点呢？

在人工智能和物联网等新一代信息技术引领下，人们的旅行变得愈加便捷和人性化。打开各旅游景区和文博院馆的微信公众号，游客可以使用线上导览地图选择自己感兴趣的游览路线，定制好个性化游览计划，跟随导览指示就能轻松到达。

这种智慧体验还出现在旅游企业管理和游客监督中。在乌镇旅行，游客只需用手机扫描酒店房间的二维码，就能看到该间客房清洁报告。乌镇景区已完成3154间客房、16.7万个布草芯片的布置，使布草流转的每个环节都有据可查。此外，有的智慧酒店还打造了智能安睡系统，能帮助游客进入健康的深度睡眠状态。

西安大唐不夜城通过科技＋旅游，实现了一步一景、从看景到"入景"，人们在欣赏着诗乐相融、山河璀璨的美景时，也享受到了智慧旅游带来的新体验。作为首批国家级"5G＋智慧旅游"应用试点项目，西安的大唐不夜城景区在开放式步行街通过智能集成杆，打造了一套数据系统，确保数万名游客安全。这个智能集成杆集合了视频监控、人脸识别、雪亮工程等多项功能，只要按下求助按钮，指挥中心就能收到报警电话，还能实现实时灯光特效控制、人流密度预警、应急预案启动及保障游客安全等功能。此外，该景区还应用5G超密智能立体组网创新方案，满足高峰期市民游客的用网需求。

智慧旅游让传统旅游焕发出新活力。通过建设文旅产业互联网平台，充分发挥海量数据和丰富应用场景优势，促进数字技术与实体文旅深度融合，为游客提供更加生动丰富的感知体验，推动文旅产业高质量发展。

任务解析：拿起手机通过12306平台预订一张火车票，打开旅游相关App选择一家心仪的酒店或者民宿，在叫车平台呼叫一辆网约车直达高铁站……现代人的出行就是如此智能和便捷，科技创新赋能旅游智慧化升级，又给游客带来一波新的惊喜。

请同学们完成下列讨论。

1. 通过互联网技术和人工智能等技术，智慧旅游、智能导览、智能预订、目的地智能交通等是如何实现的？

2. 旅游是一个主观性很强的行业，千人千需、千人千感，传统的旅游服务难以针对亿万游客实现一对一的柔性定制服务，智慧旅游是如何通过一部手机实现旅游者的个性化定制服务？

智慧旅游是现代旅游业信息化发展的新模式，是在智慧地球与智慧城市基础上提出的概念。智慧旅游的实施，不仅全面提升了游客在吃、住、行、游、购、娱等各旅游消费环节中的附加值，而且使游客能便捷快速地获取旅游资讯，随时规划出行或调整行程计划，快速完成各类旅游服务的查询、预订、支付和退订业务，及时反馈问题和分享旅游体验，并在游前、游中、游后都能感受到旅游的智慧化。

一、智慧旅游的概念

（一）旅游

我国历史悠久，地域辽阔，是个多民族融合统一的国家，境内拥有丰富的自然和人文资源。随着社会经济的发展，人民生活水平不断提高，越来越多人愿意抽出时间，到向往已久的地方旅游，给予自己文化的陶冶和精神的休憩。旅游是人们摆脱工作和琐事，暂时离开日常居住地，进行观光、游玩和娱乐等活动而引起的一种现象及关系的总和。旅游业是凭借旅游资源和设施，专门或者主要从事接待游客，并为其提供吃、住、行、游、购、娱等六个环节的综合性行业。

（二）智慧地球、智慧城市与智慧旅游

视频1-1：智慧城市

2008年11月，国际商业机器公司（IBM）提出"智慧地球"概念，随后该思路得到包括中国在内的世界各国的普遍认可和响应，与"智慧地球"密切相关的物联网、云计算、互联网、人工智能等高新技术，成为科技发达国家制定本国发展战略的重点。

按照IBM的定义，"智慧地球"包括3个维度：第一，能够更透彻地感应和度量世界的本质和变化；第二，促进世界更全面地互联互通；第三，在上述基础上，所有事物、流程、运行方式都将实现更深入的智能化，企业因此获得更智能的洞察。

城市一般由组织、业务、交通、通信、水和能源六个核心系统构成。在互联网时代，这些系统不是毫无关系的独立单元，而是以一种协作的方式相互衔接，形成城市宏观物联体系。基于这种认知，IBM于2010年正式提出了"智慧的城市"建设愿景。智慧城市是运用物联网、云计算、大数据、空间地理信息集成等新一代信息集成技术，促进城市规划、建设、管理和服务智慧化的新理论和新模式。智慧城市的建设包括智慧交通、智慧医疗、智慧园区、智慧电网等数十个模块，涉及城市居民工作与生活的方方面面。智慧城市的建设包括技术层和社会层两大因素。从技术发展的视角，智慧城市建设要求

通过以移动技术为代表的物联网、云计算等新一代信息技术的应用，实现全面感知、泛在互联、普适计算与融合应用。从社会发展的视角，智慧城市还要求通过社交网络、微观装配实验室、智能家居、综合集成法等工具和方法的应用，实现以用户创新、开放创新、大众创新、协同创新为特征的知识社会环境下的可持续创新，强调通过价值创造、以人为本实现经济、社会、环境的全面可持续发展。

图1-1 智慧城市

智慧旅游是利用云计算、物联网、大数据、移动互联网和人工智能等先进技术，主动感知和捕捉旅游资源、旅游经济、旅游资讯、游客行为等信息，并对信息资源进行最大限度的开发利用，以更加及时、准确、智能的方式为游客、旅游企业、旅游管理部门提供各种信息化应用和服务。对智慧旅游的技术研发人员而言，智慧旅游是云计算技术、物联网技术、大数据技术、移动互联网技术和人工智能等先进技术的开发与集成；对旅游管理部门而言，智慧旅游是战略规划和公共服务平台；对旅游企业而言，智慧旅游是投资项目和创新发展模式；对游客而言，智慧旅游是线上、线下旅游服务的全面升级，是一种能够掌握在自己手上的便利与实惠。

视频1-2：智慧旅游

智慧地球、智慧城市和智慧旅游三者密切相关，都是基于物联网、移动互联网、云计算、大数据等高新技术的创新项目。智慧地球辐射范围最大；智慧城市需要建设的面最多；智慧旅游是旅游方向的专项建设，与智慧城市其他方面的建设协调联动，共同促进城市智慧化。

二、智慧旅游的技术支持

随着科学技术的快速发展，支撑智慧旅游的技术逐渐成熟和完善。云计算、物联网、大数据、移动互联网、人工智能等技术的进步，为智慧旅游的实现提供了关键技术支撑；智能手机、平板电脑等移动电子设备的升级换代，为智慧旅游提供了强劲的硬件承载。智慧旅游是信息通信技术与旅游业融合发展的顶层设计，是信息通信技术在旅游业中的应用创新和集成创新，是为满足游客个性化需求提供高品质、高满意度的服务。

（一）云计算技术

1. 云计算简介

视频1-3：云计算

云计算（Cloud Computing）是分布式计算的一种，指的是通过网络"云"将巨大的数据计算处理程序分解成无数个小程序，再通过多部服务器组成的系统进行处理，并将分析这些小程序得到的结果返回给用户。云计算是一种按使用量付费的模式，这种模式提供可用的、便捷的、按需的网络访问，进入可配置的计算资源共享池。只需投入很少的管理工作，或与服务供应商进行很少的交互，这些资源就能够被快速提供。

云计算可以分为云平台和云应用两个部分。云平台是用来构造应用程序的系统平台，可按照需求动态部署、配置、重新配置以及取消部署服务器。云应用是建立在云平台基础上的应用，是一种可以通过互联网访问的应用程序，它使用大规模的数据中心及功能强劲的服务器来运行网络应用程序与网络服务，使得任何用户通过适当的互联网接入设备都能够访问云应用。云计算的服务模式如图1-2所示。

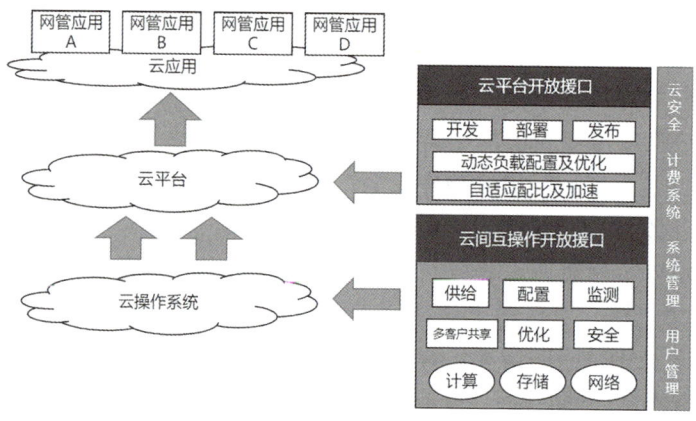

图1-2 云计算的服务模式

云计算为用户提供的服务包括基础设施服务（IaaS）、平台服务（PaaS）和软件服务（SaaS）3种类型。其中，IaaS是向用户提供虚拟化计算资源，包括虚拟机、存储、网络和操作系统等基本计算资源，用户能够部署和运行任意软件，包括操作系统和应用程序。PaaS是为开发人员提供通过全球互联网构建应用程序和服务的平台，为开发、测试和管理软件应用程序提供按需开发的环境。SaaS是通过互联网提供按需软件付费应用程序，即云计算提供商托管和管理软件应用程序，允许其用户连接到应用程序并通过全球互联网访问应用程序。

2. 云计算的关键技术

云计算作为数据服务中心，是通过虚拟化技术构建起来的，它融合了多项信息通信技术（ICT），其中以分布式存储、虚拟化、分布式资源管理、智能管理平台和分布式并行编程模式五大技术最为关键。

（1）分布式存储。它是网络数据的存储模式，采用可扩展的系统结构，利用多台存储服务器分担存储负荷，使用位置服务器来定位存储信息。这种数据存储模式不但提高了系统的可靠性、可用性和存取效率，还摆脱了硬件设备的限制，同时扩展性更好，能够快速响应用户需求的变化。云计算能够快速、高效地处理海量数据，关键就在于采用了分布式存储技术。

（2）虚拟化。虚拟化技术为云计算服务提供基础架构层面的支撑，是一种在软件中仿真计算机硬件，以虚拟资源为用户提供服务的计算形式，旨在合理调配计算机资源，使其更高效地提供服务。虚拟化技术打破了应用系统各硬件间的物理划分，从而实现了架构的动态化以及物理资源的集中管理和使用。虚拟化的最大好处是增强系统的弹性和灵活性，降低成本、改进服务、提高资源利用效率。

（3）分布式资源管理。它是保证云计算系统状态稳定的关键，即在多点并发执行环境中，保证各个节点的状态同步，并且在单个节点出现故障时，系统通过有效的机制保证其他节点不受影响。

（4）智能管理平台。它具有高效调配大量服务器资源，并使其更好地协同工作的能力。其中，方便地部署和开通新业务、快速发现并且恢复系统故障，以及通过自动化、智能化手段实现大规模系统可靠的运营是智能管理平台的技术关键。云计算可以有 3 种部署模式，即公共云、私有云和混合云。

（5）分布式并行编程模式。它能够更高效地利用软、硬件资源，让用户更快速、更简单地使用应用或服务。云计算是一个多用户、多任务、支持并发处理的系统。高效、简捷、快速是其核心理念，它旨在通过网络把强大的服务器计算资源方便地分发到终端用户手中，同时保证低成本和良好的用户体验。在分布式并行编程模式中，后台复杂的任务处理和资源调度对于用户来说是透明的，这样能够大大提升用户体验。

以上就是目前云计算涉及的五大核心技术。通过这些技术，我们可以将分散的节点有效地整合起来，组成大规模甚至超大规模集群，在提供强大性能的同时也提升资源的利用率。

3. 云计算在智慧旅游中的应用

智慧旅游的云计算建设分为云平台建设和云应用建设。由于云平台具有某种程度的应用无关性，因此智慧旅游的云计算建设较侧重于云应用，主要是如何将海量旅游信息进行整合并存放于数据中心、如何构建可供用户使用的旅游应用等。从某种程度上来说，云计算在智慧旅游中体现的是旅游资源与社会资源的共享与充分利用。

旅游业使用云计算搭建信息平台，优点在于可将海量旅游信息存放于云计算中心，用户可以直接在平台上查询各种旅游信息，用起来方便、快捷。此外，许多中小型旅游企业无须自己购买服务器或建立网站，只需要将信息存放于云计算中心，便可对其进行管理和发布，大大降低了运营和管理成本。

（二）物联网技术

1. 物联网简介

视频1-4：物联网

物联网（Internet of Things，简称 IoT）是指通过各种信息传感器、射频识别技术、全球定位系统、红外感应器、激光扫描器等装置与技术，实时采集需要监控、连接、互动的物体或过程，采集其声、光、热、电、力学、化学、生物、位置等各种需要的信息，通过各类可能的网络接入，实现物与物、物与人的泛在连接，实现对物品和过程的智能化感知、识别和管理。物联网是一个基于互联网、传统电信网等信息承载体，让所有能够被独立寻址的普通物理对象形成互联互通的网络。

2. 物联网的关键技术

物联网的体系架构由感知层、网络层和应用层组成，如图 1-3 所示。其中，感知层的关键是感知和识别技术，网络层的关键是无线通信技术，应用层的关键是云计算技术。

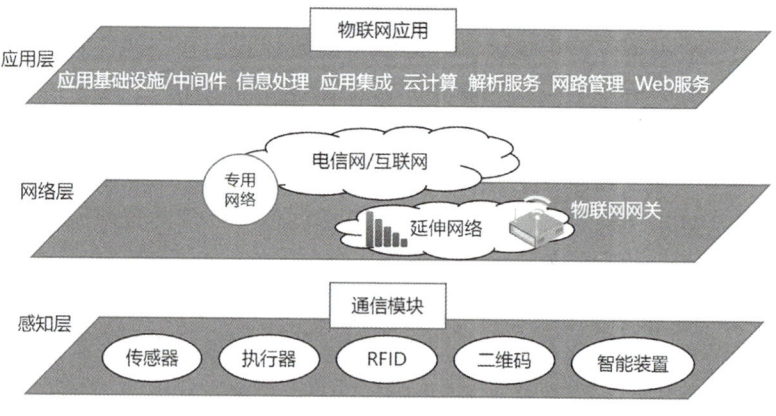

图 1-3　物联网的体系结构

（1）射频识别技术（Radio Frequency Identification，RFID）。它是一种简单的无线系统，由一个询问器（阅读器）和很多应答器（标签）组成。标签由耦合元件及芯片组成。每个标签具有扩展词条唯一的电子编码，附着在物体上标识目标对象，它通过天线将射频信息传递给阅读器。阅读器就是读取信息的设备。RFID技术让物品能够"开口说话"，使得物联网具有可跟踪性，人们可以准确掌握物品的位置及其周边环境。

（2）传感网。微机电系统（Micro-Electro-Mechanical Systems，MEMS），是由微传感器、微执行器、信号处理和控制电路、通信接口和电源等部件组成的一体化的微型器件系统。其目标是把信息的获取、处理和执行集成在一起，组成具有多功能的微型系统，集成于大尺寸系统中，从而大幅度地提高系统的自动化、智能化和可靠性水平。MEMS赋予了普通物体新的生命，它们有属于自己的数据传输通路，有存储功能、操作系统和专门的应用程序，从而形成一个庞大的传感网，使得物联网能够通过物品来实现对人的监控与保护。

（3）云计算（Cloud Computing）。云计算旨在通过网络把多个成本相对较低的计算实体整合成一个具有强大计算能力的完美系统，并借助先进的商业模式让终端用户可以得到这些强大计算能力的服务。云计算的一个核心理念就是通过不断提高"云"的处理能力，不断减少用户终端的处理负担，最终使其简化成一个单纯的输入输出设备，并能按需享受"云"强大的计算处理能力。物联网感知层获取大量数据信息，在经过网络层传输以后，放到一个标准平台上，再利用高性能的云计算对其进行处理，赋予这些数据智能，并最终转换成对终端用户有用的信息。

（4）M2M系统框架。M2M是Machine-to-Machine/Man的简称，是一种以机器终端智能交互为核心的、网络化的应用与服务。M2M将使对象实现智能化的控制。M2M技术涉及机器、M2M硬件、通信网络、中间件和应用5个技术部分。基于云计算平台和智能网络，可以依据传感器网络获取的数据进行决策，从而改变对象的行为，或进行控制和反馈。

3. 物联网在智慧旅游中的应用

物联网技术是智慧旅游的核心技术之一，其应用覆盖了智慧旅游的各环节。

在智能导游方面，物联网技术的应用使导游活动更加个性化和人性化。智能语音导游系统导游器就是利用物联网技术的典型案例。导游器采用射频识别技术和单片机技术，实体由语音导游和射频电子标签组成。根据系统探测范围大小和特殊环境的需要，景区工作人员在每个景点或者关键游览区放置射频电子标签，游客一旦进入射频区域范围，随身携带的导游器会自动识别该景点的信号，并通过地址码识别出游客所处位置的区域，然后导游器根据区域识别的结果自动完成解说内容的切换功能。

在酒店管理方面，物联网技术的应用使酒店能够建立智能感知客人需求、自动调节居住环境的智慧房间管理系统，从而提升酒店的整体服务水平。智慧房间的"智慧"体现在客人入住的房间和整个酒店能够为客人提供最符合其居住习惯的旅居环境，整个服务过程全部自动化、智能化，使客人真正感受到便捷与舒适。

在旅游交通方面，物联网技术的应用是智能交通系统的核心基础支撑。智能交通是一个基于现代电子信息技术面向交通运输的服务系统。通过该系统的调控，车辆能够科学地规划行驶路线，避开交通高峰期和拥堵路段，同时也使整个城市的交通流量调整至最佳状态。交通管理部门和车辆驾驶者借助这个系统，可以实时掌握道路和车辆情况。

物联网技术除了在导游、酒店、交通3个方面体现出实用性和效用外，在游客容量、旅游安全和景区人员管理等方面也有广泛的应用，并为智慧旅游的实现提供了有力的保障。

（三）大数据技术

1. 大数据简介

视频1-5：大数据

大数据（Big Data）指的是以容量大、类型多、存取速度快、应用价值高为主要特征的数据集合。其最早应用于IT行业，目前正快速发展为对数量巨大、来源分散、格式多样的数据进行采集、存储和关联分析，从中发现新知识、创造新价值、提升新能力的新一代信息技术和服务业态。

2. 大数据的特征

2013年，IBM提出了大数据在规模性、多样性、高速性、价值性四个方面呈现出的突出优势，简称"4V"特征。

（1）规模性（Volume）。大数据具有规模性的特点，即数据量巨大，包括采集、存储和计算的量都非常大。大数据的起始计量单位至少是P（1000个T）、E（100万个T）或Z（10亿个T）。大规模的数据对象构成的集合，即为"数据集"。数据集也具有不同的类型，常见的数据集类型包括记录数据集（记录的集合，即数据库中的数据集）、基于图形的数据集（数据对象本身用图形表示，且包含数据对象之间的联系）和有序数据集（数据集属性涉及时间及空间上的联系，存储时间序列数据、空间数据等）。

（2）多样性（Variety）。大数据具有多样性的特点，即数据种类及其来源多样化。大数据的种类有结构化数据、半结构化数据、非结构化数据和元数据，具体表现为网络日志、音频、视频、图片、地理位置信息等。结构化数据，指遵循一个标准的模式和结构，以二维表格的形式存储在关系型数据库里的行数据。结构化数据是先有结构，后产生数据。非结构化数据，是指不遵循统一的数据结构或模型的数据（文本、图像、视频、音频等），不方便用表格来表现。这部分数据在企业数据中占比大，且增长速率更快。半结构化数据，是指有一定的结构性，但本质上不具有关联性，是介于完全结构化数据和完全非结构化数据之间的数据。半结构化数据包含相关标记，用来分隔语义元素以及对记录和字段进行分层，是先有数据，再有结构。元数据，是一种用于描述其他数据的数据，可说明已知数据的一些属性信息，提供数据系谱信息和数据处理的起源。元数据可分为3种不同类型，分别为记叙性元数据、结构性元数据和管理性元数据。元数据主要由机器生成并添加到数据集中。元数据的作用类似于数据仓库中的数据字典。

（3）高速性（Velocity）。速率快是大数据处理技术和传统数据挖掘技术最大的区别。大数据是一种以实时数据处理、实时结果导向为特征的解决方案，它的"快"体现在3个层面：一是数据生成快，二是数据流动快，三是数据分析快。

（4）价值性（Value）。大数据具有价值密度低、商业价值高的特点。其中，价值密度低是指在巨大的数据量中总能找到我们需要的信息，但需要的关键信息就那么一点，相比于巨大的数据量只是沧海一粟；商业价值高指的是无论需要怎样的信息，总能在大数据中找到相关的线索，所以大数据具有非常高的价值。

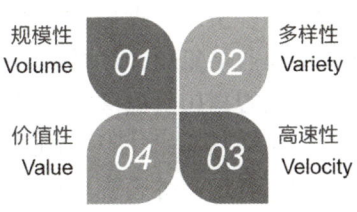

图 1-4 大数据的 4V 特点

3. 大数据在智慧旅游中的应用

通过大数据分析，可以准确预知客流趋向，进而采取相应的措施疏导客流；可以知道游客喜欢什么样的产品，进而开发建设适销对路的产品；还可以知道游客需要什么样的公共服务，进而提高旅游公共服务质量等。大数据对旅游业的影响无处不在，主要体现在以下几个方面。

（1）大数据在旅游管理上的应用。大数据使旅游管理智慧化。大数据一个明显的发展方向是数据可视化呈现，即通过把复杂的数据转化为可以交互的图形，以帮助用户更好地理解分析数据对象，发现其内在的规律，突破认知壁垒，将复杂未知数据的交互探索变得可行。旅游大数据的可视化，能够促进旅游管理信息的共享与协同发展，促进景区大数据与互联网运营商等第三方大数据的整合，为管理决策人员提供更加直观的决策依据，为挖掘更深层数据价值提供可能，从而实现智慧管理。如对未来一定时段的人流量、车流量等数据进行预测，并根据游客属性对资源与服务提前进行准备；结合景区监控系统对突发事件，如踩踏、拥挤等进行实时监测；通过监控系统及大数据分析，对景区人力物力资源进行科学分配，并对市场违规行为进行加强管理。

（2）大数据在旅游营销上的应用。大数据使旅游营销精准化。旅游服务供应链上的各方都是紧密相连的，起始端旅游需求量的变动，必然会引起下游各环节的变动。通过数据挖掘，可以判断一系列变动的规律。数据挖掘是通过对旅游相关企业的数据进行处理和分析，从中快速准确地找出有用信息。依托旅游大数据对游客市场进行细分，重点客源市场可被数据识别，便于针对主要潜在客户人群的特点进行精准营销及广告投放，并最终确定适合的销售模式、客户关系及营销策略等。利用大数据对旅游市场洼地进行挖掘，培育并发展新的客户群体，诊断旅游营销和推演可行性项目，提升客源市场的转化率，最终达到提升精准营销能力的目的。对于出现的游客抱怨、游客流失等不利因素，也可以通过旅游大数据中的旅游评价、投诉记录等进行原因分析，以及时采取补救措施或开发新的旅游项目，最终实现旅游智慧化营销。

（3）大数据在旅游服务上的应用。大数据使旅游服务人性化。目前的旅游消费模式已由卖方市场转向买方市场，旅游方式也由传统的观光旅游模式转向观光、休闲、度假、户外健身等多元化旅游模式。旅游模式和消费方式的个性化、多元化，对旅游信息的获取提出了更高的要求。依托旅游大数据，游客利用智慧旅游提供的终端工具，可以充分获取旅游目的地的交通、住宿、天气、旅游项目是否存在同质化、旅游服务质量及评价状况等内容，以便安排行程，制定旅游线路。旅游服务个性化主要体现在旅游产品自由组合预订、旅游季出行和价格预测指南、用户旅游社交产品、实时交互式数据挖掘的精准引流推荐、景区实时导航、景区实时热点引导、景区各服务窗口和景点流量的预测以及景区实时商业服务推荐8个方面。游客在任何渠道发布的针对服务的任何评价，都将作为旅游大数据被收集，继而旅游服务供应链上的各个成员通过旅游大数据，实现对需求状况、服务标准、产品供应、实时数据等信息的价值挖掘。通过对旅游大数据的分析，相关企业可以有效提高办事效率，实现链条上各环节间的无缝对接，为游客提供全链条的智慧服务。

（四）移动互联网技术

1. 移动互联网简介

移动互联网（Mobile Internet，MI）是PC互联网发展的必然产物，它将移动通信和互联网结合成一体，是互联网的技术、平台、商业模式和应用与移动通信技术结合并实践的活动的总称。移动互联网是移动和互联网融合的产物，继承了移动随时、随地、随身和互联网开放、分享、互动的优势，是一个全国性的、以宽带 IP 为技术核心的，可同时提供语音、传真、数据、图像、多媒体等高品质电信服务的新一代开放的电信基础网络，由运营商提供无线接入，互联网企业提供各种成熟的应用。

2. 移动互联网的组成

移动互联网的组成可以归纳为移动通信网络、移动互联网终端设备、移动互联网应用和移动互联网相关技术四大部分。

（1）移动通信网络。移动互联网时代无须连接各终端、节点所需要的网线，移动通信技术通过无线网络将网络信号覆盖延伸到每个角落，让我们能随时随地接入所需的移动应用服务。

（2）移动互联网终端设备。无线网络技术只是移动互联网蓬勃发展的动力之一，移动互联网终端设备的兴起才是移动互联网发展的重要助推器。目前，常见的移动互联终端设备主要有智能手机和平板电脑。

（3）移动互联网应用。当我们随时随地接入移动网络时，运用最多的就是移动互联网应用程序。移动互联网常见的应用类型有电子阅读、手机游戏、移动视听、移动搜索、移动支付、社交 App、移动电商等。

（4）移动互联网相关技术。移动互联网相关技术总体上分成三大部分，即移动互联网终端技术、移动互联网通信技术和移动互联网应用技术。其中，移动互联网终端技术包括硬件设备的设计和智能操作系统的开发技术。无论是智能手机还是平板电脑，都需要移动操作系统的支持。移动互联网通信技术包括通信标准与各种协议、移动通信网络技术和中段距离无线通信技术。移动通信特别是蜂窝网络技术的迅速发展，使用户彻底摆脱终端设备的束缚，实现完整的个人移动性、可靠的传输手段和接续方式。移动互联网应用技术包括服务器端技术、浏览器技术和移动互联网安全技术。

3. 移动互联网技术在智慧旅游中的应用

移动互联网在旅游中的应用呈现出多元化发展态势，覆盖了旅游的多个环节，如移动通信服务、位置查询服务、电子导游服务、旅游预订服务等，如图 1-5 所示。游客可以通过智能手机进行票务查询、预订和支付，可以随时随地分享旅程中的照片和心得，也可以查询周边的景点、交通和餐饮等。

（1）移动 App 服务。智慧旅游移动端的各项服务都是在 App 中实现的。除了专门开发的智慧旅游 App 外，支付宝、微信、微博、高德地图、哔哩哔哩、小红书等常用的综合性 App 中也包含了多元化的智慧服务功能，如微信群聊天板块中的定位与共享实时位置功能；微信支付板块中的生活服务、交通出行、购物消费等系列功能，以及微信中的小程序、公众号、视频号、看一看、直播等多样化功能，都包含了各种智慧城市和智慧旅游相关的服务。

图1-5 移动互联网技术覆盖旅游的多个环节

（2）移动拍客。拍客是指利用移动数码设备拍摄图片或视频，然后上传到网上与他人分享的人群。现在大部分游客的手机上都有高清晰摄像头，在旅游过程中不仅可以拍摄图片，还可以录制简短视频，并通过移动互联网实现即拍即发。拍客用稍纵即逝的机会捕捉旅游中的奇闻趣事，用镜头记录下自己的旅游心情，他们提供的图片、音频、视频均为原创资料，更具真实性，对其他游客的影响也更加直接。

（3）移动电子商务。指利用手机上网办理的一切和商务有关的事项，包括手机购物、手机交易、手机支付、手机订票、手机邮箱等。目前，移动电子商务在旅游业中的应用涉及各类票务的查询、预订、退订和支付，如酒店、车票、景区门票、租车服务等。

（五）人工智能技术

1. 人工智能简介

视频1-7：人工智能

人工智能（Artificial Intelligence，AI）是一门融合了计算机科学、控制论、信息论、神经生理学、心理学、语言学、哲学等多种学科互相渗透而发展起来的综合性学科，旨在使机器能够模拟、延伸和扩展人类的智能，从而实现一些需要人类智能才能完成的任务。

人工智能是智能学科重要的组成部分，它企图了解智能的实质，并生产出一种新的能以与人类智能相似的方式做出反应的智能机器。人工智能是十分广泛的科学，包括机器人、语言识别、图像识别、自然语言处理、专家系统、机器学习、计算机视觉等。

2. 人工智能产业和技术

人工智能产业可划分为基础层、技术层与应用层3部分。其中，基础层可以按照算法、算力与数据进行再次划分。算法层面包括监督学习、非监督学习、强化学习、迁移学习、深度学习等内容；算力层面包括AI芯片和AI计算架构；数据层面包括数据处理、数据储存、数据挖掘等内容。技术层根据算法用途可划分为计算机视觉、语音交互、自然语言处理。其中，计算机视觉包括图像识别、视觉识别、视频识别等内容；语音交互包括语音合成、声音识别、声纹识别等内容；自然语言处理包括信息理解、文字校对、机器翻译、自然语言生成等内容。应用层主要包括AI在各个领域的具体应用场景，比如自动驾驶、智慧安防、新零售等领域。

人工智能技术包含机器视觉、机器学习、自然语言处理、机器人技术以及生物识别技术五大核心技术。

（1）机器视觉。指机器视觉是用计算机模仿人类视觉系统的科学，使计算机拥有提取、处理、理解和分析图像以及图像序列的能力。它有着广泛的应用，包括智慧旅游中的人脸识别，安防、监控领域的人物、场景识别和活动识别，以及智慧景区各种标记条码的识别等。

（2）机器学习。指是从数据中自动发现模式，模式一旦被发现便可以做预测；处理的数据越多，其预测也会越准确。

（3）自然语言处理。指计算机拥有与人类类似的对文本进行处理的能力。例如，自动识别文档中被提及的人物、地点等，或将合同中的条款提取出来制作成表。

（4）机器人技术。随着算法等核心技术的提升，机器人技术取得重要突破，如无人机、家务机器人、医疗机器人等机器人都已应用到现实中。

（5）生物识别技术。可融合计算机、光学、声学、生物传感器、生物统计学，利用人体固有的生理特性如指纹、人脸、虹膜、静脉、声音、步态等进行个人身份鉴定。其最初运用于司法鉴定，目前范围已有所扩大。

3. 人工智能在智慧旅游中的应用

如果将物联网、云计算以及移动通信技术看成智慧旅游的架构技术，那么人工智能就是智慧旅游的内核技术。

AI的应用不仅可以优化旅游行程规划，也能提升定制深度游和个性化服务方案。同时，人工智能凭借先进算法，可深度剖析游客线上浏览轨迹、消费记录等数据，迅速洞察其偏好。在旅行中，智能导览依托5G、物联网，借助语音识别与精准定位，可让游客只需轻声问询，就能获取景区的实时讲解。AR技术与现实景观交互融合，虚拟场景跃然眼前，给游客带来沉浸式游览体验。

AI在旅游企业应用广泛，助力多个关键领域实现升级。在运营管理方面，借助AI大数据分析，企业能深度洞察市场动态与游客需求趋势，精准预测不同时段、不同客源地的游客流量，以此合理调配人力、物力资源。在客户服务方面，智能客服依托自然语言处理技术，可24小时解答游客咨询，极大提升游客咨询体验。在营销推广方面，通过构建详细的游客画像，AI助力企业精准定位目标客群，推送个性化广告与优惠活动，提升企业市场份额与竞争力。

三、我国智慧旅游的发展现状

国内智慧旅游的研究始于 2010 年（江苏镇江），前期的研究主要集中于智慧旅游理论体系、智慧旅游业态、区域智慧旅游的实践案例、智慧旅游的发展趋势和不足等几个方面。随着云计算、物联网、大数据、移动互联网和人工智能等技术的进一步发展和成熟，智慧旅游有了巨大的飞跃，移动客户端的智慧旅游 App 功能不断被完善以满足游客的各项个性化需求。下面主要从智慧旅游的业态研究、智慧旅游项目的建设情况及智慧旅游未来发展趋势来阐述我国智慧旅游的发展现状。

（一）智慧旅游业态研究

智慧旅游业态研究主要包括旅游电子商务、智慧旅行社、智慧旅游酒店、智慧旅游景区、智慧公共服务体系 5 个方面。

1. 旅游电子商务

旅游电子商务是以网络为主体，以旅游信息库、电子化商务银行为基础，利用先进的电子手段运作旅游业及其分销系统的商务体系，是各类旅游企业、旅游服务提供商、旅游机构及旅游者等多方参与的、多层次的、复杂又相互关联的网状系统。旅游电子商务实现旅游资源的有效整合，开展线上旅游产品营销、旅游产品预订服务、售后跟踪服务等商业活动，促进旅游企业内部业务的高效运转，有利于扩大销售市场，增加经济效益。

从 20 世纪末国内旅游业电子化的萌芽期到如今互联网发达的时代（其发展阶段参考表 1-1），仅仅二十几年，国内旅游电商已经更新迭代、发展迅猛，融入移动互联网中为大众，尤其是年轻游客普遍接受和应用。

表 1-1　我国旅游电子商务发展的 4 个阶段

阶段	时间	特征
萌芽阶段	1996—2003 年	1996 年左右,开始出现专业化的旅游电子商务。旅游企业以计算机互联网为载体,对传统旅游资源进行整合,提高资源利用率和降低运营成本,实现最优资源配置。通过计算机将旅游企业的供应链系统、资源计划系统和客户关系管理系统等多个系统进行高效串联,以满足旅游者日益增长的需求。 1997 年中国旅游资讯网和华夏旅游网的成立,标志着我国真正出现基于互联网的旅游网站。此阶段旅游网站具备的信息量很少,网站设计简单、以景点介绍为主的网页构成,陆续开始提供交通、住宿等在线咨询、预订等服务,但在落实预定和付款等方面还较麻烦。

续表

阶段	时间	特征
起步阶段	2004—2012年	旅游电子商务的业务范围不断扩大,除了酒店、机票预订外,还拓展到旅游度假产品、景区门票、旅游保险等多个领域。同时,一些旅游电子商务企业开始尝试推出个性化的旅游产品和服务,游客可以很方便地实现吃、住、行、游、购、娱等信息的在线查询等服务。 同时,随着在线支付技术的日益成熟,消费者可以更加便捷地完成交易;移动互联网的兴起,促使旅游电子商务企业纷纷推出手机客户端,方便消费者随时随地进行旅游产品的查询和预订,加快了旅游电商的发展。
快速发展阶段	2013—2022年	旅游电子商务行业进入了快速发展期,大型旅游电子商务企业通过并购、合作等方式,不断扩大自己的市场份额和业务范围。同时,旅游电子商务与传统旅游企业的融合也在不断加深,线上线下一体化的旅游服务模式逐渐形成。 消费者越来越习惯通过在线平台预订旅游产品,包括机票、酒店、旅游套餐、景区门票等,使得旅游电商的市场规模不断扩大。携程、去哪儿、美团、飞猪等大型旅游电商平台的交易额持续增长,在旅游市场中占据重要份额。旅游电子商务企业与传统旅游企业的合作不断加强,线上线下融合的趋势日益明显。线上平台为用户提供便捷的预订和信息服务,线下企业则提供实际的旅游产品和服务,双方优势互补,共同提升用户的旅游体验,推出一系列"线上预订、线下体验"的旅游产品。
技术赋能阶段	2023年至今	大数据、人工智能等技术在旅游电子商务中的应用越来越广泛。企业通过对用户数据的分析,能够更加精准地了解消费者的需求和行为,为用户提供个性化的推荐和服务。旅游电子商务企业通过大数据分析和人工智能技术,根据用户的兴趣、偏好、消费习惯等信息,为用户提供个性化的旅游方案和定制服务。同时,人工智能技术也被应用于客户服务中,智能客服可以快速回答用户的问题,提高服务效率。 直播技术的发展为旅游电子商务带来了新的营销机遇。旅游电商企业通过直播平台展示旅游目的地的风景、酒店设施、旅游产品等,让用户更加直观地了解旅游产品,提高用户的购买意愿。区块链技术在旅游产品预订、交易、评价等环节的应用,提高交易的安全性和可信度,保护用户的隐私和权益。虚拟现实(VR)和增强现实(AR)技术可以为用户提供更加真实、直观的旅游体验,让用户在预订前就能够身临其境地感受旅游产品,提高用户的购买决策效率。

2. 智慧旅行社

旅行社作为旅游活动的主要组织者和具体实施者,是旅游业的窗口,起着龙头带动作用,是启动旅游市场和优化旅游产品的重要保障。智慧旅行社将互联网、物联网技术和旅行社业务完美结合起来,实现质量控制(售前、售中、售后)的智能化,为游客提供高品质旅游服务,可提升游客忠诚度。

在互联网向物联网转型这一大背景下，智慧旅行社的建设将成为旅行社转型升级的必经之路。

智慧旅行社的建设，不仅实现了面向游客的网站服务和手机客户端服务两项基本功能，还在业务上实现了与智慧旅游大平台之间、智慧旅行社各系统之间的有效对接，使得各系统之间能资源共享、信息互通、数据统一，作为一个整体更好地为海内外游客服务。

3. 智慧旅游酒店

随着酒店日趋激烈的竞争和不断攀升的客户期望，业内人士不断寻求扩大酒店销售、改进服务质量、降低管理成本和提升客户满意度的新法宝，以增强酒店的核心竞争力。其中，最有效的手段就是大规模应用先进的信息化技术，变革传统意义上的酒店业竞争方式和经营管理模式，进而赢得新的竞争优势。酒店的竞争主要在智能化、个性化、信息化方面展开。作为智慧旅游的一部分，智慧酒店的建设是中国酒店业产业结构调整、升级的重大契机和必然选择。目前，国内智慧酒店建设开展得如火如荼。智慧酒店既实现了资源集约、低碳环保，也降低了酒店的经营成本，提高了酒店的经济效益，促进了经济、社会、生态和文化价值的综合提升，是酒店业可持续发展的必经之路。

4. 智慧旅游景区

对于景区管理者来说，工作中面对的种种问题也急需智慧旅游的帮忙。如何快速向游客推送景区各类信息，如何获知人流热度以便及时指挥调度，如何管理景区的景点、道路、设施相关数据，这些都是国内更多传统景区智慧转型中亟需攻克的难点。

目前，我国已经制定出台智慧旅游景区建设指南和相关要求，明确在线预约预订、分时段预约游览、流量监测监控、科学引导分流、非接触式服务、智能导游导览等建设规范，落实"限量、预约、错峰"要求。引导旅游景区提供在线预约预订服务、开发数字化体验产品并普及景区电子地图、线路推荐、语音导览等智慧化服务。建设一批世界级旅游景区和度假区，树立智慧旅游景区样板。推进乡村旅游资源和产品数字化建设，打造一批全国智慧旅游示范村镇。支持旅游景区运用数字技术充分展示特色文化内涵，积极打造数字博物馆、数字展览馆等，提升旅游体验。

5. 智慧公共服务体系

旅游公共服务是指由政府或其他社会组织提供的，不以营利为目的，具有明显公共性的，以满足旅游者共同需求为核心的公共产品和服务的总称。旅游公共服务体系是指在一定的旅游公共服务供给模式与政策规范下，依据一定的旅游公共服务的供给方式而形成的旅游公共服务系统。旅游公共服务体系的范畴主要包括信息系统、交通系统、安全保障系统、志愿者系统、科普与教育系统。

智慧旅游公共服务体系是面对新时代对于旅游信息资源的巨大需求,将智慧的思想和手段植入城市旅游公共服务的运营与管理过程中,以实现旅游城市整体运营方式转变的一种新型的旅游宣传营销与接待服务体系。该体系具有全面物联、充分整合、协同运作和激励创新的特点,可为游客、旅游供应商提供个性化、自助化、便捷化、一站式的旅游服务。

(二)智慧旅游项目的建设情况

1. 智慧旅游城市基本要求和评价

2024年5月,全国旅游标准化技术委员会发布旅游行业标准《智慧旅游城市基本要求和评价》(征求意见稿),该标准适用于地级及以上智慧旅游城市、县级智慧旅游城市的建设和评价,在国内属首次提出。

这个标准明确了智慧旅游城市基本要求:应有支撑智慧旅游发展的较完备的信息基础设施,网络基础设施覆盖率高,城市旅游资源数字化程度高,旅游信息资源丰富,旅游信息平台使用率高;应有丰富的智慧旅游服务供给,包括较为完备的智慧旅游政务服务、目的地智慧旅游服务集成系统、完善的智慧旅游公共信息服务、层次多元的智慧化专业性服务;应有健全的智慧旅游治理体系,包括较为完备的智慧旅游制度、政务管理系统、安全管理体系、智慧旅游数据统计体系,引导智慧化绿色生态发展;应有较高绩效的智慧旅游城市营销体系,包括丰富的营销渠道和有效的品牌传播;应引导城市数字经济与旅游实体经济融合发展,包括加强智慧旅游体验产品质量,引导旅游企业数字化转型,加强智慧旅游企业研发生产活力;应有智慧化的智慧旅游城市评价体系,通过智慧评价系统有效指导智慧旅游城市发展和建设。

2. 智慧旅游创新发展

文化和旅游部等五部门于2024年5月发布了《智慧旅游创新发展行动计划》,促进数字经济和旅游业深度融合,加快推进以数字化、网络化、智能化为特征的智慧旅游创新发展。这个行动计划的发布,对于通过智慧旅游赋能旅游业、发展新质生产力、加快建设旅游强国、推动旅游业高质量发展行稳致远等具有重要意义。《行动计划》明确,到2027年,智慧旅游经济规模进一步扩大,智慧旅游基础设施更加完善,智慧旅游管理水平显著提升,智慧旅游营销成效更加明显,智慧旅游优质产品供给更加丰富,智慧旅游服务和体验更加便利舒适。目前来看,我国智慧旅游创新发展呈现出了以下几个特点。

一是智慧旅游成为旅游业高质量发展的新动能。智慧旅游为以新能源、新材料、先进制造、电子信息等战略性新兴产业为代表的新质生产力提供了丰富的应用场景；智慧旅游赋能传统文化和旅游产品创新，促进了数字经济与旅游业深度融合；智慧旅游创新旅游数字经济形态，优化了旅游产业效率，提高了旅游服务便利化水平。

二是智慧旅游发展处于新的历史阶段，面临新的历史任务。当前，我国在线旅游市场已达万亿规模，成为旅游产业数字化的重要基础。智慧旅游企业加快推进技术、产品与服务创新能力提升，一批智慧旅游企业和创新项目蓬勃兴起，构成了旅游数字产业化的重要表现形式。截至2024年2月，我国5G基站建设数量超过350万个，5G应用的深入为智慧旅游发展提供了更加完善的基础设施，使得更丰富的智慧旅游场景得以落地。在数字经济赋能实体经济的背景下，智慧旅游逐渐在传统功能性和服务性应用的基础上延伸到实际项目和产品体验方面，成为推动释放旅游消费潜力的新动能。以直播、短视频为具体形式的旅游兴趣电商兴起，也为创新旅游营销和线上服务形式提供了新的载体。

三是数字技术发展日新月异带来新的机遇与挑战。VR、AR类沉浸式技术迭代升级为智慧旅游沉浸式体验的商业应用带来机遇，有利于形成具有较好市场反馈和商业模式的文旅产品。生成式AI技术特别是以文心一言、ChatGPT、Sora、DeepSeek为代表的大模型的出现，可以为游客提供更好的交互体验、更智能化的信息服务。

【案例1-1】

故宫博物院"智慧开放"项目

一、实践案例概况

作为文化和旅游部智慧旅游典型案例之一，故宫博物院的"智慧开放"项目展现了国内智慧旅游开发的前沿技术。随着5G、人工智能、云计算等信息技术的快速发展，运用数字化、网络化、智能化提升文化和旅游供给质量及管理服务效能成为时代新趋势。故宫是世界文化遗产、国家AAAAA级景区。随着"智慧开放"项目的开展，完善硬件服务之外，通过数字化手段增强博物馆的管理与服务水平，成为故宫博物院线上线下服务一体化的亮点。

"数字故宫"小程序的成功开发是故宫博物院智慧旅游的集中体现，它分为首页推荐、游故宫和看文物三大模块。其中，首页推荐模块包括购票约展、地图导览、故宫名画记、数字文物库、V故宫、数字多宝阁、陶瓷馆、全景故宫、紫禁城600和口袋故宫10个子模块，同时还有故宫展览、精彩推荐和故宫新鲜事3个专栏。游故宫模块包括购票约展、故宫建筑、故宫书店、传给故宫和游览须知5个子模块，同时还有开放导览、AI探索和全景故宫3个专栏。看文物模块包括数字文物、陶瓷馆、紫禁城600、故宫名画记、数字多宝阁5个子模块，同时还有每日故宫、赏颜色、赏生肖和赏纹样4个专栏。"数字故宫"充分展现了智慧旅游更智能、更友好、更简单的开放服务平台功能，使故宫博物院公共服务水平迈上了新的台阶，也向"智慧博物馆"一站式参观体验的建设历程迈出了新的一步。

二、实践案例具体做法

（一）案例详情

故宫博物院的"智慧开放"项目，通过实地调研及游客行为分析，将参观体验从"吸引—攻略—参观—关注—记忆"几个方面全方位提升。游客在到达故宫前，可通过"数字故宫"查询购买门票，了解故宫各项游览项目和服务，便于合理安排实地游览路线。游客到达故宫后，可利用位置服务引擎，对最近的古建筑、展览、餐饮、商店、卫生间、出入口等常用设施位置进行快速查询。游客回到家中，数字故宫小程序仍可持续提供各项线上服务，带领游客以另一种形式了解故宫、走进故宫。

图1-6 "数字故宫"小程序中的三大模块

（二）实施效果

"智慧开放"项目是故宫加速智慧文旅产业数字化进程的重要成绩，让故宫的开放服务向智慧化迈进。

（1）游客参观体验智慧化。依托云计算、大数据、人工智能等方面的技术积累，"玩转故宫"为游客参观游览故宫提供旅行前、中、后期全环节的数字服务，在不同场景提供建筑、展览、卫生间、餐饮、商店等地点搜寻服务，AI 可为游客提供私人专属的智能讲解、语音问答、知识百科语音互动，满足多样化个性化的旅游需求。

（2）开放管理智慧化。通过大数据，开放管理部门识别差别化、个性化的服务需求，能更有效地从运营管理、服务质量、游客需求、开放安全、古建安全保护等多个维度抓取核心问题，提升公共服务效率，为监管提供技术支撑。比如，基于位置（LBS）的大数据，可进行开放信息的及时更新及路线指引；游客行为形成的大数据，可以为游客提供更好的疏导，以缓解运营压力。

（3）文化创新发展的智慧化。文化资源借助 VR、5G 等数字技术"活起来"，实现馆内管理与保护、文物价值创新、优化参观体验，从而改变文旅产业发展的商业模式，提升文旅产业有效供给水平，开拓文旅产业发展新空间。

三、推广价值

"智慧开放"项目的建立进一步推动大数据、云计算、物联网、人工智能、5G、AR、VR 等技术与智慧旅游的深度结合，实现智慧服务、智慧管理、智慧营销的全方位提升，让"数字故宫"在线服务项目往更全面、智能化服务方向发展。增强游客、游览资源、主管部门之间的互动，高效整合资源，实现传统向现代的管理方式转变。"数字故宫"通过数据分析，挖掘热点和游客兴趣点，制定对应的营销主题，用公众喜闻乐见的数字化、趣味化形式让中华优秀传统文化"活"起来，将故宫全面打造为大数据支持下的智慧旅游文博单位。

案例思考：通过"数字故宫"小程序，你对智慧旅游有哪些新认识？

（三）智慧旅游未来发展趋势

1. 人工智能（AI）对旅游行业产生更多影响

ChatGPT 等人工智能（AI）对旅游行业将产生更多方面的影响，包括个性化旅游体验、旅游决策效率、产品创新、服务智能化、营销精准化和用户体验。人工智能越来越多地触及消费者旅行周期的每个阶段的使用，包括灵感、规划、购物、预订、体验和分享。生成式 AI 会越来越多的影响旅游和旅游业务运营，比如：个性化推荐和营销、动态定价和收益管理、客户服务和聊天机器人、需求预测和业务运营需求、旅行者计划协助、增强客户体验、提高运营效率、风险管理、目的地洞察以及可持续发展和资源管理。

旅游行业涉及的数据非常庞杂，包括游客信息、旅游资源信息、消费信息等，但目前这些数据还比较分散，难以整合利用。旅游企业可以应用人工智能提高跨平台数据整合能力，实现跨平台的数据精准调取、数据分析、数据计算。目前，国外旅游业人工智能发展势不可挡，涌现诸多人工智能初创企业、旅游预定平台与科技公司合作，旅游企业应用人工智能等，甚至网络搜索升级生成式人工智能，快速创建个性化的定制化行程。人工智能技术的应用将为旅游业新质生产力培育、实现高质量发展和可持续发展注入新动力，旅游企业也应更加积极主动地拥抱人工智能技术。

2. 数字科技催生诸多智慧旅游新场景

随着技术的不断进步和应用，VR、AR、数字孪生等前沿数字技术与旅游产业的深度融合，深刻改变着人们的旅游体验。通过VR、AR等沉浸式体感仿真技术，旅游景区能够创造出全方位、互动式的旅游新场景。尤其是对于诸如海底、太空等极端环境或古战场等已不复存在的历史场景，沉浸式体感仿真技术可以为游客提供安全且逼真的模拟体验，进一步丰富旅游场景。未来，随着科学技术的进一步迭代发展，智慧旅游与数字技术的融合也将更加深入，随之而来的丰富的旅游场景、个性化的旅游体验、便捷高效的旅游服务，都将成为助推旅游业创新升级的重要驱动力。

拓展知识 1-1：文化和旅游数字化创新实践案例

拓展知识 1-2：十大智慧旅游典型场景

四、国外智慧旅游的发展现状

（一）国外智慧旅游的特点

在国外，智慧旅游对于经常旅行的人来说已经是一个相当熟悉的词汇了。在健全的技术支持下，国外已经把智慧旅游的概念诠释得相当深入，让游客与旅游目的地的距离越来越近，让旅游服务越来越人性化。

国外发展智慧旅游的相关部门不仅重视技术的发展，还将各种新的信息技术手段与当地特色旅游资源和游客需求紧密结合，开发出覆盖吃、住、行、游、购、娱等全要素的智慧旅游系统，为游客提供更细致、贴心的服务，让游客的游览过程更加便捷舒适，提升游客的游览品质，提升游客游前、游中、游后的满意度。

（二）国外智慧旅游的建设

1. 欧洲地区

欧洲是最早开展智慧旅游建设的地区之一。欧洲的智慧旅游体系建设十分重视基础设施的建设和应用推广，并致力于打造一体化市场。在公共服务层面，目前欧洲正全面开发应用远程信息

拓展知识 1-3：2023年欧洲智慧旅游之都－塞维利亚

处理技术，建立专门的交通无线数据通信网，通过智慧的交通网络实现交通管理、导航和电子收费等功能。在智慧旅游应用方面，欧洲开发了特色"智能导游"软件。该软件在借助全球定位系统和识别软件的基础上，还原古迹在全盛时期的样貌。当游客身处某地时，只需用手机摄像头对准眼前古迹或废墟，手机里全球定位系统和图像识别软件就能判断位置，从而从游客所在的视角，在手机上显示这处古迹在全盛时期的样貌，还能展示遗址上残缺部分的虚拟重构。除此之外，还有路线规划功能，通过交互路线规划工具，量身定做专属于游客自己的旅行方案，帮助游客远离大众线路，独辟蹊径，相当于配备了一个全职导游。

2. 北美地区

北美在智慧旅游方面建设也较早，尤其在智慧交通层面成果显著。近年来，为更好地满足自助游客的需求，在实施体系完整的智能票务服务之余，北美地区的"游客自助导航"已经广泛应用。在智慧酒店建设方面，北美地区以满足客户智能化、人性化和信息化需求为导向，重在完善细节服务、优化管理流程、降低管理运营成本。

当下北美地区两个热门的人工智能软件——OpenAI 的 ChatGPT，以及谷歌的 Gemini，都开发出含有行程、住宿以及餐饮安排的行程计划的功能，可以不同程度实现：个性化推荐和营销、动态定价和收益管理、客户服务和聊天机器人、需求预测和业务运营需求、旅行者计划协助、增强客户体验、提高运营效率、风险管理、目的地洞察及可持续发展和资源管理。

3. 亚太地区

拓展知识 1-4：国外智慧旅游的特色做法

以韩国、日本、澳大利亚为代表，亚太区智慧旅游凸显"以人为本"的特性，利用科技增进游客体验。在移动端服务方面，韩国首尔基于智能手机平台，开发了"I Tour Seoul"应用服务系统，提供 5 种语言的服务。在加强移动终端服务的同时，韩国还重视系列网站系统建设。在智慧酒店建设方面，亚太区注重服务细节的智慧改良，以日本为代表，酒店极其注重人性化设计，支持多国语言的智能电话接听系统功能全面。在智慧交通方面，与北美地区类似，亚太很多城市有着体系完整且科学、便民的交通服务，部分城市的交通"一卡通"还兼顾便利店及自动售货机消费。旅游观光巴士广泛使用 GPS，部分国家开发设计"风景导航"系统，可根据旅游车的位置，电视监视器自动显示附近景点的动态视频。目前，亚太国家正着手加强无线网络、物联网、远程监控、无线感知、云计算等技术，以增强智慧旅游的实时性与互联性。

项目一　认识智慧旅游

【任务训练】

通过本任务的学习和实践，学生应了解智慧旅游的概念、起源和未来的发展趋势，了解云计算、物联网、大数据、移动互联网、人工智能等智慧旅游的支持技术，了解智慧旅游的发展现状、各种业态、建设情况和国外智慧旅游发展情况。

任务准备	全班分组成立智慧旅游运营项目小组（以下简称各组），每组人数3—7人
任务要求	每个团队深入分析旅游行业的手机App，找到行业的Top5，并从以下几个方面来对这些App做以下分析： 1. 下载量 2. 用户评分 3. UI界面设计 4. 内容分类与筛选 5. 合作商家覆盖范围 6. 主要用户群体 7. 折扣力度 8. 评价、评分系统 9. 操作手感 10. 响应速度
任务成果	每组提交本组的测评报告
评价方式	学生自评、互评与教师评价相结合，条件允许应采用贯穿项目一至项目八连续任务，并实际进行智慧旅游运营实践，通过各种后台数据进行评价。分组安排时，注意小组成员分工到位，每位成员都有一定任务

任务二　熟悉智慧旅游的内容

视频1-8：智慧旅游的内容

【任务导入】

延安是中国革命的圣地、新中国的摇篮。春节期间，延安独具特色、内涵丰富的红色旅游景点成了全国游客自驾游、亲子游的重要选择。2023年，延安共接待游客4198.77万人次，综合收入330.7亿元。

自圣地延安数字博物馆群正式上线以来，更多人足不出户即可身临其境地感受红色文化，踏寻领袖足迹，追忆峥嵘岁月。720度全景、VR、AR、3D体验……借助数字化技术，延安的红色文化越来越受到游客的喜爱，用心去学、用心去悟，新技术、新思维让红色文化在新时代释放出更加璀璨的光芒。

近几年，延安不少红色景区越来越重视讲解的丰富性和传播方式的多样性，让红色精

神变得可触、可感。（资料来源：中国文化报）

任务解析： 智慧旅游让传统景区多了新玩法，文旅资源活了起来，丰富游客体验的同时景区管理更加高效有序。

请同学们完成下列讨论。

1. 你参观过的景区里面，有哪家在发展智慧旅游，通过虚拟现实、增强现实、全息投影等沉浸式体感仿真技术，为游客丰富旅游新场景，解锁沉浸式视听新体验等方面做得最好？并谈谈这家景区的做法。

2. 在当前数字化、智能化趋势下，深化技术创新应用对于提升红色旅游体验至关重要。你认为技术创新的深化，将为红色旅游带来哪些发展空间和发展机遇？

智慧旅游的"智慧"主要体现在服务智慧化、管理智慧化和营销智慧化3个方面。

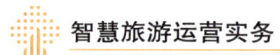

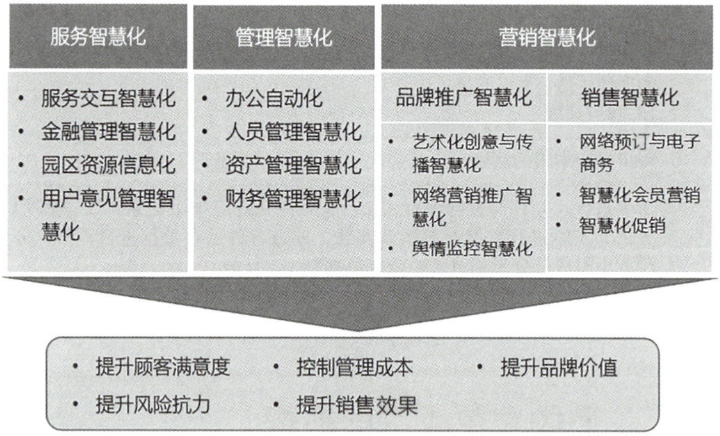

图 1-7 智慧旅游的 3 个方面

一、旅游服务智慧化

（一）智慧服务

智慧服务是从游客体验出发，凭借信息、互联网等技术改善传统旅游排队时间长、购票渠道单一、信息获取不及时、服务不匹配等问题，旨在全面提升游客游览体验，增强景区服务能力，提高景区形象。智慧服务理念要求涉旅企业在游客信息获取、计划决策、产品预付、游览享受、回顾评价等整个过程都提供全新贴切的服务。智慧服务主要包括游客定位、智能导航、电子门票、电子地图、电子导游、智能导购、手机客户端软件、电子支付互动社交服务、智能卡等方面。

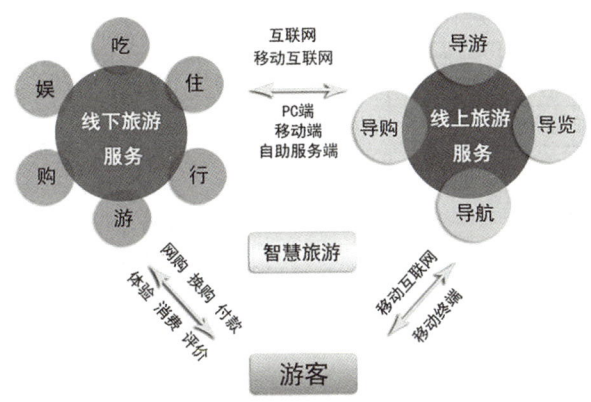

图1-8　服务于游客的智慧旅游

（二）特色做法

通过新技术的加持，实现游客服务多样化，即通过采集景区内外各类旅游信息，给游客提供多样化的旅游信息服务；同时，通过多种渠道的整合，给游客提供吃、住、行、游、购、娱六大环节的多样化服务。例如，给游客提供线上线下自助式旅游信息查询、门票购买、酒店预订、旅游商品购买等服务，实现自助下单、支付。在机场、火车站、汽车站、游客集散中心设立智慧旅游服务体验中心，利用VR、AR等技术给游客提供沉浸式体验。

通过开发旅游景区小程序，使游客不需要下载各种App，即用即走，不需要注册，直接使用，使用体验感会有非常大的提升。此外，小程序还具备给游客提供景区及景点展示、景区智慧导览、景区周边查询、在线购票、智慧厕所等服务功能。

二、旅游管理智慧化

（一）智慧管理

智慧管理针对涉旅企业而言，旨在改变传统旅游行业落后的管理方式，向高效率、精准化的现代化管理方式转变。通过信息技术，管理者可准确掌握游客动态和企业经营信息，如门票售卖情况、入园时间统计、人流量统计等，实现旅游行业从被动监管到事前计划、事中管理、事后维护的转变。智慧化管理主要包括信息发布、实时数据统计、智能库存管理、智能财务、旅游电子商务、旅游预测预警、综合安防监控等方面。

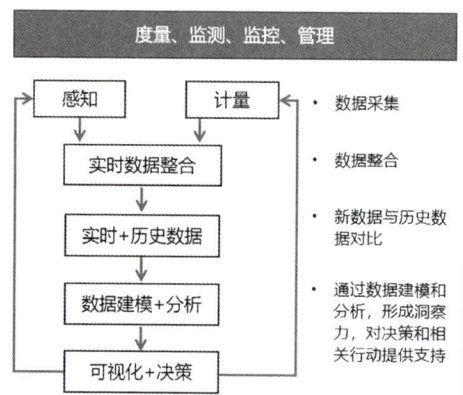

图 1-9　智慧旅游管理的智慧特征

（二）特色做法

通过智慧化的创新，赋能旅游业务精细化管理，通过智慧旅游平台大数据统计与智能分析，给旅游经营管理人员提供智慧化、精细化管理的辅助工具；通过打通各职能部门信息化壁垒，建立共享、协同、联动机制，给管理人员提供科学的决策依据，提高对各种突发事件的快速响应能力。

三、旅游营销智慧化

（一）智慧营销

智慧营销可改变传统涉旅企业的"广撒网"模式，以增强营销的精准度。以往旅游行业对游客兴趣爱好的了解处于模糊状态，为尽量满足大部分游客的需求，只好提供大众化旅游产品。智慧旅游理念下，涉旅企业根据监测到的游客信息和数据分析，生成游客画像，挖掘行业热点，以引导企业制定精准化的营销策略。智慧营销主要包括旅游资源展示、游客资源分析、互动营销、精准营销、品牌推广、智能优惠券等方面。

（二）特色做法

以旅游景区为例，通过精准化营销，实现景区客流量的增加。特别是景区要吸引游客、留住游客，不可只靠劲爆点观光与对门票进行折扣优惠，更需要的是必须重视游客的体验，而智慧景区在提升旅游体验方面可谓给力。智慧旅游景区能够提供方便、快捷、智慧化的高质量旅游服务，以此提升游客的旅游体验，而传统的出游方式很难做到。可基于大数据，通过智能标签对客户做区分，充分掌握游客来源地、年龄、兴趣偏好、消费偏好等游客画像，并准确找到游客兴趣点，从而实现精准的信息推送，精确命中游客的消费需求，提升旅游目的地的营销效果。

以酒店为例，在数字化浪潮的席卷下，酒店营销智慧化应用已成为提升竞争力的关键。大数据分析能够深度洞察宾客的消费习惯、偏好和行为模式，酒店借此制定个性化营销方案，精准推送优惠活动，高效吸引目标客户。智能预订系统实现了线上线下的无缝对接，不仅简化预订流程，还显著提升预订效率和客户满意度。智能客服的实时在线，随时响应宾客咨询，实时解决问题，极大增强互动体验。另外，智慧化营销借助抖音、小红书等社交媒体平台，以短视频、图文等形式广泛传播酒店特色与服务，提升酒店知名度与美誉度。这些智慧化应用全方位助力酒店在激烈的市场竞争中脱颖而出，实现可持续发展。

【任务训练】

通过本任务的学习和实践，学生应了解服务智慧化、管理智慧化和营销智慧化的内容。

任务准备	全班分组成立智慧旅游运营项目小组（以下简称各组），每组人数3—7人
任务要求	调研某一地区或者某一企业，查看能否通过一个App或小程序，就可以实现在该地区或者该景区实现"吃、住、行、游、购、娱"一站式服务，并写出测评报告
任务成果	每组提交本组的测评报告
评价方式	学生自评、互评与教师评价相结合，条件允许应采用贯穿项目一至项目八连续任务，并实际进行智慧旅游运营实践，通过各种后台数据进行评价。分组安排时，注意小组成员分工到位，每位成员都有一定任务

任务三 了解智慧旅游的构架

【任务导入】

德国一直都是中国游客钟爱的欧洲国家之一，其独特的文化内涵和旅游资源吸引了大批中国游客。

数字经济不仅改变了旅游行业的商业模式和运营方式，也颠覆了旅行者的体验和行为习惯。德国旅游局已将人工智能技术广泛应用于聊天机器人（Chatbot）等前沿领域，提供更加便捷、智能的服务体验。同时，人工智能在数字营销工具的开发和实现方面也发挥越来越关键的作用，特别是沉浸式技术（包括虚拟现实 VR、混合现实 MR、增强现实 AR）和语音对话界面（如 Smart Speaker）的应用，让游客能够更加深入、直观地感受德国旅游的魅力。

德国国家旅游局推出了德国旅游业的联合知识图谱（Knowledge graph / open data），上线以来已有超过 50 万个关于旅游景点、旅游活动和基础设施的数据集可供检索。

为更好地了解和洞察最新中国市场动态，出境游最新消费趋势，由德国旅游局 CEO、议员携 20 名德国旅游业决策者分别到访北京、上海、杭州、深圳 4 座城市，走进阿里巴巴集团、腾讯微信、字节跳动（抖音）、携程、美团点评、华为总部、上海大数据交易所、大疆创新、小马智行等中国前沿数字化企业进行实地考察与观摩，近距离了解国内人工智能、大数据、数字支付系统、自主技术的发展与趋势。

德国旅游局正在计划塑造一个现代化的、由计算机生成的 AI 品牌大使。它能够与品牌完美契合，在虚拟与现实网络中与其社区进行全天候的互动，提供旅行灵感和个性化的客户服务。

任务解析：智慧旅游的发展需要构架面向游客和企业的智慧目的地一站式旅游体验平台，以及面向管理机构的目的地监管系统。请同学们完成下列讨论：总结上述材料中德国旅游局的做法，梳理你所在的城市在智慧旅游构架上有哪些典型做法？

智慧旅游的构架由主体和客体构成。从智慧旅游产生到消费的各环节来看，参与智慧旅游的对象主要包括行业主管部门、旅游运营企业、旅游 IT 服务提供商和游客等。这些对象既有提供者和需求者之分，也有建设者和使用者之分，更有管理者和被管理者之分。有些对象所承担的角色和责任呈多样化，往往既是主体又是客体。从行业广泛共识来说，行业主管部门和旅游运营企业是智慧旅游的投资主体，旅游 IT 服务提供商是智慧旅游的建设主体和运营主体，行业主管部门、旅游运营企业、游客是智慧旅游服务的客体，智慧旅游支撑系统是整个智慧旅游体系的介体。

一、智慧旅游的主体

按服务职能划分，可以将智慧旅游服务主体分为旅游行业主管部门、旅游相关企业和旅游 IT 服务供应商 3 个部分，如图 1-10 所示。

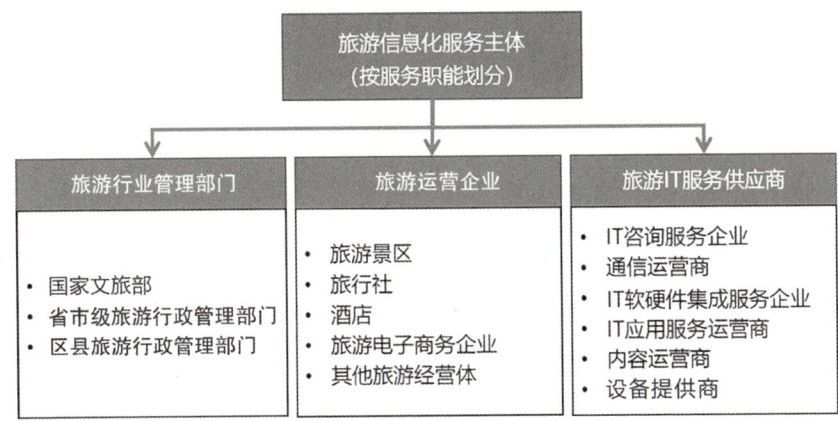

图 1-10 智慧旅游服务主体

（一）旅游行业管理部门

旅游行业管理部门包括国家文旅部、省市级旅游行政管理部门、区县旅游行政管理部门 3 个等级。旅游行业管理部门是智慧旅游建设的牵头组织，主要进行智慧旅游建设、运营以及服务的全程监管、资源整合和整体统筹工作，并通过积极有效的引导，形成旅游的整体发展合力。

旅游行业管理部门在信息化建设中有 3 项主要服务目标。一是编制和规划智慧旅游建设框架，从建设内容、组织计划、运营投资政策、技术要求规范和建设标准及服务准则等方面建立指导；二是通过信息化建设，实现旅游行业管理部门之间的办公协同并提高业务审批和行政办公效率，提高对旅游运营企业的行业监管水平，引导旅游行业健康发展，树立和提升城市旅游形象；三是推动智慧旅游建设发展过程中政府服务职能的转变，通过旅游资讯宣传、旅游信息公共服务以及信息监控等平台的建设，完善智慧旅游建设的智慧旅游公共基础设施和旅游公共支撑平台的建设，提高对游客的公共信息化服务水平。

（二）旅游运营企业

旅游运营企业包括旅游景区、旅行社、酒店、旅游电子商务企业和其他旅游经营体。旅游运营企业在向游客提供智慧旅游服务的同时，也积极通过企业信息化建设来不断提高企业的运营水平，降低运营成本，提高企业经营绩效。旅游运营企业在信息化建设中的主要服务目标如下。

1. 旅游景区服务目标

需要考虑景区资源的建设、管理及景区管理经营水平的提升，如建设开发、工程管理、资源经营管理（环境保护、物业管理、商户经营、后勤管理、财务管理等）；需要考虑电子票务、客流引导服务、电子导览服务等系统的部署，这些系统的应用和实践将有助于景区服务能力的塑造、服务品牌的提升、游客服务水平的提高。

2. 旅行社服务目标

要考虑旅行社业务管理和内部办公的需要，提高业务信息化水平，提高办事效率，降低运营成本；通过信息化技术，提高旅行社的营销宣传能力和精准化营销能力，提高对游客的服务水平，优化游客的消费体验。

3. 酒店服务目标

考虑酒店内部的优化管理和业务管理，优化酒店的内部环境，保证游客安全；通过信息化技术，提高酒店的营销推广能力和精准化营销能力，提高酒店对住店客人的服务水平，优化客人的住宿体验。

（三）旅游 IT 服务供应商

旅游 IT 服务供应商主要包括智慧旅游咨询服务企业、通信运营商、IT 软硬件集成服务企业、IT 应用服务运营商、内容提供商、设备提供商等。智慧旅游咨询服务企业是整个产业链的重要组成环节，在其中扮演的角色不仅仅是设备提供商，更应该是数据提供商，主要进行旅游 IT 基础设施类项目的建设和运营工作；通信运营商主要提供智慧旅游规划咨询、顶层设计、全程顾问、IT 运营咨询、统筹组织等服务；IT 软硬件集成服务商是面向用户服务内容的直接提供者，是智慧旅游价值的最终实现者，包含平台提供、软件与应用开发、信息服务提供 3 种功能，主要提供 IT 软硬件解决方案和项目落地实施服务；IT 应用服务运营商主要提供旅游 IT 类项目的运营和维护服务等；内容提供商是产业链的支撑，主要为服务提供商提供大量丰富且实用的应用信息；设备提供商是智慧旅游产业链的基础，为整个智慧旅游平台提供最基层的信息采集与处理设备。

二、智慧旅游的客体

视频 1-9：智慧旅游的客体

智慧旅游服务客体（服务对象）主要包括旅游行业管理部门、旅游运营企业和游客。智慧旅游服务规划建设应面向这三大服务客体构建应用系统，既需要满足应用主体自身的需求，也需要满足应用主体之间的交互需求。智慧旅游建设应该与智慧城市建设无缝衔接，即智慧旅游建设应在智慧城市外延下进行，这样不仅能为旅游者提供服务，还能实现使旅游管理、服务与目的地的整体发展相融合的目标。

（一）旅游行业管理部门

旅游行业管理部门需求包括实现旅游信息互联互通、实现旅游行业协同办公、加强旅游行业监管、实现旅游行业整合营销和宣传、提升旅游公共服务质量和保障游客的安全6项基本内容。

1. 实现旅游信息互联互通

为了更好地为游客提供更全面的旅游信息和服务，旅游管理部门应该加强与横向部门和纵向部门的旅游信息共享、交换和整合，并形成各部门之间信息共享交换机制，为游客提供景区、交通、气象等更全面且更有深度的旅游信息服务；为旅游运营企业和涉旅运营企业提供游客的流向、喜好、客源地等营销数据服务。

2. 实现旅游行业协同办公

目前旅游管理部门和旅游运营企业之间，以及与各部门之间的政务协同办公方式有待进一步完善。旅游管理部门与横向部门之间还在采用传统方式进行业务交流、信息共享等。同时，旅游管理部门与纵向部门的数据报送和采集系统也有待完善。因此，旅游管理部门应该加强与横向部门联合执法和信息共享机制的建设，完善与纵向部门相关的数据报送与采集系统的建设。

3. 加强旅游行业监管

完善市级、区县的行业监管体系，建立与横向部门的协调联动机制，运用信息化技术优化行业监管体系，着力提升行业监管工作效率，缩短工作流程，如解决投诉案件报送与转办案件证据采集与归档等问题。

4. 实现旅游行业整合营销和宣传

通过微博、微信、抖音及其他电子商务平台等多种新媒体营销方式，共同推动旅游形象的宣传推广，拓展行业营销方式，实现行业整合营销和宣传；创新海外营销方式，加强与海外线上旅游平台的营销合作。

5. 提升旅游的公共服务质量

以满足游客需求、提升旅游体验为目标，为游客提供旅游资讯、旅游产品推荐、旅游产品优惠促销活动、旅游行程规划、门票与酒店预订、景区导览、虚拟旅游、旅游地理位置服务、互动评论等贯穿旅游全程的一体化旅游服务。

6. 保障游客的安全

建设旅游安全与应急管理平台，实时掌握景区客流情况，避免因客流过大引发的突发安全事件，继续协调接入景区的旅游安全监控系统，保证在突发情况发生时，能够快速进行资源协调和应急援救。

(二）旅游运营企业

旅游运营企业的需求包括保障企业经营安全、实现企业精准化营销、优化游客服务体验、提高企业经营效率和经济效益4项基本内容。

1. 保障企业经营安全

建设和完善旅游企业的旅游安全保障体系，如景区调度中心、安防视频监控、环境监测、客流疏导系统等，实现对企业的全面、透彻、及时感知和可视化管理，合理安排旅游接待能力，疏导分流工作，避免旅游安全事故的发生，从而提高游客游览体验。

2. 实现企业精准化营销

通过旅游舆情监控和数据分析，挖掘旅游热点、游客兴趣点，引导旅游运营企业策划对应的旅游产品，制定对应的营销主题；通过量化分析，筛选营销渠道，逐步形成自媒体营销平台，有效促进游客在景区的消费。

3. 优化游客服务体验

在保障游客生命和财产安全的前提下，为各类游客，包括商旅、散客、自助游、团队游等，提供差异化的出行解决方案，最大限度地满足游客个性化的需求。旅游产品、服务设计内容更多地考虑游客的感受和需求，增加获取服务方式的多样性，增加服务的互动性和实时性。

4. 提高企业经营效率和经济效益

通过智慧旅游建设，提高旅游运营企业的办公效率和经营水平，降低企业成本，提高企业的经营效益。

(三）游客

游客的主要需求包括快速获取旅游资讯、科学制定旅游行程、尽情享受旅游过程、有效防范旅游风险4项基本内容。

1. 快速获取旅游资讯

游客在选择旅游目的地和进行旅游决策时，需要获取大量的旅游目的地信息，包括旅游景区的位置、特色旅游产品、旅游线路等。在快速获取旅游信息方面，游客对智慧旅游建设的需求是多方面的，如提供多种旅游资讯获取方式，像门户网站、手机WAP网站、手机App、二维码扫描、小程序、LED显示屏等；提供旅游资讯的多种表现方式，如旅游要素的文字信息、图片信息、音视频信息、虚拟实景信息等；提供多种类的旅游资讯，如旅游目的地资讯、旅游产品信息、旅游交通信息、旅游酒店信息、旅游餐饮信息、旅游导航信息等。

2. 科学制定旅游行程

旅游行程安排涉及交通、住宿、餐饮景区等多个方面。快速制定行程和预订方便实惠的旅游产品,是当前游客的迫切需求。智慧旅游通过建设旅游行程规划系统,对游客的旅游行程进行科学的规划,保证游客快速到达旅游目的地,拥有良好的旅游体验。

3. 尽情享受旅游过程

旅游旺季,经常会看到售票口和检票口排起长队,如何缩短售检票时间也是当前急需解决的问题。电子售检票系统和电子商务平台的建设,可以有效缓解这一现象。如何提升游客游览体验,如何避免以往走马观花式的游玩现象,也为智慧旅游建设提出了新的要求。景区自助导览系统建设,应该充分考虑游客的实际使用感受,为游客提供便捷的自助导游导览服务。

4. 有效防范旅游风险

如何有效保障游客服务质量和解决游客投诉难的问题,也是当前亟待解决的严峻问题。智慧旅游通过旅游行业监管平台的建设,引导旅游行业健康发展,开展旅游执法,保障游客的权益,并通过建设多元化旅游投诉体系,有效解决投诉难的问题。

三、智慧旅游的构架内容

1. 数据采集层

主要由用户操作终端、物联网设备及旅游信息输入设备组成,为综合系统研判和处理提供数据来源。

2. 网络通信层

负责前端设备与系统服务端的传输与通信。

3. 数据分析处理层

作为综合数据库存储信息数据,同时对各类综合数据进行分析处理,形成有价值的参考信息。

4. 信息展现层

作为信息数据的表现形式和管理形式,为用户提供使用平台。

5. 业务应用层

依托智慧终端产品与服务,为不同使用对象提供业务功能。

【任务训练】

通过本任务的学习和实践,学生应了解智慧旅游的主体、客体和构架内容。

任务准备	全班分组成立智慧旅游运营项目小组（以下简称各组），每组3—7人
任务要求	"一部手机游云南"是由云南省人民政府与腾讯公司联合打造的旅游智慧平台，由"一个中心、两个平台"构成，"一个中心"就是旅游大数据中心，为政府决策提供依据，"两个平台"就是游客服务平台和政府监管服务平台。请以游客身份体验"一部手机游云南"并画出其智慧旅游构架图
任务成果	每组提交本组的"一部手机游云南"智慧旅游构架图
评价方式	学生自评、互评与教师评价相结合，条件允许应采用贯穿项目一至项目八连续任务，并实际进行智慧旅游运营实践，通过各种后台数据进行评价。分组安排时，注意小组成员分工到位，每位成员都有一定任务

测试题

一、单项选择题

1. 射频识别技术，俗称电子标签，通过射频信号自动识别目标对象，并对其信息进行标志、登记、储存和管理，指的是（　　）。
   A. RFID　　　　B. IOT　　　　C. DATA　　　　D. ICT

2. 软件即服务，也称软件运营服务，是让用户能够通过互联网连接来使用基于云的应用程序。指的是（　　）。
   A. IaaS　　　　B. PaaS　　　　C. SaaS　　　　D. RaaS

3. （　　）是通过互联网提供按需软件付费应用程序，即云计算提供商托管和管理软件应用程序，允许其用户连接到应用程序并通过全球互联网访问应用程序。
   A. 基础设施服务　　B. 平台服务　　C. 软件服务　　D. 数据计算服务

4. 旅游产品自由组合预订、旅游季出行和价格预测指南、用户旅游社交产品、实时交互式数据挖掘的精准引流推荐、景区实时导航景区实时热点引导、景区各服务窗口和景点流量的预测以及景区实时商业服务推荐体现的是大数据在智慧旅游（　　）方面的体现。
   A. 旅游管理　　B. 旅游营销　　C. 旅游服务　　D. 景区规划

5. （　　）是PC互联网发展的必然产物，它将移动通信和互联网结合成一体，是互联网的技术、平台、商业模式和应用与移动通信技术结合并实践的活动的总称。
   A. 物联网　　B. 移动互联网　　C. 云计算　　D. 大数据

二、判断题

1. 人工智能指研究、开发用于模拟、延伸和扩展人的智能的理论、方法、技术及应用系统的一门新的技术科学。（　　）
2. "智慧城市"概念理解可以从狭义和广义两个方面把握。广义上讲，指的是城市智能化。（　　）
3. 云计算为用户提供的服务包括基础设施服务（IaaS）、平台服务（PaaS）和软件服务（Saas）3 种类型。（　　）
4. 智慧旅游服务客体（也就是服务对象）不包括以政府为代表的旅游行业管理部门。（　　）
5. 移动互联网时代无需连接各终端、节点所需要的网线，它是指移动通信技术通过无线网络将网络信号覆盖延伸到每个角落，让我们能随时随地接入所需的移动应用服务。（　　）
6. 基础设施即服务，也就是 IaaS。（　　）
7. 公有云：大型企业按照云计算的架构搭建平台，面向企业内部需求提供云计算服务。（　　）
8. 大数据（Big Data）指的是以容量大、类型多、存取速度快、应用价值高为主要特征的数据集合。（　　）
9. 非结构化数据，如财务系统数据、信息管理系统数据、医疗系统数据等，其特点是数据间因果关系强。（　　）
10. 高速度是大数据区分于传统数据挖掘最显著的特征。（　　）

三、多选题

1. 以下属于大数据特征的是（　　）。

A. 规模性　　B. 多样性　　C. 高速性　　D. 价值性　　E. 普及性

2. 移动互联网的组成可以归纳为（　　）。

A. 移动互联网终端设备　　B. 移动通信网络　　C. 移动互联网应用

D. 移动互联网相关技术　　E. 移动互联网前端设备

3. 云计算的关键技术是（　　）。

A. 分布式存储　　　　B. 虚拟化　　　　C. 分布式资源管理

D. 智能管理平台　　　E. 分布式并行编程模式

4. 物联网的关键技术包含（　　）。

A. 射频识别技术　　　B. 传感网　　　　C.M2M 系统框架

D. 云计算　　　　　　E. 无线 Wi-Fi

5. 智慧旅游业态研究主要方面是（　　）。

A. 旅游电子商务　　　B. 智慧旅行社　　C. 智慧旅游酒店

D. 智慧旅游景区　　　　E. 智慧公共服务体系

四、讨论题

1. 智慧地球、智慧城市和智慧旅游的关系。
2. 云计算、大数据、人工智能等在旅游中的运用。
3. 谈一谈智慧旅游对旅游的影响。
4. 简述智慧旅游业态研究的主要方面。
5. 简述国外智慧旅游的特点及建设。

五、案例分析题

"君到苏州"是文化和旅游部公布的全国旅游公共服务十佳案例和智慧旅游典型案例，利用云计算、大数据、人工智能技术、算法打造的苏州市旅游数字化平台。主要面向广大游客群体，提供、找厕所、实时公交、找车位、交通出行、场馆预订全方位多维度的公共服务，构建诚信消费环境体系与快捷投诉服务，实现"游客走哪里，政府服务就到哪里"。平台还提供大量的线上视频、图片资源，让用户不出门便能沉浸在浪漫与氤氲的江南水乡的文化氛围中，为游客提供舒适且舒心的旅游服务和公共文化服务。

根据以上材料，结合所学知识，请完成下列任务。注册并登录"君到苏州"文化旅游总入口平台，谈谈"君到苏州"如何通过智慧旅游打造全程伴游服务的？

测试题答案1

项目二　在线旅游行业智慧化运营

项目导读

在线旅游行业的产生源于旅游业的需要，但也依赖于互联网的高速发展和电子商务技术的完善。目前，在线旅游行业虽然处于一个相对成熟的状态，但还在高速发展中。随着移动电子商务技术与应用进入 5G 时代，在线旅游行业将诞生更多的创新与进步。智慧技术在大数据逐渐积累的条件下，也必然会使旅游行业在线服务再次突破原有的服务范围和方式，创造更新的在线服务内容和形式。

学习目标

素质目标
1. 培养学生的创新意识和实践能力,鼓励其对旅游新兴业态开展创新创业实践。
2. 始终以用户需求为中心,致力于提供个性化、专业化的智慧旅游服务。

知识目标
1. 掌握在线旅游相关概念,了解在线旅游电商的分类方法。
2. 理解综合类旅游电商的盈利模式。
3. 掌握攻略社区类旅游电商的概念,了解其应用及典型案例,理解其盈利模式。
4. 了解定制旅行发展历程,熟悉私人定制类旅游电商概况,了解其应用及典型案例。
5. 熟悉工具类旅游电商概况,了解其应用及典型案例。

能力目标
1. 熟练运用在线旅游平台的各种功能和工具。
2. 能将智慧旅游相关技术技能应用于各类在线旅游企业智慧场景。

价值引领案例2:助力乡村振兴

激活乡村特色产业"双引擎"——广西武宣探索"电商+旅游"新路径

思维导图

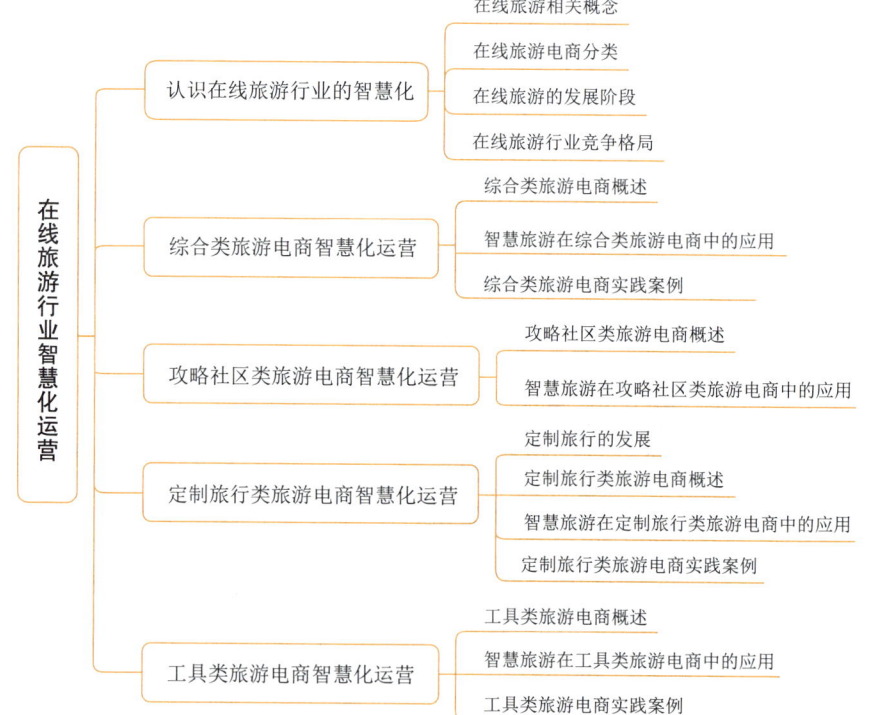

项目二　在线旅游行业智慧化运营

任务一　认识在线旅游行业的智慧化

【任务导入】

发挥在线旅游平台经营者的积极作用　促进旅游业的高质量发展

　　为进一步加强在线旅游市场管理，文化和旅游部印发了《关于推动在线旅游市场高质量发展的意见》。从支持大力发展数字经济，提升常态化监管水平，保障旅游者合法权益，支持在线旅游平台经营者引领发展等方面入手，推动旅游业高质量发展。文件提出了总体要求，包括指导思想、基本原则和主要目标。强调了要坚持安全底线、协调发展、创新引领，并且以推动高质量发展为主题，以深化供给侧结构性改革为主线，以满足人民日益增长的美好生活需要为根本目的。在工作重点方面，文件突出了加强内容安全审核、筑牢生产安全底线、保障旅游者合法权益、促进行业协调发展等几个方面。同时，也提出了完善监管手段、依法规范市场秩序的措施，包括加强市场监管巡查、强化执法监督检查、提升信用监管效能、提高数字监管效能等。该文件为在线旅游市场的高质量发展提供了明确的指导和政策支持，对于理解当前在线旅游行业的发展现状和政策导向具有重要意义。

　　任务解析：据有关数据，截至2023年年底，我国在线旅游用户规模（旅游预订）达到4.54亿人，互联网普及率达到76.4%。在线旅游平台正通过应用5G、人工智能、大数据、云计算等新技术提升服务质量，发展线上数字化体验产品，并打造沉浸式旅游体验新场景。国家层面出台了多项政策以规范和支持在线旅游行业发展，包括《关于推动在线旅游市场高质量发展的意见》等，旨在保障旅游者权益，促进行业健康有序发展。需要意识到，在线旅游行业在技术创新、用户需求多样化和政策支持下，正迎来新的发展机遇，但同时也面临着服务质量、安全保障等方面的挑战。

　　请同学们查看《关于推动在线旅游市场高质量发展的意见》文件，阅读后完成下列讨论。

1. 在线旅游电商有哪些？
2. 在线旅游电商面临什么样的机遇与挑战？

　　中国在线旅游行业凭借数字化平台，整合海量旅游资源，融合智能推荐、便捷预订、实时交互等功能，重塑旅游消费体验，引领旅游产业高效发展，成为经济增长新引擎，在网络营销、在线销售、安全支付、个性定制、售后服务等各个环节都实现了创新和进化。在线旅游服务根植于中国旅游电子商务的进步，在智慧旅游时代，必将依托于人工智能、大数据、移动网络、物联网的进步和普及，不断升级换代，成为旅游业不断创新的窗口。

一、在线旅游相关概念

（一）在线旅游

在线旅游是指通过互联网平台，为旅游消费者提供旅游相关服务和产品的预定、查询、规划和体验。其服务和产品内容包括机票和火车票预定、酒店预定、旅游套餐、景点门票、旅游信息查询、旅游攻略、旅游社区、旅游保险以及商旅管理等。在线旅游的概念可以从两个角度理解：从消费者角度，在线旅游是旅游消费者通过互联网平台进行旅游相关的服务和产品的预定、查询、规划、体验的一种方式；从供给商角度，在线旅游是旅游服务企业通过互联网向旅游消费者提供旅游相关信息、产品和服务的行业。需要注意的是，在线旅游并非通过在线（网络）的方式旅游或旅行。

在线旅游是一种依托互联网技术发展起来的新型旅游商业模式，旨在通过网络平台高效满足消费者的多样化旅游需求。在线旅游的特点之一是整合性：在线旅游为用户提供一站式服务，用户无需访问多个网站，可以在一个平台完成所有旅游相关的预定；在线旅游平台整合旅游目的地的各种信息，为用户提供全面的旅游规划参考；在线旅游通过旅游资源整合，为用户提供更优惠的价格和更丰富的选择。在线旅游的整合性特点，使得其同时具有信息丰富、价格透明和选择多样的优势。在线旅游具有很好的交互性：用户可以对旅游产品或服务进行评价和反馈，这些信息同时对其他用户和服务商具有参考价值；用户可以分享旅行经验、照片和视频的平台，与其他用户形成交流和互动；用户可以与客服系统进行实时沟通，解决预定过程中的问题；同时在线旅游还为用户提供定制服务，通过平台与服务商沟通，定制个性化的旅游产品。在线旅游相较于传统旅行还具有快捷性：在线旅游使得用户可以在短时间完成旅游产品的搜索、比较和预定，大大节省了用户的时间；在线旅游可以实现用户通过移动端随时随地访问、预定和查询服务；人工智能技术的大量使用，减少了人为干预，提高了效率。

在线旅游还具有成本优势、价格优势、空间地理优势、宣传力度优势、旅游产品服务优势、旅游网络互动优势、移动终端优势和业务运营模式优势。在线旅游让用户更加便捷地获取旅游资源和服务，且满足用户多样性和个性化的需求，让用户获得更为舒适和愉悦的旅游体验。

（二）在线旅游服务

在线旅游服务是指依托互联网技术，为旅游消费者提供各种旅游相关的服务和产品，这些服务包含但不限于旅游相关信息查询、产品预定及购买、行程规划、在线评价等。

在线旅游服务是旅游业与现代信息技术相结合的产物。具体来说，在线旅游服务利用先进的互联网技术，整合旅游资源，扩大旅游信息的来源和传播渠道，加快旅游信息的传递速度，最终提高旅游服务效率和客户满意度。

在线旅游服务打破传统旅游业的空间限制，使得旅游服务跨越地理边界，为全球的旅游消费者提供服务。当前，通过大数据分析、人工智能等技术手段，在线旅游平台能够精准地把握旅游者的需求，提供更加个性化的旅游产品和服务。同时，在线旅游服务也促进了旅游业与其他产业的融合发展，与金融、交通、餐饮、住宿等行业的合作，为旅游消费者提供一站式的、全方位的旅游服务体验。

（三）在线旅游服务商

在线旅游服务商（Online Travel Agency，OTA）是指通过互联网提供旅游相关服务的公司或平台。这些服务商利用互联网技术，为用户提供便捷的旅游预订和信息服务，包括但不限于航班预订、酒店住宿、度假套餐、租车服务、旅游保险、旅游活动预订（如景点门票、旅游团、邮轮、探险活动等）以及旅游信息咨询等。

OTA平台具有其独特的优点和缺点，一方面具有使用便捷性、选择多样性、价格透明性，允许用户随时随地完成预定，满足用户多样化需求，价格透明度有助于用户做出更明智的购物决策。同时OTA平台提供个性化推荐和一站式服务，并有用户评价系统，节省用户时间精力，提升用户体验。另一方面OTA平台可能使用户难以在众多选择中做出决策，虽然提供了比价功能，但也能存在隐藏费用或价格变动，且由于与多家供应商合作，服务质量参差不齐。除此之外，OTA平台依赖于互联网技术，一旦系统出现故障或网络中断，用户可能无法正常使用服务。用户在使用OTA平台时需要提供个人信息和支付信息，因此还涉及隐私和安全问题。

（四）旅游电子商务

旅游电子商务是指以网络为主体，以旅游信息库、电子化商务银行为基础，利用先进的电子手段和信息技术，运作旅游业及其分销系统的商务体系。这一体系不仅涵盖了旅游企业商务活动面向外部的业务流程，如与上游供应商、渠道分销商、旅游媒体和旅游营销平台之间的合作，还实现了与旅游者之间的直接联系和产品交易，从而提供游前、游中、游后的全流程服务。同时，旅游电子商务也包括旅游企业内部流程的电子化及管理信息系统的应用。

旅游电子商务具有聚合性特点：旅游电子商务将旅游产业链上的各个环节紧密联系在一起，形成了一个庞大的旅游服务网络；旅游电子商务具有服务性特点，不仅提供产品预订服务，还涉及旅游咨询、行程规划、售后服务等多个方面，为旅游者提供全方位的服务。旅游电子商务还具有优惠性，旅游电子商务平台通常与多家供应商合作，能够获取更优惠的价格和更丰富的资源，为旅游者提供更多的选择和优惠。

旅游电子商务的发展，不仅为旅游者提供了便利，也为旅游行业的商家提供了新的销售渠道和营销手段。

二、在线旅游电商分类

（一）根据在线旅游供应商类型分类

视频 2-1：在线旅游电商分类

在线旅游电商根据供应商的不同可以分为 4 类。第一类是旅行社类电商，主要提供在线旅游预订服务，包括机票、酒店、旅游套餐等，如携程网、去哪儿网、遨游网、驴妈妈旅游网、途牛旅游网等。第二类是酒店类电商，专注于提供在线酒店预订服务，如携程网的酒店预订服务模块、去哪儿网的酒店预订服务模块、飞猪酒店、阿里巴巴未来酒店、京东智选酒店等。第三类是景区类电商，由景区或景区管理部门运营的在线预订平台，提供门票预订、景区导览等服务，如携程网的门票预订模块、海昌海洋公园控股有限公司、华强方特文化科技集团股份有限公司、峨眉山旅游股份有限公司等。第四类是综合类电商，提供包括酒店、机票、景区门票、租车等在内的多种旅游产品和服务的电商平台，如携程网、去哪儿网、同程网等。

（二）根据在线旅游交易模式分类

在线旅游电商根据交易模式的不同可以分为两类。第一类是 B2C 模式，企业对消费者的在线旅游交易模式。消费者通过在线旅游平台直接预订旅游产品，如酒店、机票、门票等。该模式交易过程简单便捷，消费者可以直接与平台进行沟通，平台能够提供更全面的产品信息和服务保障。第二类是 C2B 模式，消费者对企业的在线旅游交易模式。消费者提出旅游需求，由平台或供应商根据需求进行定制和报价。该模式能够满足消费者的个性化需求，但可能需要较长的沟通和定制时间。

（三）根据在线旅游信息终端类型分类

在线旅游电商根据信息终端类型的不同可以分为两类。第一类是网站电子商务，用户通过个人电脑访问旅游网站进行在线预订和服务。它是最早也是最常见的在线旅游交易方式，信息展示全面，交互性强。第二类是移动电子商务，用户通过手机、平板电脑等移动设备访问旅游应用或网站，从而进行在线预订和服务。能够实现随时随地访问，操作便捷，随着移动互联网的普及，已成为主流的在线旅游交易方式。

（四）根据在线旅游经营模式分类

在线旅游电商根据经营模式的不同可以分为三类。第一类是自营模式，企业自己研发产品并提供服务，如携程自营。第二类是代理模式，供应商提供产品给 OTA，OTA 只提供流量入口，不涉及资源采购及咨询服务，如飞猪、马蜂窝、美团旅行等。第三类是零售模式，类似于淘宝模式，适用于自由行，用户可以自行组合打包成一条线路，如携程、途牛等。

三、在线旅游的发展阶段

在线旅游的发展历程见证了从萌芽探索到智能化生态化的巨大飞跃。从最初的旅游信息查询服务，到如今提供全方位、个性化、智能化的旅游体验，在线旅游行业不断创新和发展。随着技术的不断进步和消费者需求的不断变化，在线旅游行业将继续保持蓬勃发展的态势，为旅游产业的转型升级和高质量发展注入新的活力。

视频 2-2：在线旅游的发展阶段

（一）第一阶段：萌芽与探索期（1995—2000 年）

互联网的初步普及，电子邮件和门户网站成为主要的信息交流方式，为在线旅游提供了技术基础。旅游行业开始探索将线下业务转移到线上，以满足消费者日益增长的信息需求。在线旅游行业开始萌芽，主要提供基础的旅游信息查询服务。1995 年，Expedia 在美国成立，成为全球首个在线旅游预订平台。1999 年，携程网成立，标志着中国在线旅游市场的起步。Expedia、携程网成为这一阶段的代表企业，它们通过提供旅游信息查询和简单的预订服务，逐渐培养了消费者的在线旅游习惯。

（二）第二阶段：快速发展与竞争期（2001—2006 年）

随着互联网技术的快速发展和宽带网络的普及，在线旅游行业迎来了快速发展的机遇。消费者对在线旅游的认知度和接受度逐渐提高，市场需求迅速增长。在线旅游市场迅速扩张，各大平台开始提供更为丰富的旅游产品，如机票、酒店、租车、度假套餐等。TripAdvisor、Booking.com 等国际平台以及去哪儿网、艺龙等国内平台相继成立，市场竞争开始加剧。价格战成为主要的竞争手段，各平台纷纷推出优惠活动和促销策略以吸引用户。Expedia、Booking.com、携程网、去哪儿网、艺龙等成为这一阶段的主要企业。它们在提供丰富旅游产品的同时，也开始注重提升服务质量和用户体验。

（三）第三阶段：整合与并购期（2007—2012年）

随着移动互联网的兴起，智能手机和移动应用的普及，在线旅游行业迎来了新的增长点。消费者对在线旅游服务品质的要求逐渐提高，市场竞争也愈发激烈。为了提升竞争力和市场份额，大型平台开始通过并购来整合资源。如 Expedia 收购 Orbitz，携程收购去哪儿网等。通过并购，平台能够更好地整合资源，提升服务质量和用户体验。同时，平台也开始注重构建旅游生态系统，与交通、住宿、餐饮等行业进行深度融合。Expedia、携程网成为这一阶段的代表企业。它们通过并购整合了资源，提升了市场竞争力，同时也为未来的发展奠定了坚实的基础。

（四）第四阶段：创新与多元化期（2013—2018年）

大数据、人工智能、云计算等先进技术的广泛应用，为在线旅游行业带来了新的发展机遇。消费者对旅游体验的个性化、多样化需求不断增加，推动了在线旅游产品的创新。在线旅游平台开始注重创新和多元化发展。不仅提供传统的预订服务，还涉足旅游内容分享、社交互动、个性化推荐等领域。如 Airbnb 提供短租服务，小红书提供旅游内容分享和社区互动。平台通过运用先进技术提升服务质量和用户体验，如智能推荐系统、虚拟现实旅游等。Airbnb、小红书、携程网成为这一阶段的代表企业。它们通过创新和多元化发展，满足了消费者日益增长的个性化、多样化需求，提升了市场竞争力。

（五）第五阶段：智能化与生态化期（2019年至今）

5G、物联网、虚拟现实等新技术的快速发展，为在线旅游行业带来了更多的可能性。消费者对旅游体验智能化、沉浸化的需求不断增加，推动了在线旅游产品的进一步升级，在线旅游进入智能化和生态化发展的新阶段。平台通过运用先进技术提升服务质量和用户体验，如智能客服、虚拟现实旅游等。同时，平台更加注重构建完善的旅游生态系统，与交通、住宿、餐饮等行业进行深度融合，为用户提供全方位的旅游服务。携程网、去哪儿网、飞猪旅行等成为这一阶段的代表企业。它们通过智能化和生态化的发展，提升了市场竞争力，同时也为旅游产业的转型升级和高质量发展提供了有力支持。

四、在线旅游行业竞争格局

目前，在线旅游行业的竞争格局呈现出多元化特点，主要参与者包括携程、同程旅行、去哪儿网、飞猪旅行、途牛等，这些企业可以大致划分为三个梯队。总体来说，携程、去哪儿网、飞猪旅行等第一梯队企业占据了较大的市场份额，而第二、第三梯队企业则在各自领域内寻求突破和发展。

项目二 在线旅游行业智慧化运营

此外，在旅游行业的短视频和直播领域，抖音、快手、淘宝直播等平台各具特色，形成了多元化的竞争格局。抖音凭借其庞大的用户基础和丰富的内容生态，在旅游行业中占据了重要地位；快手则通过深耕下沉市场和强化直播互动，为旅游行业带来了新的增长点；淘宝直播则依托其电商平台支撑和供应链整合能力，为旅游行业提供了新的营销渠道和销售模式。而携程旅行等传统在线旅游服务平台也在积极拥抱短视频和直播领域，通过创新服务内容和营销手段，保持其在旅游行业中的竞争力。未来，随着技术的不断进步和用户需求的不断变化，旅游行业的短视频和直播领域将迎来更加广阔的发展空间和激烈的竞争态势。

【任务训练】

通过本任务的学习和实践，学生应理解在线旅游的含义，了解目前在线旅游的发展现状，包括在线旅游的发展历程和竞争格局。

任务准备	全班分组成立项目小组，每组人数3—5人
任务要求	1. 各组搜索并阅读《文化和旅游部关于推动在线旅游市场高质量发展的意见》 2. 各组网络搜索在线旅游电商有哪些，根据《意见》中的4项内容分析其面临的机遇与挑战 3. 展示本组所选择在线旅游电商的概况和面临的机遇挑战
任务成果	各组提交所选项目的PPT展示文档
评价方式	学生自评、教师评价及第三方平台评价相结合。分组安排时，注意分工到位，每位成员都有一定任务

 任务二　综合类旅游电商智慧化运营

【任务导入】

开启OTA预订体验新时代：携程推动酒店行业智慧化升级

面临时代的冲击与变革，OTA需要拥抱新变化、接受新潮流、运用新思维来服务用户，在新消费浪潮袭来的征途上，携程对用户入住体验及需求的更迭高度敏感，在"数据驱动、选项新增、后台升级"上引领用户进入OTA，赋能酒店行业智慧化升级，逐步助力酒店实现"营销+服务"双提升，开启酒店OTA预订体验新时代。

在流量方面，携程在大数据、算法以及私域流量管理的支撑下，提供目标人群精准

· 47 ·

画像——进而实现流量的定向分发、为广告主精准引流，最终实现交易和转化。在内容方面，携程通过直播、榜单、社区三张"王牌"，打通线上线下内容渠道，汇集全网泛旅行内容核心创作者，实现内容产品一站式制作，为全域旅游营销提供强有力的内容支撑。在商品方面，携程推出预售、优惠、促销等玩法。基于携程独有的供应链优势，用户可在交易环节一键触达商品的核心价值点，直击产品属性以及产品优缺点；再根据个人旅行需求，购买匹配的产品，实现交易的精准化。

携程通过旅游预售营销，不断激活消费者和旅游商家信心，为用户提供出行灵感及优惠。经过多年发展，携程建立了完善的全链路渠道模型，通过在 OTA 领域长期坚持高质量产品服务，携程逐步积累了高质量精准转换用户。

任务解析： 当前，在线旅游市场的规模不断扩大，预计到 2029 年，其交易规模有望超过 19 000 亿元，年均复合增长率为 15%。在线旅游平台正通过引入新技术和创新模式，提高服务质量和优化用户体验。例如，通过大数据分析，为用户提供个性化的旅游产品和服务，同时，也在向智慧旅游、社交旅游、绿色旅游方向发展，以适应消费者需求的多样化。携程的智慧化转型体现了在线旅游行业的发展趋势，即通过技术创新和数字化手段，提升服务效率和用户体验。而综合类旅游电商的发展现状则显示出整个行业正在向更加智能化、个性化的方向快速发展，以满足消费者日益增长的旅游需求。

请同学们搜索携程旅行网智慧化转型历程，完成下列讨论。

1. 你用过携程旅行网哪些服务？有何评价？
2. 你认为综合类旅游电商都有哪些运营模式？

一、综合类旅游电商概述

视频 2-3：综合类旅游电商

综合类旅游电商是指通过线上平台整合旅游资源，包括机票、酒店、景区门票、旅游团、租车、导游等多元化旅游产品和服务，为消费者提供一站式、全面便捷的旅游服务体验。

随着互联网的普及和消费者旅游需求的不断增长，我国旅游电商市场迅速崛起。综合类旅游电商通过线上平台整合旅游资源，打破了传统旅游中介的束缚，让消费者能够直接享受到更广泛的选择和更优惠的价格。同时，综合类旅游电商还通过技术创新和个性化服务，不断提升用户体验，满足消费者的多样化需求。

在我国，综合类旅游电商已经成为旅游行业的重要组成部分，不仅为消费者带来了极大的便利，也推动了旅游市场的快速发展。技术创新是推动综合类旅游电商发展的重要动力。当前，我国综合类旅游电商在技术创新方面主要体现在以下几个方面。其一是大数据分析，通过收集和分析用户行为数据，平台能够深入了解用户偏好和需求，实现精准营销和个性化推荐。其二是人工智能，智能客服系统能够提供7天24小时的在线支持，解决用户的问题和咨询。个性化推荐系统通过分析用户的浏览和购买历史，推荐合适的旅游产品和服务。其三是云计算技术，为旅游电商平台提供高效的资源管理和数据存储解决方案，确保平台的高可用性和稳定性。其四是VR/AR技术，VR和AR技术为旅游电商平台提供了全新的营销手段，用户可以在家就能体验到旅游目的地的真实场景。

二、智慧旅游在综合类旅游电商中的应用

依托计算机智能、大数据、移动网络的进步和普及，综合类旅游电商不断升级换代，以提升游客进行信息查询、产品预订、交易及评价分享等服务的质量，囊括了基于互联网的吃、住、行、游、购、娱的一系列在线服务。

（一）同程旅行

智慧旅游在同程旅行中应用广泛且深入，主要体现在以下几个方面。

1. 技术应用与产品创新

（1）大数据与云计算。同程旅行利用大数据和云计算技术，对旅游资源进行整合和分析，为游客提供个性化的旅游推荐和服务。

（2）物联网与智能化设备。同程旅行在景区、酒店等场所引入物联网技术，如闸机系统、人脸识别等，提高入园效率，减少排队时间。同时，利用AR/VR/MR等虚拟化技术，为游客创造沉浸式的旅游体验。

（3）人工智能。同程旅行在旅游服务中广泛应用人工智能技术，如机器人酒店、机器人餐厅、机器人导游等，为游客提供便捷、高效的旅游服务。此外，AI智能客服系统能够24小时在线解答游客问题，提升服务效率和质量。

2. 服务优化与体验提升

（1）一站式旅游服务。同程旅行提供包括景点门票、酒店、机票、火车票、出境跟团、出境自由行等在内的全方位旅游服务，满足游客多样化的出行需求。通过整合产业链资源，同程能够为游客提供从出行到住宿、从游览到购物的一站式解决方案。

（2）个性化旅游推荐。基于大数据分析和用户画像技术，同程旅行能够为游客提供个性化的旅游推荐和定制服务。无论是热门景点还是小众目的地，同程都能根据游客的偏好和需求进行精准推荐。

（3）智慧化旅游体验。通过智慧旅游平台的建设和运营，同程旅行实现了旅游信息的实时更新和智能推送。游客可以随时随地获取最新的旅游资讯

和优惠信息，调整旅游计划，享受更加便捷、智慧的旅游体验。

3. 数字化管理与运营

（1）数字化管理平台。同程旅行构建了完善的数字化管理平台，对旅游产业链进行全流程管理和监控。通过数据分析和预测，同程能够及时调整运营策略，优化资源配置，提升运营效率。

（2）智能调度与应急处理。在旅游高峰期或突发事件发生时，同程旅行能够利用智能调度系统快速响应，合理安排旅游资源和人力物力，确保游客的出行安全和顺畅。

（3）生态合作与共建共享。同程旅行积极与地方政府、景区、酒店等合作伙伴开展生态合作，共同推动智慧旅游的建设和发展。通过共建共享机制，同程能够汇聚更多资源和服务，为游客提供更加全面、优质的旅游体验。

（二）途牛

智慧旅游在途牛中的应用体现在以下方面。

（1）个性化推荐与定制服务。途牛利用大数据分析用户的行为数据，包括浏览历史、搜索记录、购买偏好等，为用户提供个性化的旅游产品推荐。例如，根据用户以往预订的旅游目的地和旅游类型，精准推送符合其需求的旅游线路、酒店和景点。同时，途牛支持用户根据自身需求定制个性化的旅游行程，用户可以选择特定的出发地、目的地、出行时间、交通方式、酒店级别等，并获得途牛提供的行程规划和建议。

（2）智能客服与咨询服务。运用人工智能技术开发智能客服系统，能够快速解答用户常见问题，提供实时的咨询服务。用户咨询旅游产品相关问题时，智能客服可以迅速给出准确答案，节省用户等待人工客服回复的时间。智能客服还可以根据用户的问题和需求，主动提供相关的旅游建议和推荐，提升用户的咨询体验。

（3）旅游大数据分析与应用。途牛通过收集和分析大量的旅游数据，包括用户行为数据、旅游市场趋势数据、目的地信息等，深入了解用户需求和市场动态。基于数据分析结果，优化旅游产品的设计和定价策略。例如，针对热门旅游目的地和旅游旺季，合理调整旅游产品价格和套餐内容；根据用户对不同类型景点的关注度，开发相应的主题旅游产品。此外，途牛利用数据洞察为旅游目的地的营销和管理提供支持，帮助目的地政府和旅游企业更好地了解游客需求，优化旅游资源配置和服务质量。

（4）移动应用与便捷服务。途牛的手机应用程序为用户提供便捷的旅游服务。用户可以随时随地通过手机预订旅游产品，查看订单状态和旅游信息，还能享受手机专享的优惠和活动。应用程序具备功能丰富的地图导航和定位服务,帮助用户在旅游过程中准确找到目的地、周边景点、酒店及交通设施等,提升用户的出行便利性。同时,途牛的移动应用支持多种支付方式,包括移动支付、在线支付等,确保用户支付安全、便捷,提高交易效率。

(5)与其他智慧旅游平台的合作。途牛与一些旅游相关的企业和平台进行合作,实现数据共享和业务协同。例如,与景区合作提供电子门票服务,与酒店合作实现快速预订和入住等。通过与其他智慧旅游平台的合作,途牛整合更多的旅游资源和服务,拓展业务范围,提升用户在旅游全过程中的便捷性和体验感。

三、综合类旅游电商实践案例

(一)携程

1. 企业简介

携程集团(Trip.com Group)是全球领先的一站式旅行平台,公司旗下的平台可面向全球用户提供一套完整的旅行产品、服务及差异化的旅行内容。对于中国游客以及对于越来越多的世界各地的游客而言,携程是可值得信赖的旅行平台。用户可以通过携程的平台进行任何类型的旅行预订,包括从目的地内活动、周末短假及短途旅行,到跨境旅游及商务旅游等。携程多样化的产品及服务组合涵盖经济、高端、定制化、精品等选择,吸引了国内以及全球日益增长的用户群体。

近年来,携程不断加大在人工智能、云计算等方面的研发和投入力度,创新科技投入占比远超全球其他同类企业。而在服务上,携程在全球的客服人员约1万名,配备深度神经网络客服机器人及21种语言的全球化服务能力,通过全天候、标准化、快捷性的服务做好全方位保障,充分满足消费者需求。此外,携程先后建立了"六重旅游保障""先行赔付""全球旅行SOS应急机制""阶梯退改"等创新举措,服务标准行业领先。

2. 携程发展历程

携程,成立于1999年;2003年,在美国纳斯达克上市;2004年,成为国内首个国际机票在线预订平台之一。2010年,携程上线移动应用"携程无线"。2015年,携程收购去哪儿。2021年,携程赴港二次上市;2023年5月,携程集团与亚马逊云科技成立"联合创新实验室",并展开长期合作,加速数字化、智能化创新。

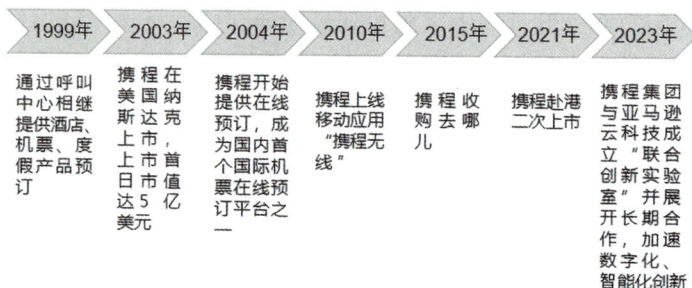

图 2-1 携程发展历程

3. 竞争优势

（1）供应链优势。截至 2023 年年底，携程拥有超过 9 万个其他生态系统合作伙伴，与 550 多家航司展开合作；提供的在线旅游服务遍布全球 200 多个国家和地区，提供超过 120 万种全球住宿服务及超过 31 万项全球目的地的旅游活动。

图 2-2 截至 2023 年年底携程在线旅游供应链情况

图 2-3 携程的在线旅游产品矩阵

（2）忠实的客户群体优势。携程的先发优势也为携程奠定了较高的用户黏性，尤其是在商旅方面。数据显示，携程的用户人群主要集中在31—35岁，这一比例用户规模占携程总用户规模的33.68%。

4. 携程网发展成就

携程网作为中国最大的在线旅行服务提供商之一，近年来在市场中保持了稳固的领先地位，并且其在业务规模、国际化布局、技术创新、产业链整合等方面均取得了显著成就，并展现出强劲的发展势头。

（1）业务规模持续扩大。携程网的业务涵盖机票预订、酒店预订、度假产品预订、门票预订等一站式旅游服务，覆盖全国各大城市，拥有庞大的用户群体。根据近年来的财报数据，携程的营业收入和净利润均保持强劲增长，显示出其业务规模的持续扩大和盈利能力的不断提升。

（2）国际化布局不断加速。携程网将拓展海外市场，提高品牌影响力，实现国际业务的快速增长，已经在全球多个国家和地区设立了分支机构或开展业务合作，并推动中国旅游业的国际化发展。

（3）技术创新与研发投入。携程网高度重视技术创新，近三成净营收投入研发，以提升用户体验和服务质量。携程积极运用人工智能与大数据技术，实现更精准的个性化推荐、价格预测和库存管理。通过对海量数据的分析挖掘，深入了解用户需求和市场趋势，优化供应链布局；不断完善内部信息管理系统，实现与供应商系统的高效对接和信息实时共享，提高订单处理效率和准确性，并在一些流程环节引入自动化技术，减少人工干预，降低成本和错误率。

（4）产业链整合。携程与全球众多航空公司、酒店、租车公司、旅行社等建立了长期稳定的合作关系，构建了庞大的合作伙伴生态。携程网将加强产业链整合，提高整个产业链的效率和服务水平。

（二）飞猪

1. 发展概况

飞猪（Fliggy）是阿里巴巴集团旗下的综合性旅游服务平台，其前身最早为淘宝旅行。2016年，阿里旅行正式更名为飞猪，标志着其从单一的在线旅游服务提供商向全面覆盖旅游生态链的综合性平台转型。

飞猪旅行定位为"面向年轻消费者的休闲度假品牌"，致力于为消费者提供高品质、低价值得信赖的旅游产品和服务，致力于打造一个全面的旅游生态体系。飞猪在平台上聚集了各类旅游产品和服务提供商，包括航空公司、酒店、旅行社、景点和导游等。目前，飞猪平台上汇集了全球400多家航空公司及票务服务商、8000多个景区乐园、60多万家酒店客栈以及数十万个本地玩乐项目，是全球最大的在线旅行平台之一。

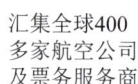 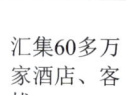

| 汇集全球400多家航空公司及票务服务商 | 汇集8000多个景区、乐园 | 汇集60多万家酒店、客栈 | 汇集数十万个本地玩乐项目 |

图 2-4　飞猪发展阶段性成就

总体来看，飞猪作为阿里巴巴旗下的在线旅游产品，凭借其强大的技术和品牌影响力，在旅游行业中占据了一席之地。未来，随着旅游业的回暖和市场竞争的加剧，飞猪将继续探索新的增长机会和应对策略。

2. 竞争优势

（1）品牌影响力与强大资源。飞猪是阿里巴巴旗下的旅游服务平台。借助阿里的优势，可快速触达广泛的潜在旅游消费者群体，为平台带来巨大的流量和用户资源。阿里在大数据、云计算、人工智能等领域的技术实力雄厚。飞猪可以利用这些先进技术进行精准营销、个性化推荐，提升用户体验和运营效率。支付宝等成熟的支付体系为飞猪提供了便捷、安全的支付渠道，方便用户快速完成交易，同时也保障了资金的安全。

（2）技术创新与智能化服务。飞猪不断引入 AI、大数据等前沿技术，提升用户体验和服务效率。飞猪致力于提供全链条的智能化服务，从产品推荐、预订流程到售后服务都实现了智能化。

（3）专注年轻用户群体。飞猪的产品界面设计简洁、时尚，操作流程便捷，符合年轻用户的使用习惯和审美偏好。同时，飞猪在旅游产品的设计上也注重个性化、体验式的元素。

（4）全球化布局。飞猪与全球众多国际酒店集团、航空公司、旅游景点等建立了合作关系，为用户提供丰富的海外旅游产品选择，包括国际机票、酒店预订、境外目的地游玩项目等，满足了用户日益增长的出境游需求。飞猪不断提升海外平台的服务质量和功能，提供多语言服务、境外支付解决方案等，优化用户在海外旅游过程中的体验，增强了在国际旅游市场的竞争力。

（5）跨界合作与生态协同。飞猪积极推动与餐饮、娱乐、文化、教育等多元业态的跨界合作，打造"旅游+"产品矩阵。这种跨界合作不仅丰富了旅游产品的内涵和附加值，还提升了用户的整体体验。依托阿里集团强大的生态

项目二 在线旅游行业智慧化运营

系统,飞猪与支付宝、高德地图、菜鸟网络等业务板块深度对接,实现支付、导航、物流等环节的无缝衔接。这种生态协同的模式有助于提升服务便利性和完整性,增强用户黏性。

表2-1 飞猪业务板块深度对接效益提升情况

业务板块	深度对接效益	具体表现
支付宝	支付便捷性提升	用户可直接在飞猪平台使用支付宝进行支付,无需跳转,提升支付效率
	流量共享	飞猪商家可借助支付宝的庞大用户基础,获取更多曝光机会
	数据互通	飞猪与支付宝共享用户数据,有助于更精准地推荐旅游产品
高德地图	导航服务优化	用户预订旅游产品后,可直接在高德地图中获取导航服务,提升出行便利性
	地理位置信息整合	高德地图的地理位置信息有助于飞猪更精准地推送当地旅游产品和活动
	用户体验提升	无缝衔接的导航服务增强了用户的整体旅行体验
菜鸟网络	物流效率提升	飞猪商家可借助菜鸟网络的物流体系,实现快速、低成本的物流配送
	售后服务优化	物流信息的实时跟踪有助于飞猪商家及时处理售后问题,提升用户满意度
	成本控制	菜鸟网络的规模效应降低了飞猪商家的物流成本

(6)创新运营体系。飞猪创新商家运营体系主要包括以下几个关键部分。一是飞猪MCI(商家竞争力指数),从服务、货品、营销、产能、私域等多方面对商家进行综合数据诊断,为商家提供个性化的数字化提升策略建议,让商家明确自身优势与不足,精准定位改进方向。二是基于飞猪的店铺运营体系,实现"一键配置、多端投放",充分触达阿里生态的多个应用场景,获取到最大化的公域流量。三是飞猪通过用户运营工具将来源于线上的、线下的,通过营销、内容、直播等渠道所触达的用户,进行综合分析管理,充分激活私域流量活力,并最终达成商家品牌到用户的精准触达,实现公域私域流量效率最大化。

(三)美团

1. 发展概况

美团成立于2010年,最初以团购业务起家,通过提供本地商家的优惠团购活动吸引消费者,迅速在市场上占据一席之地。这一阶段,美团帮助消费者节省开支，同时为商家带来大量客源，实现了初步的商业成功。美团自成立以来，经历了快速的发展与扩张，现已成为中国领先的本地生活服务平台。

2. 竞争优势

（1）庞大的用户基础和流量。美团通过多年的发展积累了海量的用户，涵盖了餐饮外卖、到店服务、酒店旅游等多个业务领域的用户群体。例如，其外卖业务拥有庞大的活跃用户数量，为各项业务的开展提供了坚实的用户基础。

（2）强大的配送网络。美团建立了规模庞大且高效的配送体系，尤其在外卖领域，拥有众多的骑手和完善的配送调度机制，能够确保订单的快速、准确送达。在即时零售需求日益增长的当下，这一优势使得美团能够满足用户对于快速配送的需求，提供良好的消费体验，如美团闪购借助配送优势实现了快速发展。

（3）广泛的商家资源和合作关系。与大量的本地商家建立了长期稳定的合作关系，包括餐饮、酒店、娱乐等各类商家。这使得美团能够为用户提供丰富多样的商品和服务选择，同时也为商家提供了广阔的销售渠道和营销平台，实现互利共赢。

（4）技术创新能力。美团注重技术研发和创新，不断投入资源优化配送算法、提升智能客服水平、利用大数据进行精准营销等。

（5）业务多元化。美团的业务涵盖了外卖、到店、酒店旅游、闪购、买菜等多个领域，形成了多元化的业务生态。这种多元化的布局不仅能够满足用户多样化的生活需求，还可以降低单一业务风险，增加公司的整体抗风险能力。

（6）品牌知名度和口碑。美团在本地生活服务领域具有较高的品牌知名度和良好的口碑，用户对其品牌的信任度较高，这使得用户在选择生活服务时更倾向于使用美团平台，也有助于美团吸引新用户和商家的加入。

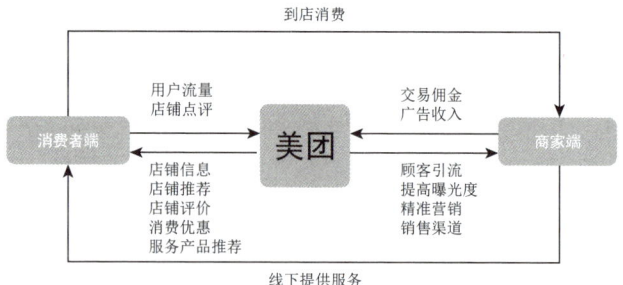

图 2-5　美团的在线旅游业务发展模式

【任务训练】

通过本任务的学习和实践，学生应理解综合类旅游电商的概念，知晓综合类旅游电商的应用案例，理解综合类旅游电商的竞争优势、发展现状和前景。

任务准备	全班分组成立项目小组，每组人数3—5人
任务要求	1. 各组搜索并阅读携程的智慧化转型历程 2. 各组讨论和评价自己用过的携程服务，搜索整理以携程为代表的综合类旅游电商的运营模式 3. 展示本组搜集的携程转型历程、服务评价及运营模式
任务成果	各组提交所选项目的PPT展示文档
评价方式	学生自评、教师评价及第三方平台评价相结合。分组安排时，注意分工到位，每位成员都有一定任务

任务三　攻略社区类旅游电商智慧化运营

【任务导入】

策划旅游路，AI 管家挺靠谱

做旅游线路规划时，我们往往要看大量的参考内容才能制定旅行线路。虽然现在市面上类似 ChatGPT、文心一言、豆包、DeepSeek 等大语言模型也可以生成行程规划，但在直接使用过程中会遇到一些问题，如路线安排不合理、时间安排不妥当等情况。

2024 全球数字经济大会人工智能专题论坛上，去哪儿宣布去哪儿 AI 助手生成范围涵盖全球 30 多个城市。自动生成了超过 2000 条高质量旅游路线攻略，有超过 10 万人次的计划出行用户使用了该功能。目前，去哪儿 AI 助手可以根据用户旅行目的地、天数及个人兴趣，一键生成定制化的行程方案。

在客户服务领域应用人工智能技术，去哪儿开发了客服智能助手，利用 AI 技术，来解决基础的服务问题。借助大语言模型的能力，去哪儿对原有的客服智能助手进行升级，涵盖服务的全部环节。

首先是服务前的客服培训场景，去哪儿利用大语言模型模拟有售后需求的用户，与客服进行对话练习，还原真实服务场景。通过理论与实践相结合的培训方式，AI 培训 5 天就可以达到客服上线服务 15 天的效果，用户反馈满意度提升了 13%。由于话术和操作的熟练，

智慧旅游运营实务

每次服务时间缩短了15%。在服务中,客服智能助手通过RAG技术从历史优秀工单中找到优质话术,实时根据客服和用户的对话提供给客服,减少了查找时间,加快了服务速度。

其次是在服务后,通过大语言模型进行工单复盘和质检,将原本人工质检抽检数量不超过总工单的10%提升到100%全部检查,提高了质检效率,加快了复盘节奏和迭代速度。对于未来人工智能在旅行领域的应用,去哪儿工作人员认为,随着技术的不断发展,将出现如科幻作品中的全能个人旅行管家,大幅提升出行体验。

任务解析:攻略社区类旅游电商是在线旅游市场中的重要参与者。它们主要通过用户生成内容(UGC)来吸引和聚集旅游爱好者,提供丰富的旅游攻略、游记、问答等内容,同时提供预订服务,包括酒店、机票、旅游套餐等,以满足用户的旅游需求。AI的引入使其更具智慧化特征。在旅行前,AI助手设计旅行计划,实现自动预订性价比最高的机票、酒店;通过虚拟现实技术,在出发前就能对旅行有一个直观的感受。在旅行中,同步上线语言翻译器,能识别当地的方言和俚语,真正实现无障碍沟通。在旅行后,AI助手自动整理旅行中的照片、视频和笔记,生成个性化的旅行回忆集,支持一键分享到社交媒体等。通过不断的技术创新和市场拓展,这类平台有望进一步提升用户体验,增强自身的竞争力。

请同学们了解AI旅行助手后,完成下列讨论。

1. 你在哪些旅游类平台分享过自己的旅行经验?
2. 你认为自己分享旅游经验能为别人带来什么,以及你可以从别人的旅行分享中收获什么?
3. 你认为AI制作的旅游攻略在可行性方面做得怎么样?

一、攻略社区类旅游电商概述

攻略社区类旅游电商是近年来随着互联网技术的快速发展而兴起的一种新型旅游电商模式。这种模式结合了旅游攻略分享与电子商务功能,为用户提供了一站式的旅游服务体验。

攻略社区类旅游电商是指基于互联网平台,以旅游攻略分享为核心,结合旅游产品的在线预订、销售、服务评价等功能,为用户提供全面、便捷、个性化的旅游服务。攻略社区类旅游电商的特点包括以下4个方面。

(1)旅游攻略分享。用户可以在平台上分享自己的旅行经历、心得体会和照片等,形成丰富的旅游攻略内容。这些内容不仅为其他用户提供了宝贵的参考信息,还增加了旅行的乐趣和互动性。

(2)在线预订与销售。平台整合了旅游环节中的各级供应商资源,如机票、酒店、景点门票以及各种旅游活动等,为用户提供了一站式的预订服务。用户可以在平台上轻松比较不同产品的价格、服务内容和用户评价,从而做出更加符合个人需求的决策。

（3）个性化定制服务。通过收集和分析用户的浏览记录、购买历史和偏好信息，平台能够精准推送符合用户兴趣的旅行产品和建议。例如，为喜欢户外探险的用户推荐徒步、攀岩等特色体验，为家庭出游的用户提供亲子酒店、主题公园等家庭友好型产品。

（4）高度互动性。用户可以在平台上与其他用户、旅游供应商进行实时互动和交流，了解彼此的需求和期望，从而达成更为满意的交易。同时，平台还提供了丰富的图片、视频和用户评价等信息，帮助用户全面了解产品情况并做出决策。

未来，攻略社区类旅游电商将继续朝着个性化、智能化、社区化的方向发展。随着消费者对旅行品质要求的提升和移动互联网技术的不断进步，攻略社区类旅游电商将更加注重用户需求的挖掘和满足，提供更加精准、便捷、个性化的旅游服务。同时，平台还将加强与旅游供应商的合作与交流，共同推动旅游行业的创新和发展。

二、智慧旅游在攻略社区类旅游电商中的应用

（一）穷游网

穷游网，作为一个拥有庞大用户群体的攻略社区类旅游电商平台，自2004年成立以来，始终致力于为用户提供高质量的旅行指南、攻略和游记。随着技术的不断发展，穷游网逐渐融入了智慧旅游的理念，通过创新的产品特色、服务模式及盈利模式，为用户提供了更加便捷、个性化的旅游体验。

1. 产品特色及服务

（1）个性化推荐与定制旅行。通过分析用户的行为与偏好，穷游网能够提供个性化的旅游计划与推荐。用户可以根据自己的兴趣与需求，获得量身定做的旅游方案。

（2）实时信息服务。平台提供的实时天气更新、交通状况、景点人流量等信息，能够帮助用户及时调整旅游计划，避免拥堵与不便。

（3）便捷的在线预订和支付系统。穷游网集成了酒店、机票、景点门票等各类服务的在线预订功能，多元化的支付方式极大地提升了预订的便捷性。

（4）社区交流与分享。穷游网设有社区功能，用户能够分享自己的旅游故事与攻略，与其他用户互动，获取更多旅游灵感。

2. 服务模式

穷游网的服务模式以"内容—工具—交易"的立体模式为核心，具体体

现在以下方面。

（1）丰富的内容资源。穷游网提供详尽的旅行指南、实用攻略和游记，帮助用户做出个性化决策。同时，还推出了《穷游锦囊系列知乎 Live》等付费内容，为用户提供深度学习体验。

（2）智能工具辅助。通过行程助手、优选商城等智能工具，用户能够轻松制定并完成出行计划。这些工具不仅提升了用户体验，还增强了用户的黏性。

（3）线上线下融合的服务。穷游网还涉足线下体验店和旅行生活美学品牌，如 Q-Home 清迈厨艺学校和 City Walk 等，为用户提供更加全面的服务体验。

（二）马蜂窝

马蜂窝作为攻略社区类旅游电商的代表企业，充分展现了智慧旅游在旅游行业中的应用价值。通过创新的产品特色、服务模式和盈利模式，马蜂窝不仅为用户提供了更加便捷、个性化的旅游体验，还为旅游行业的数字化转型和升级提供了有力支持。

图 2-6　马蜂窝官网截图

1. 产品特色及服务

（1）全面的旅游攻略与 UGC 内容。马蜂窝提供全球 6 万个旅游目的地的玩乐、交通、酒店、景点、餐饮、购物、用车、当地体验等信息，这些内容大多由用户自主分享，形成了庞大的旅游信息库。这些信息经过大数据分析和 AI 技术处理，能够为用户提供个性化的旅游推荐和决策支持。

（2）智能推荐系统。马蜂窝利用 AI 技术与大数据算法，对用户的浏览历史、搜索记录、购买行为等数据进行分析，为用户推荐符合其兴趣和需求的旅游攻略、产品和服务。这种智能推荐系统不仅提高了用户的使用体验，还增加了用户的黏性和忠诚度。

（3）一站式服务。马蜂窝不仅提供旅游攻略和 UGC 内容，还开展了在线预订服务，包括机票、酒店、门票、租车、自由行、跟团游等多种旅行产品。用户可以在平台上完成从规划行程到预订产品的全过程，享受一站式服务带来的便捷。

2.服务模式

（1）社区互动与用户生成内容。马蜂窝鼓励用户分享旅行经历、游记攻略、景点评价等内容，形成了一个活跃的旅游爱好者社区。用户可以在社区中与其他旅行者交流心得、分享经验，这种互动不仅增加了用户的参与感和归属感，还为平台带来了丰富的内容资源。

（2）个性化定制服务。马蜂窝提供个性化定制服务，根据用户的需求和偏好，为其量身打造旅游计划和行程安排。这种服务模式充分利用了智慧旅游的技术手段，如大数据分析、人工智能算法等，提高了服务的精准度和满意度。

（3）线上线下融合。马蜂窝不仅提供线上服务，还通过举办线下活动、建立实体门店等方式，实现线上线下融合。这种服务模式为用户提供了更加全面、立体的旅游体验，同时也增强了平台的品牌影响力和用户黏性。

表 2-2　智慧旅游在马蜂窝中的应用

项目	描述	智慧旅游应用
产品		
1.攻略与游记	提供全面的旅游攻略和用户生成的游记内容，涵盖全球各地	利用大数据分析用户兴趣，推荐个性化攻略与游记
2.旅行助手	智能语音助手，可按照用户需求进行行程规划、个性化推荐等	依托 AI 技术，提供智能化行程规划服务
3.目的地介绍	包含地点简介、交通、住宿、行程、美食、出入境、娱乐购物等全方位信息	利用大数据和 AI 技术，提供精准的目的地推荐和信息
4.UGC 内容	用户生成的旅行内容，包括照片、视频、评价等	鼓励用户分享，利用 AI 技术进行内容审核和推荐
服务		
1.在线预订	提供机票、酒店、门票、租车、自由行、跟团游等多种旅行产品的在线预订服务	利用智能预订系统，简化预订流程，提高预订效率

续表

项目	描述	智慧旅游应用
2.个性化推荐	根据用户行为和偏好，推荐适合的旅游产品和服务	基于大数据分析和AI算法，提供个性化推荐
3.社区互动	用户可以在平台上分享旅行经历、交流心得、提问解答等	鼓励用户互动，利用AI技术进行社区管理和内容推荐
4.客户服务	提供24小时在线客服，解答用户疑问，处理投诉和建议	利用智能客服系统，提高客户服务质量和效率

（三）小红书

虽然小红书主要被视为一个生活方式分享平台，但其在旅游攻略方面也有着丰富的内容。小红书上的旅游攻略以图文和视频形式呈现，内容生动、实用，深受年轻用户的喜爱。小红书在旅游攻略领域的影响力不断扩大，成为越来越多旅行者获取旅行灵感和实用信息的重要渠道。

小红书旅游攻略模块的服务产品主要包括以下内容。

（1）旅游攻略笔记。用户可以在小红书上发布详细的旅游攻略笔记，包括目的地的交通、住宿、餐饮、景点介绍、游玩路线等信息。这些笔记通常以图文或视频的形式呈现，为用户提供直观的旅行参考。

（2）个性化推荐。基于用户的浏览历史、搜索记录和兴趣偏好，小红书会向用户推荐个性化的旅游攻略。这些推荐内容旨在帮助用户发现更适合自己的旅行目的地和旅行方式。

（3）旅行工具和服务。小红书还提供了一些实用的旅行工具和服务，如行程规划器、货币转换器、天气预报等，以及与旅行相关的酒店预订、机票购买、租车服务等。这些工具和服务旨在帮助用户更便捷地规划和管理旅行。

（四）猫途鹰

猫途鹰（TripAdvisor）是全球最大的在线旅游指南公司，主要为用户提供计划行程安排、饭店、度假村、机票、度假、旅游度假和旅行导游方面公正的评论和意见，旨在协助旅客规划行程并享受最优质的旅游体验。公司提供的服务包括旅游达人的可靠建议、多样化的旅游选择及与预订工具紧密结合的规划功能。

1.主要产品

（1）旅游信息和点评平台。提供全球范围内酒店、景点、餐厅等旅游相关信息的点评和介绍，帮助旅行者更好地了解目的地。

（2）Viator。猫途鹰旗下的旅游体验预订平台，旅行者可以在此预订各种旅游活动，如景点门票、一日游、当地美食体验等。

2.提供的服务

（1）搜索和比较服务。用户可以在猫途鹰上搜索和比较不同酒店、景点和餐厅的价格、评分和点评，以做出更好的选择。

（2）个性化推荐。根据用户的旅行偏好、历史记录和浏览行为，提供个性化的旅游推荐服务。

（3）社区互动。鼓励用户分享旅行经验和点评，形成一个活跃的旅行社区，用户可以在此与其他旅行者进行互动和交流。

【任务训练】

通过本任务的学习和实践，学生应理解攻略类旅游电商的概念，知晓攻略类旅游电商的应用案例。

任务准备	全班分组成立项目小组，每组人数3—5人
任务要求	1.各组搜索并了解2个攻略类旅游电商 2.各组讨论攻略社区的作用 3.展示本组搜集的攻略类社区电商以及分析社区分享是如何增强用户黏性的
任务成果	各组提交所选项目的PPT展示文档
评价方式	学生自评、教师评价及第三方平台评价相结合。分组安排时，注意分工到位，每位成员都有一定任务

任务四　定制旅行类旅游电商智慧化运营

【任务导入】

"私人定制"时代催热民宿：我们不光要旅游，更要体验

"上车睡觉，景点拍照，回家一问什么都不知道"。这句调侃，或许是传统旅游时代的真实写照。不过，伴随着国民生活水平的提高，大家对于旅游休假有了新的理解，上述传统的消费观念正在悄然改变。

如今，一种生活方式、一项有趣的活动、一系列美食，甚至是某些特定的气候，都能够成为吸引人们前去游玩体验的一个理由。于是，很多人会选择在一定的气候条件下过一段舒适的异地生活，享受短期的度假休闲。

"民宿之所以能够区别于传统酒店发展起来,正是满足了消费者'多人''多天'和'个性化'的需求。"途家公关总监唐挺在接受新华网记者采访时表示,相比酒店一间房只能住两人的情况,民宿能够满足多人共同出游的住宿需求;民宿通常都配备有厨房、冰箱、洗衣机等生活设施,能够提供短时期像家一样的生活体验;个性化主要是指民宿主人对于房间的特殊布置,通常都具有本地的文化特色,是住酒店所不能感受到的。"其实民宿与传统酒店是互补的关系。"

任务解析:随着互联网技术的发展,私人定制旅行电商得到了快速的发展。线上平台通过收集和分析用户的旅游偏好、消费习惯等数据,能够更加精准地为用户提供定制化服务。同时,线上平台的便捷性和高效性也为用户提供了更加方便的旅游预订和咨询服务。私人定制旅行电商的发展趋势表明,未来的旅游市场将更加注重个性化和体验化。随着消费者对旅游品质的要求不断提高,私人定制旅行将成为旅游市场的重要组成部分,并有望成为推动旅游行业发展的新动力。私人定制类旅游电商是旅游行业适应消费者需求变化和互联网技术发展的产物,它代表了旅游服务模式的一种创新和升级。随着市场的不断成熟和消费者认知度的提高,私人定制旅行电商有望在未来的旅游市场中占据更加重要的地位。

请阅读材料并思考,完成以下讨论。

1. 定制旅行是如何发展起来的?
2. 私人定制旅行是如何促进民宿产业发展的?

一、定制旅行的发展

从满足个性化需求到引领文旅新潮流,中国定制旅行在时代浪潮中蓬勃发展,不断为游客带来深度旅行体验与独特环游记忆。20世纪90年代到2000年,定制旅行初步萌芽,主要服务于高端商务人士和少数富裕家庭,服务内容局限在高端酒店预订、基础行程规划等,整体认知度低,市场规模狭小。进入21世纪以来,随着互联网普及,定制旅行迎来快速发展,在线旅游平台兴起,信息成本降低,经济腾飞促使中产阶级壮大,人们消费观念转变,市场需求激增,定制内容从单纯行程扩展到旅游全要素,行业竞争愈发激烈。现阶段,从产业端来看,大数据、人工智能等技术助力精准服务,产业融合催生多样跨界产品,完善的市场体系与服务标准逐步建立;从消费端来看,消费者需求走向多元化、品质化,绿色可持续、智能化数字化成为新趋势,中国定制旅行迈向更广阔的舞台。

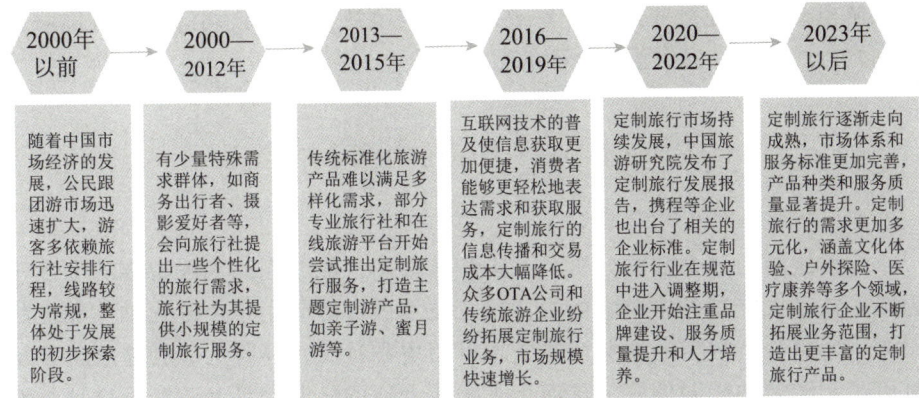

图 2-7　定制旅行在我国的发展

二、定制旅行类旅游电商概述

定制旅行类旅游电商是近年来随着旅游市场的不断细分和消费者个性化需求增长而兴起的一种新型旅游服务模式。定制旅行类旅游电商是指利用电子商务平台，根据游客的个性化需求、预算、时间安排等因素，为其量身定制包括行程规划、交通安排、住宿预订、景点选择、餐饮推荐等在内的全方位旅游服务。定制旅行类旅游电商具有以下几个特点。

视频 2-4：定制旅行类旅游电商

（1）个性化特点。定制旅行类旅游电商完全根据游客的喜好、需求和旅行计划来量身定制，具有极强的针对性和深度性。

（2）灵活性特点。定制旅行类旅游电商使游客行程安排更加自由，游客可以根据自己的时间和兴趣进行调整。

（3）高品质特点。定制旅行类旅游电商通常提供高端、专属的旅游产品和服务，确保游客获得更好的旅行体验。

（4）一站式特点。定制旅行类旅游电商从行程规划到实际旅行过程中的各个环节，都提供全面的服务支持。

未来，随着大数据、人工智能等技术的不断发展，定制旅行类旅游电商将更加注重数据分析和智能推荐，以提供更加精准和个性化的服务。定制旅行类旅游电商在提供基础服务的基础上，将更加注重服务品质和用户体验的升级，如提供更加贴心的导游服务、更加便捷的支付和退改政策等。针对不同游客群体的需求，将出现更多细分市场的定制旅行产品和服务。定制旅行类旅游电商与其他行业进行跨界融合，如与酒店、航空公司等合作推出联合定制旅行产品，以提供更加全面的服务体验。

三、智慧旅游在定制旅行类旅游电商中的应用

1. 个性化推荐与定制服务

智慧旅游通过大数据分析和人工智能技术，能够深入了解游客的个性化需求。在私人定制类旅游电商中，这一技术被广泛应用于个性化推荐和定制服务。通过分析游客的浏览记录、预订历史和社交媒体行为，智慧旅游系统可以预测游客的旅游偏好，从而为其推荐合适的旅游产品和路线。这种个性化服务不仅提高了游客的满意度，也增强了旅游电商的市场竞争力。

2. 智能导游与实时互动

在私人定制旅行过程中，智能导游和实时互动服务为游客提供了极大的便利。智慧旅游系统可以利用人工智能技术，为游客提供实时语音讲解、导航等服务。例如，通过语音识别和自然语言处理技术，智能导游可以实时回答游客的问题，提供景点介绍和路线规划。这种互动不仅提升了游客的旅游体验，也减轻了导游的工作负担。

3. VR与沉浸式体验

VR技术在智慧旅游中的应用为游客带来了前所未有的沉浸式体验。在私人定制类旅游电商中，游客可以通过VR技术提前"参观"景点，了解景区的具体情况，从而做出更加科学的决策。这种体验不仅增强了游客的决策信心，也提高了旅游电商的产品吸引力。

4. 数据驱动决策与优化管理

智慧旅游通过大数据技术对旅游数据进行挖掘和分析，为旅游电商提供了决策支持。在私人定制类旅游电商中，这些数据可以帮助企业优化产品设计、提升服务质量、降低运营成本。例如，通过分析游客的反馈和评价，旅游电商可以及时调整服务策略，提高游客满意度。

5. 区块链技术保障安全与透明

区块链技术在智慧旅游中的应用增强了旅游电商的安全性和透明性。通过区块链技术，旅游电商可以实现旅游产品的透明交易记录、防止欺诈行为、保障用户隐私和数据安全。此外，区块链技术还可以用于管理旅游积分和奖励，提升用户忠诚度。

6. 共享经济模式丰富服务内容

共享经济模式在旅游行业的应用进一步丰富了私人定制类旅游电商的服

务内容。通过共享住宿、共享交通、共享导游等服务，游客可以享受到更加多样化、个性化的旅游体验。这些共享服务不仅提高了资源的利用效率，也降低了游客的旅游成本。

四、定制旅行类旅游电商实践案例

路书云定制旅行工作台（简称路书云），是一家领先的定制旅行企业、一站式解决方案供应商，专注于为旅行社、定制旅行公司等提供全面的技术、人才、品牌和市场支持。其核心产品——路书云定制旅行工作台，是一个集路线规划、行程管理、客户沟通、资源整合等功能于一体的智能平台。

1. 旅游产品与服务

（1）个性化定制。根据客户的具体需求，如兴趣、预算、时间等，量身定制专属的旅游行程。

（2）一站式解决方案。从路线规划、住宿预订、交通安排到景点门票购买等，提供全方位的服务，让客户无需费心。

（3）专业顾问团队。拥有一支由资深旅行顾问和定制师组成的团队，提供专业的建议和个性化服务。

（4）智能工具辅助。利用大数据、人工智能等技术，提供智能化的行程规划和推荐，提高效率和准确性。

2. 优势特点

（1）技术驱动的高效性。路书云首创模块化行程编辑系统，将行程所需元素，如线路模板、POI、笔记素材等模块化，使得定制师可以通过组合这些元素快速制作个性化的行程方案，极大地提升了行程编辑效率。路书云利用先进的智能算法对旅游数据进行大规模聚合和有效提炼，为出游者精准匹配最优路书内容，提供个性化的行程建议。

（2）资源整合能力强。与全球范围内的酒店、航空公司、景点等供应商建立了长期合作关系，能够为客户提供丰富的旅游资源和优惠价格。

（3）客户体验的优化。路书云提供行程智能排版功能，可以一键导出多版本高颜值路书，满足不同客户的需求和审美。路书云提供社交分享功能，让出游者能够与好友分享旅游动态和标记重要景点。

（4）全面的服务支持。路书云支持多部门协作，订单随时随地有人跟进，确保项目进程的顺利进行。通过 CRM 系统，路书云帮助企业快速搭建客户管理体系，轻松构建用户画像，记录用户偏好，实现精准营销。

（5）丰富的资源对接。路书云提供 600 多万个目的地资源及优质供应商资源，包括全球精品高奢酒店、目的地包车服务等，方便定制旅行机构快速寻找优质资源。供应商可以一键开放优质线路，寻找同业合作伙伴，实现资源的共享和优化配置。

（6）教育与培训支持。路书云旗下教育品牌"定制师来了"是专业的定制旅行知识分享平台，致力于培养专业的旅行定制师，解决机构人才瓶颈。通过与旅游院校、企业、协会合作开展培训，已累计培训上万名定制旅行行业人才。

【任务训练】

通过本任务的学习和实践，学生应了解定制旅行的发展历程，熟悉私人定制旅行的发展概况。

任务准备	全班分组成立项目小组，每组人数3—5人
任务要求	1. 各组搜索定制旅行的发展历程 2. 各组讨论定制旅行的典型案例 3. 展示本组搜集的定制旅行发展历程和典型案例
任务成果	各组提交所选项目的PPT展示文档
评价方式	学生自评、教师评价及第三方平台评价相结合。分组安排时，注意分工到位，每位成员都有一定任务

任务五　工具类旅游电商智慧化运营

【任务导入】

旅行翻译官：旅行途中身边的实时翻译

旅行翻译官基本上把常用的语种都包括了，共有20多种。可根据需要选择语种下载，语言包里根据不同的场景分问候、交通、住宿、餐饮、购物等多种常用对话，甚至还有生气时的抱怨，选择想要说的话点击即可发声。

有什么不懂的就问翻译官，和国际友人交流不是什么难事。旅行翻译官最大的特点就是不仅支持外国语言的翻译，还支持地方语言的翻译。国内游的主要问题在于听不懂方言，交流不顺畅甚至容易造成误会，而旅行翻译官正好弥补了这一缺失。四川话、粤语、客家话都有真人发声的语音包可供下载，就算是到了少数民族地区也能轻松自如地交流。

项目二　在线旅游行业智慧化运营

越来越多的人选择自助出境游或者国内游，别让语言障碍成为出行的借口，在手机里安装旅行翻译官带上满满的勇气出发吧！

请阅读材料并，思考并完成以下讨论。

1. 旅行翻译官给旅游带来了哪些便利？
2. 工具类旅游电商的发展前景怎样？

任务解析： 近年来，随着电子商务的快速发展和普及，工具类旅游电商也迎来了蓬勃发展的机遇。越来越多的传统旅游企业开始转型升级，拥抱电商模式；同时，新兴的在线旅游平台也如雨后春笋般涌现出来。这些平台通过不断的创新和优化服务，为旅游者提供了更加便捷、高效、个性化的旅游服务体验。工具类旅游电商，主要利用先进的计算机网络及通信技术，通过电商平台为旅游者提供一系列便捷、高效的旅游服务工具。工具类旅游电商作为电商行业与旅游业深度融合的产物，具有高效性、便捷性、聚合性和互动性等特性，并在不断发展壮大中。未来，工具类旅游电商将更加注重与其他行业的跨界融合，如与金融、交通、餐饮等行业的合作，为旅游者提供更加全面、便捷的旅游服务体验。

一、工具类旅游电商概述

工具类旅游电商，作为旅游行业与互联网技术深度融合的产物，是一种专注于为旅行者提供各类实用工具和服务的在线平台，其核心在于其"工具性"特征，即通过各种技术手段和功能模块，帮助用户更高效且便捷地规划、预订和管理旅行，帮助用户解决旅行中的实际问题，提升旅行体验。工具类旅游电商的核心在于

视频2-5：工具类旅游电商

其提供的工具和服务具有高度的实用性，如航班查询、酒店比价、行程规划、天气预报等，这些功能都是旅行者在行程规划和管理中需要经常使用的。工具类旅游电商同时具有智能化和便捷性特征，利用大数据、人工智能等技术，为用户提供个性化的旅行建议和解决方案，如智能推荐旅游线路、酒店和活动等。通过一站式服务，简化用户的预订和管理流程，提高效率。同时，支持多渠道访问，如App、网站等，方便用户随时随地获取服务。

二、智慧旅游在工具类旅游电商中的应用

（一）航班查询

1. 实时数据更新

智慧旅游在航班查询功能中的应用，使得用户能够获取实时的航班信息。通过大数据和云计算技术，工具类旅游电商能够实时更新航班数据，包括航班

起降时间、航班状态、剩余座位数等，确保用户查询信息的准确性。

2. 个性化推荐

基于用户的历史搜索和预订记录，智慧旅游系统能够分析出用户的出行偏好，如出发时间、目的地、航空公司偏好等，为用户推荐合适的航班选项。

（二）酒店比价

1. 广泛的资源整合

智慧旅游在酒店比价功能中的应用，使得工具类旅游电商能够整合市场上的多家酒店资源，包括价格、评价、位置、设施等信息。用户只需输入目的地和入住日期，即可获取多家酒店选择，并进行综合比较。

2. 智能筛选与排序

利用大数据和人工智能技术，智慧旅游系统能够分析出用户的酒店偏好，如价格、星级、评分等，为用户智能筛选和排序酒店选项，有助于用户快速找到符合自己需求的酒店，提高预订效率。

（三）行程规划

1. 智能化路线规划

智慧旅游在行程规划功能中的应用，使得用户能够获取更加科学合理的旅行路线。系统会根据用户的出行时间、目的地、兴趣偏好等信息，智能生成最优旅行路线，包括交通方式、景点安排、住宿选择等。

2. 动态调整与优化

在行程执行过程中，智慧旅游系统能够根据实时交通状况、天气变化等因素，对行程进行动态调整和优化。例如，当某条交通线路出现拥堵时，系统会推荐其他更快捷的路线，或者当目的地天气突变时，提醒用户携带雨具或调整行程安排。

（四）天气预报

1. 精准天气预测

智慧旅游在天气预报功能中的应用，使得用户能够获取更加精准的天气预报信息。通过大数据和机器学习算法，系统能够分析历史天气数据，结合实时气象信息，预测未来一段时间内的天气变化，包括温度、湿度、风速、降水量等。

2. 旅行决策支持

精准的天气预报信息对于用户的旅行决策具有重要的支持作用。用户可以根据天气预报结果，合理安排出行时间、选择适合的服装和装备、调整旅行计划等，确保旅行的顺利进行。

（五）地图导航

1. 精准定位与导航

智慧旅游通过 GPS 技术，让用户随时了解自己的位置，并根据需要进行导航。系统会主动弹出根据用户位置信息得到的最新信息，包括交通拥堵状况、交通管制信息、交通事故相关信息、景区限行政策、停车场及车位情况等，以及其他相关信息。

2. AR 实景导航

基于 LBS 与 3D GIS 的智慧景区导航导览系统，结合了轻量级的室内导航算法和室外 GPS 定位技术，为用户提供精准的路线导航服务。系统支持 AR 实景导航，通过手机摄像头捕捉周边实景状态，结合实时精准定位，将导航路线无缝贴合实景路面。

（六）翻译功能

AI 实时翻译：智慧旅游通过 AI 技术，实现了即时语音识别和翻译，以及文本翻译，使用户可以轻松与当地人交流，获取路牌、菜单等内容的翻译，克服语言障碍，提升旅游体验。

三、工具类旅游电商实践案例

航旅纵横是中国民航信息网络股份有限公司于 2012 年精心打造的移动出行服务产品，是一款专业的出行航班工具，旨在为旅客提供一站式、全流程的出行信息服务。

1. 产品与服务

航旅纵横提供了从出行准备到抵达目的地的全流程信息服务，包括航班动态查询、机票预订、酒店预订、旅游套餐、手机值机、电子登机牌等。

航旅纵横创新性地提供了行程自动导入、前序航班动态、全程动态提醒、机票验真、行李限额查询等便捷功能。航旅纵横是第一个支持全渠道行程一键提取的软件，也是第一个具备机票验证功能的手机软件。航旅纵横支持用户在线交流，为旅程增添社交元素。

2. 特色与优势

（1）信息优势。航旅纵横依托中国航信多年民航核心系统服务商的经验，共享了中航信息处于垄断地位的电子机票信息，因此在民航出行方面有着信息及时与快速的巨大优势。

（2）技术优势。航旅纵横不断投入研发力量，优化用户体验，提升服务质量。通过引入人工智能和大数据技术，航旅纵横能够为用户提供更加精准的航班推荐、个性化的旅游规划以及高效的客户服务。

（3）品牌优势。航旅纵横凭借优质的服务和良好的口碑，逐渐在消费者心中树立了良好的品牌形象。随着品牌影响力的提升，航旅纵横的市场份额也在不断扩大。

（4）合作优势。航旅纵横积极拓展国际市场，与全球多家航空公司建立合作关系，为用户提供更加丰富的旅行选择。同时，航旅纵横还与国内部分机场、移动互联网平台、百度、微信等展开积极合作，方便用户多渠道了解航班信息。

【任务训练】

通过本任务的学习和实践，学生应熟悉工具类旅游电商概况，了解其典型案例的应用。

任务准备	全班分组成立项目小组，每组人数3—5人
任务要求	1. 各组讨论旅行翻译官带来的便利 2. 各组网上搜索并分析总结工具类旅游电商的发展前景 3. 展示本组搜集的定制旅行发展历程和典型案例
任务成果	各组提交所选项目的PPT展示文档
评价方式	学生自评、教师评价及第三方平台评价相结合。分组安排时，注意分工到位，每位成员都有一定任务

测试题

一、单选题

1.1995—2000年是属于我国在线旅游的发展阶段中的哪个阶段？（　　）
A. 萌芽与探索期　　　　　　　B. 快速发展与竞争期
C. 整合与并购期　　　　　　　D. 创新与多元化期

2.2007—2012年是属于我国在线旅游的发展中的哪个阶段？（　　）
A. 萌芽与探索期　　　　　　　B. 快速发展与竞争期
C. 整合与并购期　　　　　　　D. 创新与多元化期

3. 智能化与生态化阶段是指以下哪个时期？（　　）
A.1995—2000年　　　　　　　B.2001—2006年
C.2007—2012年　　　　　　　D.2019年至今

二、判断题

1. 飞猪属于区别于OTA的OTP模式。A即agent，代理商的意思。P则

指 platform，是平台的意思。（　　）

2. 当前中国在线旅游行业竞争格局呈现竞争梯队层次分明。第一梯队主要有携程、去哪儿、飞猪。（　　）

3. 定制旅游，通俗地说就是根据自己的喜好和需求定制行程的旅行方式。（　　）

4. 综合性旅游服务电商不仅提供旅游产品的预订、支付和评价等功能，还通过技术创新和个性化服务，不断提升用户的旅游体验。（　　）

5. 飞猪依托阿里巴巴的生态系统优势，在年轻用户群体中拥有较高人气。（　　）

6. 2008 年，携程成为国内首个国际机票在线预订平台之一。（　　）

7. 攻略社区类旅游电商是以内容为导向，以用户共享为核心，通过 UGC 的模式进行网站的运营。（　　）

8. 垂直旅游电商型通过线上平台整合旅游资源，提供全方位的旅游服务。（　　）

9. 穷游网的服务模式以"内容—工具—交易"的立体模式为核心。（　　）

10. 工具类旅游电商是一种专注于为旅行者提供各类实用工具和服务的在线平台，其核心在于其"工具性"特征。（　　）

三、多选题

1. 在线旅游服务商提供的服务包括（　　）。

A. 航班预定　　　　　B. 酒店住宿　　　　　C. 度假套餐

D. 旅游保险　　　　　E. 租车服务

2. OTA 平台具有的优点包括（　　）。

A. 便捷性　　　　　　B. 选择多样性　　　　C. 价格透明性

D. 一站式服务　　　　E. 提供评价反馈功能

3. 根据供应商来分类，在线旅游电商有哪几种？（　　）

A. 旅行社类电商　　　B. 酒店类电商　　　　C. 景区类电商

D. 综合类电商　　　　E. B2C 模式

4. 根据经营模式来分类，在线旅游电商有哪几种？（　　）

A. 综合模式　　　　　B. 平台模式　　　　　C. 自营模式

D. 代理模式　　　　　E. 零售模式

5. 美团竞争优势包括（　　）。

A. 庞大的用户基础和流量　　　　B. 强大的配送网络

C. 广泛的商家资源和合作关系　　D. 技术创新能力　　　E. 业务多元化

四、问答题

1. 综合类旅游电商的典型代表有哪些？
2. 攻略类旅游电商的典型代表有哪些？
3. 在评价在线旅游电子商务平台时，需要考虑哪些因素？

五、案例分析题

丽江古城作为开放式景区，同时具备国家AAAAA级旅游景区、世界文化遗产地、居民社区的属性特征。景区全面推进智慧小镇建设，通过实施智慧消防、遗产本体安全、智慧环保、酒吧噪音监控、建设视频智能分析、综合指挥管理平台、公共安全管控、人流量疏导等一系列信息管理平台及应用系统，采集、整合、应用各项资源数据，建立智能、精准、稳定、安全的数字小镇运行体系，聚焦"管理端"，全面提升综合治理水平。为大力提升丽江古城智慧旅游服务能力，景区打造出面向游客的综合服务平台，聚焦"游客端"，提供精致化智慧服务。明厨亮灶系统让游客吃得安心，智慧支付、智慧厕所、无人售货商店等给游客提供便捷，提升游客旅行体验；建设丽江古城综合管理服务中心，为给游客提供"一站式"服务，实现统一调度、科学管理，构建了旅游市场监管综合调度指挥中心＋旅游警察、旅游巡回法庭、退货监理中心、旅游联合巡逻队、司法调解中心＋各涉旅部门＋旅游执法履职监督办公室的"1+5+N+1"旅游监管体系；"一部手机游云南"丽江古城智慧小镇专区的建设，在实现智慧导游导览、景区慢直播、智慧厕所、智慧停车场等功能的基础上，聚焦游客吃、住、行、游、购、娱六要素，为游客提供全方位旅游服务。从"智慧景区"到"智慧小镇"，数字技术为丽江古城描神绘形，使之将传统的管理模式转变为数字化的管理模式，实现古城保护管理和景区服务的新突破。

根据以上材料，结合所学知识，请完成下列任务。

检索丽江古城的数字化实践案例，谈谈丽江古城是如何通过智慧旅游打造全方位旅游服务的？

项目三　旅行社行业智慧化运营

项目导读

在传统模式下,旅行社负责承担吃、住、行、游、购、娱等旅游产品与服务的组织和协调工作,采用以旅行社为核心、服务于游客的综合模式。但是在智慧 VR 旅游背景下,旅行社可利用大数据、云计算、移动互联网等技术,构建起旅游消费者和旅游企业之间新的桥梁,传统旅游企业的核心地位逐渐被取代,游客选择和购买旅游产品的渠道得到了拓宽,更易满足其个性化、多元化的需求,实现旅行社企业盈利和游客满意的双赢格局。

 **学习目标**

素质目标
1. 具备持续学习新知识、新技术的能力，鼓励创新思维，适应旅游行业快速发展变化的需求。
2. 具备团队合作和跨部门沟通协调能力。
3. 具备诚信、责任的职业道德规范，遵守法律法规，保护游客、企业隐私。

知识目标
1. 掌握智慧旅行社的基本概念、发展历程及未来趋势。
2. 了解公众号运营、小程序设计、内容推广、短视频制作等数字营销工具与策略。
3. 熟悉旅行社 ERP 系统、客户管理系统、智慧电子客服、智慧导游服务等智慧化工具的应用与管理。

能力目标
1. 能完成旅行社门户网站、公众号、小程序后台设置。
2. 能根据目标受众，策划具有吸引力的短视频内容。

价值引领案例 3：
经世济民素养

创新旅游新媒体营销方式——众信旅游线下客服"领跑"线上直播

思维导图

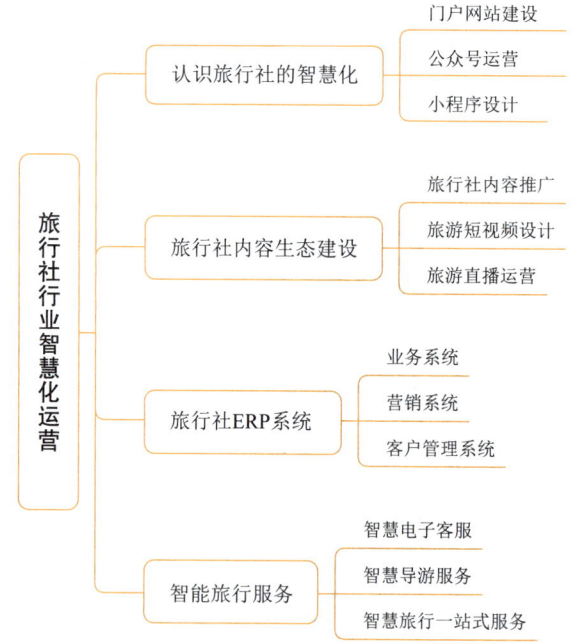

项目三 旅行社行业智慧化运营

任务一　认识旅行社的智慧化

视频 3-1：旅行社智慧化概述

【任务导入】

智慧旅游助力旅行社行业创新发展

在数字化浪潮的推动下，旅行社行业正经历着一场前所未有的变革。以人工智能为核心的新一轮科技革命加速拓展，易起行作为广之旅旗下智慧旅游信息化整体解决方案提供商和智慧旅游平台运营商，不仅支撑着广之旅总部及分支机构从信息化、数字化到智能化的转型升级，更是凭借卓越的技术实力和持续的创新能力荣获 2023 年广东省"专精特新"中小企业称号。

广之旅旗下易起行搭建了 E-travel 智慧旅游业务中台、旅游数据中台，为广之旅提供强大的数据支撑、业务协同和资源共享，广之旅实现快速响应市场变化、提升运营效率和创新服务模式。由 E-travel 智慧旅游业务中台和旅游数据中台组成的"双中台"模式共同支撑前台一线业务，实现数据和业务的深度融合，推动企业的数字化转型和创新，帮助企业在数字化时代赢得先机。

AI 技术中台成为易起行探索 AI 创新性应用和创造性转化实践的重要途径。AI 技术中台集成主流大语言模型的基础能力，以及语音识别转换、文档分析、证照识别等技术能力，将 AI 能力与企业内部数据和业务流程进行深度打通融合，各类 AI 应用探索取得了快速突破，增加了业务场景应对的灵活性，助力实现"持续智能"。通过应用中心统一管理，提供通用 AI 助手、知识问答助手、内容营销助手、旅行规划助手、销售问答助手、签证处理助手、中英翻译助手、程序代码助手、美工设计助手和数据分析助手等深度定制化功能，为用户提供了无缝的使用体验，大大降低了 AI 技术的使用门槛，创造出新的个性化体验和新的业务模式。

依托多年来广之旅对旅游产业的深刻理解及在移动互联网、大数据、云计算、人工智能等新兴技术领域的多年应用实践，易起行致力于为旅游行业提供专业化的旅游数智化项目咨询、旅游软件产品和系统定制开发等服务。

任务解析： 数字经济时代人工智能、大数据、区块链等数字技术正与传统旅行社加速融合，旅行社智慧化成为未来发展必然趋势。通过本任务的学习，同学们要了解什么是智慧旅行社？旅行社又如何实现智慧化运营？

请同学们阅读广之旅旗下易起行资料并登录广之旅官方网站，并完成下列讨论。

1. 登录广之旅企业官网，该网站提供了哪些智慧旅行社服务？
2. 通过本任务，你觉得智慧旅行社应带来了哪些便利？

随着智慧旅游的深入发展，多数旅行社已经展开信息化方面的建设，利用最新的技术、设备和思维，丰富和提升旅行社信息化的水平和功能，智慧旅行社已经成为旅行社发展的必然趋势。

那么，究竟什么是智慧旅行社？怎样的旅行社在经营管理中是有智慧的？目前没有一个衡量的标准。作为一个智慧旅行社，它应当在某一个管理或服务方面具有完善的信息系统，或者有完整的数据集合。例如，旅行社的在线组团，如果它有完整的网站平台，不管这个网站是PC端形式的，还是手机终端形式的，它后台有完整的产品信息集合、资源信息集合和客户信息集合，在通过网站发布线路信息后，能得到众多客户报名的响应，我们可以认为这样的在线组团业务是有智慧的，它在信息发布、组团报名和支付流程等环节实现了智能的自动化处理。有些旅行社在营销方面做得非常好，它们充分利用了移动互联网的便捷性，利用社交网络便捷的沟通交互功能，建设了如微信服务号、小程序等应用平台，展开了专业的沟通式营销，在服务号中既提供服务，又开展营销，收到了非常好的营销效果，形成了固定的客户群，用社交网络实现了旅行社业务的在线沟通和线下服务，也是一种非常好的O2O模式的智慧营销。

旅行社的智慧建设除了围绕做好服务、做好营销之外，做好经营管理的智慧建设也非常重要，它影响到企业的发展和经营中的管理成本。因为旅行社的经营管理要考虑企业间的竞争，要考虑未来产品的设计是什么，要考虑面向怎样的客户群体，还要考虑旅行社扩展经营的成本问题，以及未来发展的方向等问题。这些都属于旅行社经营中的管理问题，它们的智慧建设都涉及业务间数据的交换、数据的积累和数据的使用等问题。因此，旅行社智慧管理的建设需要一定的规划和数据的支持，尤其是大数据的使用。旅行社的智慧管理也是一样，有了丰富的数据，就可以实现旅行社产品的智慧设计、旅行社经营方向的智慧预测、旅行社经营成本的智慧控制以及对旅行社常客的智慧关怀等。一个完整的智慧旅行社架构，需要把旅行社经营中的智慧服务、智慧营销和智慧管理串起来，实现各应用系统间数据交换和数据流动，这就是需要应用系统的平台化建设，整合系统所有的数据，这样才能逐渐形成经营中的智慧，形成一个有竞争力的、相互能感知的智慧旅行社。

拓展案例3-1：港中旅山东公司对智慧旅游建设的思考

所以，我们可以对智慧旅行社做以下定义。智慧旅行社（Intelligence Travel Agency，ITA）就是利用云端计算和物联网等新技术，通过互联网/移动互联网，借助便携的终端上网设备，将旅游资源的组合、游客的招揽和安排、旅游线路开发销售和旅游服务管理等各项业务及流程高度集约，普及信

项目三 旅行社行业智慧化运营

息化、在线化及智能化功能,实现高效、便捷和低成本规模化运行的新型旅行社。

具体来说,旅行社业务人员可以通过业务流程管理系统进行资源采购、产品设计、线路组合和行程报价,为旅游者提供旅游产品和服务信息;计调人员可以通过网络开展订单处理、团队控制和在线结算等工作;管理人员可以通过网络对内部部门、门店销售方面的业务进行监督管理和在线控制;企业内部人员能够通过智能移动终端,实时掌握企业的财务报表、统计数据等方面的信息,便于管理者及时做出运营管理决策。比如,通过旅行社业务运营系统,财务管理部门能够对旅行社财务进行管理,人力资源部门可以对公司人员进行管理,资产管理部门运用遥感技术可对公司设施设备等进行管理,通过各部门、各单元、各主体的充分联动,实现旅行社智慧运营、智慧管理和智慧服务。

在智慧旅游发展的推动下,大部分旅行社逐渐实现全面电商化,在线旅游平台的加入使得预订旅行社产品的游客数量显著增加,而部分中小型旅行社的信息化建设方面相对不足,如存在自建网站较少、忽视后期维护和内容设计单一等问题,并且大部分旅行社网站依旧只有旅游产品基本情况介绍的板块内容,真正实现网络交易的数量不多。因此,亟须推动建设能够提供产品开发、市场营销和旅游接待等基本业务的智慧旅行社。

由于各地经济发展水平不同,智慧旅行社的发展也应当根据当地的实际发展情况,因地制宜、因时制宜地制定相应的策略。旅行社的中心在于为顾客的购买提供服务,因此智慧旅行社的发展总是围绕顾客消费平台而展开。

为了充分说明智慧旅行社发展建设的主要内容,我们以《北京智慧旅行社建设规范(试行)》和《山东省智慧旅行社评定标准》为例进行说明。其中,《北京智慧旅行社建设规范(试行)》从业务智慧化、管理智慧化和新技术应用三个方面对智慧旅行社的发展建设规范进行了阐释,具体包括信息收集与资源采购、产品策划与发布、产品销售、游客服务、订单管理、团队管理、统计结算、内部管理、与行业监管的技术对接、技术应用创新10个方面的内容。《山东省智慧旅行社评定标准》则包含旅行社信息化基础设施、旅行社信息化系级和软件种类、旅行社网站和电子商务、旅行网络营销4部分。

一般来说,规模比较大的旅行社智慧化建设的内容比较全面和完整,包括智慧管理、智慧服务和智慧营销等内容。但我国旅行社规模小的居多,许多旅行社没有能力进行平台化建设,大多数是简单地做些营销方面的智慧建设,如开设门户网站、公众号、小程序等。下面就根据旅行社行业智慧化运营的常用方式进行介绍。

· 79 ·

一、门户网站建设

旅行社网站是旅行社传播信息和对外服务的窗口,是多方信息沟通的主要渠道。旅行社在网站上发布产品信息、推广新产品、进行产品交易和提供客户服务等,不仅有利于旅行社进行产品宣传和销售,还有利于树立旅行社的品牌形象。

(一)了解网页的基本概念

1. 超文本标记语言

HTML 是 Hyper Text Markup Language 的缩写,全称为"超文本标记语言",是一种专门用于 WWW 的编程语言,通过在文本文件中添加标记符,可以告诉浏览器如何显示其中的内容,如文字如何处理、画面如何安排、图片如何显示等。

视频 3-2:旅行社门户网站建设

一个网页对应多个 HTML 文件,用它编写的文件的扩展名是".html"或".htm",是可供浏览器解释浏览的文件格式,可以使用微软自带的记事本、写字板或专用的 FrontPage、Dreamweaver 等编辑工具来编写 HTML 文件。使用 HTML 编写的文件之所以被称为超文本文件,是因为其页面内除文本外,还包含图片、链接、音频甚至视频等部分。

HTML 是一种简单、通用的标记语言,它允许网页制作人建立文本与图片相结合的复杂页面,无论使用的是什么类型的计算机或浏览器,这些页面都可以被网上的任何人浏览。整体结构分为 <head> 头部内容和 <body> 主题内容。

2. 网页及网页中的元素

在设计网页之前,必须先认识一下构成网页的基本元素。只有这样,才能在真正的设计工作中得心应手,并根据需要合理地组织和安排网页的内容,从而达到期望的目标。

网页(Web Page)是通过 WWW 发布的包含文本、图片、声音和动画等多媒体信息的页面,它是网站最基本的组成单位。众多的网页有机地集合在一起,就组成了网站。

一个网页实际上就是一个普通的文本文件。在 IE 浏览器中打开一个网页时,单击"查看"菜单下的"源文件",就会打开一个记事本窗口,显示该网页源文件的内容。

一个网站的第一个网页称为主页(Home Page)。主页是所有网页的索引页,通过单击主页上的超链接,可以打开其他的网页。正是由于主页在网站中的特殊作用,所以人们也常常用主页指代所有的网页,将个人网站称为个人主页,将建立个人网站、制作专题网站称为网页制作。网页中的基本元素包括站标、文字、图片、动画、音频和视频、超链接、表格、表单、导航栏、其他元素等。从这个意义上说,网页是一种可以在 WWW 上传输,能被浏览器识别、翻译并能显示的特殊文件。

图 3-1 是中旅旅行官网的首页,这个网页包含了多种网页基本元素。下面将详细介绍网页的主要内容。

图 3-1　中旅旅行官网截图

（1）站标。站标也叫 LOGO,是企业网站的标志,作用是使人看见它就能够联想到企业。因此,网站 LOGO 通常采用企业的 LOGO。LOGO 通常采用带有企业特色和思想的图案,或是与企业相关的字符或符号及其变形,当然也有很多时候采用图文结合的方式,如驴妈妈和途牛的企业 LOGO。

（2）文字。文字是网页的主体,负责传达信息。文字一直是最重要的信息载体与交流工具,网页中的信息以文字为主。与图片相比,文字虽然不如图片那样能够很快引起浏览者的注意,但能准确地表达消息的内容和含义。为了克服文字固有的缺点,人们赋予了网页中文字更多的属性,如字体、字号、颜色、底纹和边框等,通过格式的区别,突出显示重要的内容。此外,用户还可以在网页中设计各种各样的文字列表,来清晰地表达系列项目。

图 3-2　途牛旅游网官网截图

（3）图片。图片在网页中具有提供信息、展示作品、装饰网页、表达个人情调和风格的作用，在网页中使用 GIF、JPEG（JPG）和 PNG 等格式的图片，其中使用最广泛的是 GIF 和 JPEG 两种格式。图片是网站中非常重要的一部分，但是如果网页中的图片过多，不仅会影响整个网页的视觉效果，而且会降低网页的加载速度，可能会因为网页加载过慢导致错过潜在的消费者。因此，插入的图片不适合过大、过多或格式过于复杂。

（4）动画。在网页中使用动画可以有效地吸引浏览者的注意，许多网站的广告都做成了动画的形式，使用动画可以输出更多的内容。动画是动态的图形，添加动画可以使网页更加生动。常用的动画格式包括动态 GIF 图片和 Flash 动画，前者是用数张 GIF 图片合成简单动画；后者采用矢量绘图技术，生成带有声音效果及交互功能的复杂动画。

（5）音频和视频。音频是多媒体网页中的一个重要组成部分，可以用于背景音乐、语音解说、音效等，为网页增添更多的互动性和趣味性。支持网络的音频文件格式很多，主要有 MIDI、WAVE、MP3 和 AIF 等。网页制作人员在使用这些格式的文件时，需要考虑的因素包括用途、文件大小、质量和浏览器差别等。不同浏览器对于音频文件的处理方法是不同的，彼此之间很可能不兼容。在网页中也可以插入视频文件，视频文件能使网页变得精彩生动。网页中支持的视频文件格式主要有 Realplay、AVI 和 DivX 等。

（6）超链接。它是一种允许同其他网页或站点进行连接的元素。各个网页连接在一起后，才能真正构成一个网站。"链接"是指从一个网页指向一个目标的连接关系，"超"是指这个目标可以是另一个网页，也可以是相同网页上的不同位置，还可以是一个图片、一个电子邮件地址、一个文件（多媒体文件、文档或任意文件）、一个程序，或者是本网页中的其他位置。当浏览者单击超链接时，目的端将显示在浏览器上，并根据目的端的文件类型以不同方式打开。例如，当指向一个 AVI 文件的超链接被单击后，该文件将在媒体播放软件中打开；当指向一个网页的超链接被单击后，该网页将显示在浏览器上。

（7）表格。在网页中，使用表格可以控制网页中信息的结构布局，精确定位网页元素，使网页元素整齐美观。控制网页中信息的布局方式包括两种：一是使用行和列的形式来布局文本、图片以及其他的列表化数据；二是使用表格来精确控制各种网页元素在网页中的位置。

（8）表单。表单类似于 Windows 程序的窗体，可将浏览者提供的信息提交给服务器程序进行处理。表单是提供交互功能的基本元素，如问卷调查、信息查询、用户申请及网上订购等，都需要通过表单进行信息的收集工作。

使用超链接，浏览者和站点便建立起了一种简单的交互关系，表单的出现使浏览者与网站的交互关系上升到一个新的高度。根据表单功能与处理方式的不同，通常可以将表单分为用户反馈表单、留言簿表单、搜索表单和用户注册表单等类型。

（9）导航栏。导航栏是网站内多个页面的超链接组合，也是网站中所有重要内容的概括，可以让浏览者在最短的时间内了解网站的主要内容。导航栏是在规划站点结构、开始设计主页时必须考虑的一项内容。导航栏的作用就是要让浏览者在浏览站点时，不会因为"迷路"而终止对站点的访问。在设计站点中的网页时，可以在站点的每个网页上显示一个导航栏，这样，浏览者就可以方便快捷地转向站点的其他主要网页。网页导航栏示例见图3-3。

图3-3　途牛旅游网官网导航栏

一般情况下，导航栏应放在网页中较为醒目的位置，通常是在网页的顶部或一侧。导航栏既可以是文本链接，也可以是一些图片按钮。

（10）其他元素。网页中除了以上几种元素之外，还有一些其他元素，包括悬浮按钮、Java特效和Ac-tiveX等各种特效。这些元素使网页更加生动活泼、乐趣无穷，不仅能点缀网页，而且在网上娱乐、电子商务等方面有着不可忽视的作用。

综上所述，网页设计的技术复杂性比传统媒体要复杂得多，但总体来说，文字和图片是构成网页的基本元素，因此掌握页面排版和图片处理是非常重要的。

【案例3-1】

康辉旅游——出发，遇见更好的自己

中国康辉旅游集团有限公司（以下简称康辉）总部设在北京，是国家特许经营中国公民出境旅游、大陆居民赴台湾地区旅游的组团社，也是中国旅行社协会副会长单位。

历经40余年发展，康辉已成为全国大型骨干旅行社之一。康辉业务全面覆盖出境游、入境游、国内游、赴台游、邮轮旅游、签证、机票代理、定制旅行、差旅服务、会展商务等业务。2016年开启互联网线上销售业务，2017年正式更名为"中国康辉旅游集团有限公司"，是中国综合旅游服务运营商之

一，也是中国旅游用户最多的企业之一。

康辉旗下拥有300余家子、分公司，超过3000家的门店遍布全国，年营业收入逾百亿。康辉经过不断地提升与发展，在消费者心目中树立了良好的品牌形象。

案例思考：浏览该网站，你认为建设旅行社网站时应该注意哪些地方？

（二）旅行社网站设计

1. 网站域名设计

优秀的旅游网站域名能够起到营销的效果，一个简单好记的域名能够方便旅行社的推广宣传，可以用网站全名或者拼音来构成，如中青旅遨游网、中旅国旅官网等。

2. 定位网站主题和名称

网站主题定位需要体现出旅行社的特色，内容需要精巧。在制作网站时，很多时候想把旅行社相关信息全部呈现出来，但是这时的网站往往给人的感觉缺乏亮点，不能起到吸引消费者的效果。

网站的题材要与旅行社的内容有关。例如，旅行社的名称、旅行社的相关知识、旅行社的相关机构、旅行社的相关活动等。同时，题材的选取也要与所属旅行社的实际相结合。

3. 设计旅行社网站首页

全面规划好网站首页，首页是否成功关系到整个网站设计的成败。人们往往看到首页就已经对一个网站有了结论。能否吸引浏览者，首页的设计起关键作用，只有好的首页才能使浏览者继续浏览网站。因此，结合旅行社风格，精心设计制作首页是非常重要的。

（1）版面布局。在编排网站版面前，必须要事先明确客户的目的，并深入去了解、观察、研究与设计有关的方方面面。主题鲜明突出，让人一目了然才能实现版面构成的最终目标。明显的在线咨询功能也是必要的。版面离不开内容，而且要体现内容和主题思想，用以吸引读者的注意力。例如，凯撒旅游网站版面将主营业务直接明显地展示出来，包含参团游、机票、签证、凯撒定制等服务项目，以及在线客服与服务热线栏目，方便旅游者查看。

（2）色彩搭配。设计旅行社网站的标准色，也就是网站的主题色，需要注意色彩搭配。网站给人的视觉冲击首先来自标准色，标准色彩的确定是旅行社网站建设的重要一步。不同的色彩搭配会产生不同的效果并影响访问者的情绪。通常说来，标准色彩必须选择能体现旅行社网站主题形象和内涵的色彩。例如，携程以蓝白色为主，飞猪以黄色为主，微软视窗采用红、蓝、黄、绿 4 种色块，这些优秀的设计使人觉得很贴切、和谐。标准色彩一般用于旅行社网站的标志、标题、主菜单和主色块，其目的是给人以整体、统一的感觉。其他色彩也可以使用，但只能作为点缀和衬托，绝不能喧宾夺主。

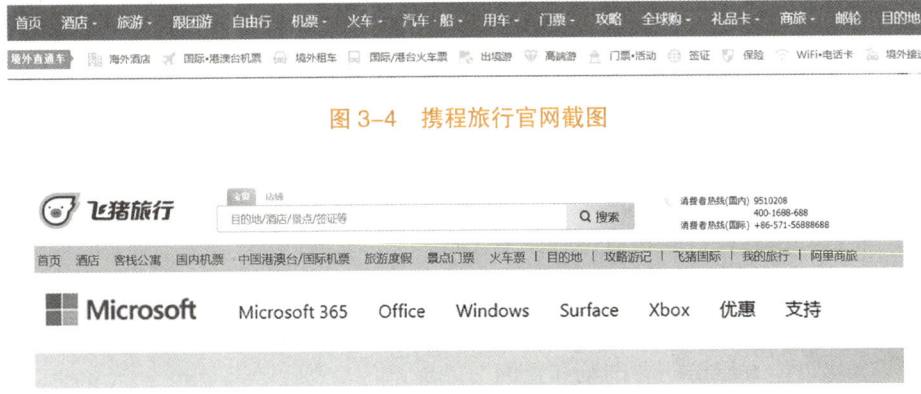

图 3-4　携程旅行官网截图

图 3-5　飞猪旅行官网截图

（3）细微之处见功力。旅游网站影响用户体验的细节众多，而且不同类型的旅行社网站制作也要具备分析和规划，其中需要关注以下细节内容。

网站主导航、定位导航、栏目导航设置要合理。具体有如下要求。

①标签式导航是公认使用习惯的主导航，可以参考阿里巴巴和淘宝的导航条。

②很多旅行社网站栏目分类，为了方便用户及时了解自己身处哪个页面，设计定位导航时，当前页面名称可以采用加粗字体。

③栏目导航的设计要注意，如果一个栏目下还有分类，则进入某个类时要有明显标志示意再分类。

④网站的 LOGO 最好始终保持在同一个位置上，并且链接到首页。

网站的导航主要包括主导航、副导航、面包屑导航、底部导航和网站地图导航 5 种类型，网站中的导航通常也包括顶部、侧边、底部、隐藏和滚动几种形式。

另外，也需要根据实际需要，完善网站的搜索和查找功能。

（4）考虑不同的浏览器和分辨率。不同的系统、浏览器和分辨率条件下的网页分辨率要求不同。需要注意的是，分辨率应该最低照顾到 800×600 的用户（一般分辨率在 800×600 的情况下，页面的显示尺寸为 780px×428px；分辨率在 1024×768 的情况下，页面的显示尺寸为 1007px×600px），所以页面最宽不要超过 780，不建议用户横向拉宽页面。

（5）设计好旅行社网站的宣传标语。将旅行社网站的精神和目标用一句话甚至一个词来高度概括，并作为旅行社网站的宣传标语。比如，携程旅游——让旅行更幸福，飞猪——Hi，最近想去哪里玩。标志、色彩、字体和标语是旅行社网站建设的关键，设计并完成这几项，旅行社网站将会脱胎换骨，提高整体形象。

（6）确定旅行社网站栏目和版块。旅行社网站如同写一篇关于旅行社的文章，只有提纲清晰，才能主题明确、层次鲜明；在图纸上设计好框架，结构才能合理。网站结构不清晰、目录庞杂，会使浏览者看不明白，也会使得网站管理员在扩充、维护网站时出现困难，网址废除。

旅行社网站栏目安排应做到以下 3 点。

①尽可能删除与旅行社无关的栏目。

②尽可能将网站最有价值的关于旅行社的内容列在栏目上。

③尽可能方便访问者浏览和查询。

旅行社网站板块设置要求各版块之间要相对独立、相互关联并且内容要围绕站点主题。接着旅行社网站的目录结构和链接结构需要确定下来。

拓展案例 3-2：春秋旅游网

网站的目录是指建立网站时创建的目录。目录的结构是一个容易被忽略的问题。大多数网站没有进行合理的规划，随意创建子目录。目录结构的好坏，对浏览者来说并没有什么太大的感觉，但是对于站点本身的维护，还有以后内容的扩充和移植都有着重要的影响，所以建立目录结构时也要仔细安排。

【任务训练】

通过本任务的学习和实践，学生应理解旅行社门户网站的概念，了解旅行社门户网站在产品发布、推广和交易等方面的作用，以此明确旅行社门户网站的价值，激发学生对旅行社智慧化运营的学习兴趣。

任务准备	全班分组成立项目小组（以下简称各组），每组人数 3—4 人
任务要求	1. 各组登录至少两个旅行社门户网站 2. 各组分别简单介绍两个网站，并将两网站的功能板块、设计内容等异同点列举出来，总结出智慧旅行社在门户网站建设方面的内容，尝试设计一款旅行社门户网站首页 3. 各组展示汇报内容
任务成果	各组展示旅行社门户网站介绍
评价方式	学生自评、互评与教师评价相结合，分组安排时，注意小组成员分工到位，每位成员都有一定任务

二、公众号运营

视频3-3:旅行社公众号运营

微信现在已经成为智能手机的"标配",根植在微信中的公众号也渐渐成为网民们获取资讯的重要渠道。以旅游企业为开设主体的旅游微信公众号的地位也在逐渐提高,究其原因是公众号的功能已经十分全面,不仅包含资讯推送,而且包含在线支付和在线客服,实现人与信息的便捷连接等,其中主要向客户传递内容和信息,其次是提供简单服务。因此旅游微信公众号不仅有利于扩大旅游企业的宣传度,而且有助于旅游企业产品销售。

目前,微信公众平台提供4种账号类型供用户选择,包括服务号、订阅号、小程序和企业微信。用户可根据自己的需求,选择相对应的账号类型。

微信公众号可以分为两种:一种是订阅号,每天可以发布一篇文章。现在的自媒体,一般都是订阅号。另一种是服务号,每个月可以发4篇文章。一般企业作为官方的公众号来使用。我们这里主要介绍的就是作为企业服务号的运营。

1. 运营定位

首先需要确立企业创建或者运营微信公众号的目标是扩大企业宣传为主还是促进产品销售为主。先从最基本的识别客户的需求开始,让客户觉得关注公众号是有价值的,其次站在客户的角度去思考,了解他们的痛点,他们需要微信公众号能够实现什么功能,引起他们的共鸣,贴近客户,从而增加用户黏性。

只有确定好公众号的定位、参考标准和依据后,才能明确未来公众号运营的发展方向,包括内容框架的规划、文章内容针对性的输出、公众号整体视觉包装等。其中,整体包装要符合品牌整体视觉标准。包括品牌理念价值、用户分析、产品分析、运营分析等,都需要围绕用户的需求和兴趣点出发。

公众号的文章,文案编辑风格和文章版式风格非常多,但是对于企业官方的微信号来说,符合品牌定位、适合粉丝喜好的,才是最好的。整体文章是表现定位的视化形式。首先要符合品牌VI的标准,如果企业没有VI系统,那么就要提前进行设定,LOGO的露出、颜色、版式符号、SLOGAN,这4个基础的部分,要在文章发布中,长时间持续地统一体现。定位清晰,打好基础,后续每一次文章的推送都能为品牌赋能,而不是发过以后,随着时间的变长,信息也消失殆尽。

【案例 3-2】

微信公众号最近几年虽然影响力相对减弱，但仍是旅游景区、旅游相关产品供应服务商等主体入驻的渠道之一。微信公众号依靠微信生态庞大的日活、月活用户，其增长空间仍然十分可观。随着微信视频号的推广，微信生态圈更多承担旅游目的地种草、目标旅游用户沟通交流与维护、后端用户服务完善的功能。

旅游营销观察公众平台每周发布旅游品牌微信公众号影响力排行榜，如表3-1所示，该平台对2024年12月初旅游行业微信公众号进行了影响力排名，排名依据的是各个账号发布内容的总阅读数、单篇最大阅读数、平均阅读、总点赞和总在看。

表3-1 2024年12月初国内旅游品牌微信公众号影响力前十排行榜

序号	地方文旅微信公众号	景区景点微信公众号	主题乐园微信公众号
1	遇见福州	长白山	上海迪士尼度假区
2	武汉市文化和旅游局	泰山景区	长隆旅游
3	文旅北京	青秀山	天津欢乐谷
4	洛阳旅游	杭州西湖风景名胜区	武汉欢乐谷
5	江苏微旅游	故宫博物院	上海野生动物园
6	乐游上海	成都大熊猫繁育研究基地	上海海昌海洋公园
7	清新福建 文旅之声	九寨沟	苏州乐园
8	湖北文旅	峨眉山景区	深圳世界之窗
9	浙江文旅资讯	乌镇景区	中华恐龙园
10	四川文旅厅	圆明园遗址公园	重庆欢乐谷

案例思考：搜索查阅以上国内旅游品牌微信公众号的运营，说说公众号运营需要注意哪些方面？

2. 前期引流

流量对于旅行社的产品或者项目是极其重要的。因此，前期引流是旅行社公众号运营必须要做的准备工作。旅行社要熟悉自身的产品体系，以及产品面对的游客群体，找到他们的关注点及和产品相关的周边需求。下面介绍几种常用的公众号前期引流方式，如表3-2所示。

表 3-2　用户增长常规途径的优缺点

用户增长的几种常规途径	优点	缺点
内容涨粉	零成本	效率低、不确定性高
活动涨粉	效率高	策划、执行难度高
付费涨粉	效率高、速度快	成本不确定
地推涨粉	成本可控	效率有限、留存低

3. 信息推送

信息推送是关联旅行社和客户的一个重要途径。旅行社发信息的目的在于满足客户对某一方面知识的需求，了解他们的需求，进而做到最好的服务。值得注意的是，信息的选择、信息来源及信息推送时间和频率都会影响到公众号的宣传度。其中，信息选择方面，在发布推文时可以推送文章，推广一些小的知识和技巧，以及娱乐、旅游、自驾等资讯，或是能让人感动的故事、有吸引力的活动。发布不需要长篇大论，少而精，突出重点便可以，粉丝需要什么我们就推送什么。信息可以来源自很多地方，如微博、知乎、豆瓣、网易、头条以及竞争对手网站等，都可以作为信息获取的渠道。最后需要注意的就是，信息推送时间和频率，比如说中午 12 点或者下午推送内容最好，因为要考虑这些时间客户有足够的时间来阅读，日常也可以做些抽奖活动来增加活跃度。可以把信息推送简单地分成表 3-3 中的几类。

表 3-3　信息推送的几种类型

产品信息	新品推荐	微信公众号的主要组成部分，用于推广产品传播信息
	节日推荐	
	热点追踪	
新闻动态	企业新闻	新闻动态，也可用于传播企业品牌文化
人性关怀	节日问候	节日对客户的问候，植入产品

4. 推广渠道

要想推动微信公众号的传播范围，还需要学会选择合适的推广渠道，那么就首先分析它的使用路径。

（1）作为工具使用。旅行社一线在岗人员或者其他有对外宣传的工作人员，他们可以将微信公众号作为介绍企业的一个有效工具。

（2）作为企业新闻动态发布的平台。可以发布旅行社企业动态新闻、新品发布、活动内容介绍等。

（3）作为企业营销活动发布的平台。旅行社企业营销企划活动，宣传推广的官方媒体渠道。同时可以发放福利，引导互动，收集用户反馈，并和用户进行近距离的互动。

（4）作为企业推广吸粉的渠道。旅行社内部人员可进行最精准用户的推送。可吸引对旅行社品牌关注的精准粉丝。通过定期的福利营销活动企划宣传，进行吸粉。行业垂直媒体或者用户重合媒体、平台进行推广引流。

推广的直接目的，是对企业官方公众号的有效吸粉。营销策划搭配垂直行业媒体宣传，线上各个平台的宣传推广等，这些会让企业公众号吸粉更加广泛。公众号粉丝来源清晰，后续公众号就可以根据粉丝的定位，通过公众号进行精准的营销，促使建立的粉丝圈子进行品牌目标性的转化，如成为代理商、用户或者直接的交易买卖。

（5）公众号文章。作为公众号运营，很重要的一部分，就是公众号文章。公众号文章存在有两种形式：一种是已发布的，那么另外一种就是未发布的。发布的文章，是会在已关注公众号用户的微信中，有消息发布的提示，引导关注的用户点击阅读。

作为企业的公众号，它能够承担很多的作用。目前，公众号基本上可以替代企业的官网，成为企业品牌展示的平台。企业文化、动态、产品、服务、优势、位置信息等，公众号都可以满足展示的露出，在内容编辑和视觉展示上，也同时可以做得和网站一样出色。同时微信公众号还有更便捷的优势，文章可以插入小程序链接，直接实现交易转化。基于粉丝运营，不管通过原创文章还是各种营销活动，主要是吸引用户关注，然后想办法转化。

微信公众号同时还具备比官网更好的传播上的便捷性和即时性。可以让微信好友即时地看到发布的内容，配合微信的使用功能，接收的用户群体，会更加地精准。同时在微信搜一搜中，可以检索到公众号的信息，以及标签内容提示。这些都是有利于微信公众号的传播途径。

【任务训练】

通过本任务的学习和实践，了解旅行社公众号运营的概念，掌握公众号运营的优势，了解旅行社在微信公众号运营的定位，能够利用微信公众号为旅行社进行宣传和服务。

任务准备	全班分组成立项目小组（以下简称各组），每组人数3—4人
任务要求	1. 各组选择一家旅行社微信公众号平台并总结其功能 2. 各组为某旅行社选择微信公众号类型，开通公众号 3. 各组为上述旅行社设计设计制作一篇推文 4. 各组进行展示
任务成果	各组展示某旅行社微信推文
评价方式	学生自评、互评与教师评价相结合，分组安排时，注意小组成员分工到位，每位成员都有一定任务

三、小程序设计

随着互联网流量渠道进入全景化进程，各大平台纷纷在小程序领域展开布局，形成了强大的"流量池"效应。以支付宝为例，作为国内第二大小程序生态，2024年支付宝的小程序规模已达400万，可提供超8000种服务，月度活跃用户近6.5亿。

相对于App产品来说，用户通过二维码扫描或者"搜一搜"功能就可以打开的小程序，产品属性更强。App产品由于其独立性、功能多样性、内容丰富性等特征留给后期足够的运营空间。App多样化的产品功能能够满足庞大用户群的需求，而对于小程序来说，由于其"即用即走"的特点，满足的是用户的及时性需求，产品对于用户的感知更加强烈。简单来说，微信小程序作为内置于微信中的应用，不需要下载安装就可以在移动终端使用，并且拥有和App几乎一样的功能和形式，在保持使用流畅的前提下，不会占用太多的手机内存。同时，微信对小程序开放了大量的入口，却没有开放后期留存唤醒的方式，再加上对内容型小程序的限制，功能是否好用，成了用户评价小程序的关键。

（一）旅游微信小程序的总体发展态势

微信小程序中低频的应用特征，利好线下实体行业，也显示了小程序对于旅游行业的友好。据了解，在小程序上线之初就有一大批在线旅游行业不约而同地推出了各自的小程序。携程、同程旅游、艺龙、驴妈妈等公司已于第一时间上线了小程序，其功能主要是火车票、机票及景区门票的预订，还有像马蜂窝、穷游网等在线旅游UGC也推出各自的攻略问答应用。另外，众多航空公司也相继推出了微信小程序。这些小程序的出现显示小程序在旅游行业的重要地位和巨大影响力。

对于门票预订小程序来说，小程序有小而美的优点：小，不占很多内存，不用下载、安装，随时随地使用，不费流量；快，内存小，页面跳转速度快，体验更好，游客可以随时随地，想去哪儿就去哪儿。而且旅游行业的小程序也的确符合了小程序的特点：快捷，轻便，用户用完就走，没有多余的广告推送，也没有复杂的功能，它只是为广大的用户提供了一个最为便捷的方法。

作为微信生态体系的核心板块，随着微信小程序覆盖场景的持续增加，小程序已经成为"流量赋能"最成功的模式。截至2024年10月，微信小程序用户达9.49亿人，月人均使用时长达1.7小时，月人均使用次数也达近70次。

（二）旅游微信小程序的优势

首先，微信内容非常容易进行传播。旅游行业本身就具备很强的社交以及内容属性。很多时候，游客看到一篇深有感触的游记，发现了一张特价机票，都会有想分享的冲动。

其次，用户体验度良好。旅游行业的小程序符合了小程序的特点——快捷，轻便，用户用完就走，没有多余的广告推送，也没有复杂的功能，对于每年出游1—2次的游客来说，小程序非常符合此种需求。

再次，获客成本大大降低。旅游单价较高，因此旅行社的获客成本也相应很高。高昂的开发和推广成本，再加上旅游业务的低频天然属性，在用户量未达到一定量级之时，开发App已经变得越来越不划算。对于旅游业的创业公司来说，不确定是否要用自己有限的资源来开发一个真正的App之时，可以从小程序开始测试，以此获得足够多的回应和用户数据。

最后，旅游业微信小程序通过线上线下的消费一体化，提升旅游服务质量，丰富消费与支付场景，为游客带来更便捷高效的旅游体验，同时用线上激活线下，增加景区营收。小程序还能实现景点门票购买、路线规划指引、行李寄存、美食交通攻略等多个功能，全方位服务游客。商户可以尽可能全面地覆盖消费场景，满足旅游行业的各种服务需求。

（三）旅游微信小程序的基本功能

1. 旅游路线查询

路线查询功能是为消费者提供出行路线查询服务的功能，方便用户提前查询旅游路线。开发此功能，可以提高线上旅游平台的附加价值。

2. 旅游资讯类

旅行社可以向大众推送旅游行业相关咨询、攻略等内容，用户也可以在此功能中发表和上传自己的游记与图片，实现信息资讯共享，增强互动效果，提升平台活跃度。

3. 线路预订

游客可以在微信小程序上选择出发地和出发时间。游客可按日期或时间在线预订旅游线路，并具有消费码核销功能，支持商家端核销。

4. 酒店查询

通过入驻城市、入住日期、离店日期、关键词等信息查询对应的酒店，再根据筛选出来的结果进行进一步的筛选，选择最终消费酒店，填写资料，完成住宿预订。

5. 定位导航

定位导航是为旅游消费者提供导航服务的功能，根据自我定位及目的地的输入，可以直接在微信平台中完成导航，轻松找到线下定位。

面向产品和服务，小程序主要以功能服务为主。可覆盖所有行业需求，功能强大、交互性高、提高用户使用感，可直接购买。

对于旅行社行业来说，应该把小程序和公众号结合起来利用。小程序本质是个转化工具，本身并不能产生多少流量。而公众号则可以通过优质内容不断吸收和沉淀流量。两者结合起来利用，更适合旅游行业。

任务二 旅行社内容生态建设

【任务导入】

旅行达人短视频内容生产

旅游达人作为内容的提供者，通过做攻略、设计脚本、外出拍摄到剪辑制作大量内容吸引消费者。近年来，随着各大旅行平台和短视频直播平台大举开发旅游内容，旅游达人在内容生态上的话语权越来越大，即便与非成熟的旅游达人MCN的商业分成比例也从过往的1∶9、2∶8上涨至3∶7，甚至5∶5对半平分。"互联网的尽头是内容"，企业持续加码内容生态建设也倒逼旅游达人提升短视频内容的质量与专业度。

任务解析： "互联网的尽头是内容"，智慧旅行社应依靠优质内容、行业经验能够吸引全国的粉丝，获客渠道不再局限于实体店，生产优质内容有助于旅行社提高知名度。那么可以通过哪些方式来为旅行社智慧化运营在平台上搭载优质内容呢？通过本任务的学习便可以了解。

请同学们阅读旅行达人资料，并完成下列讨论。

1. 登录部分旅行达人视频号，总结其发布内容？
2. 通过本任务，你觉得旅行社内容生态建设应关注哪些方面的信息？

一、旅行社内容推广

在这个信息爆炸和内卷化并存的时代，信息过剩和信息短缺的问题共存，内容生产如何精确投放才能有效地将需求和供给链接起来？

我们可以把内容推广简单理解为使用一个或多个数字营销渠道向在线受众推广企业内容的内容营销的过程。最终目标是产生更多的网站访问、品牌提及、社交媒体分享、潜在客户、转化和销售。数字营销有许多在线渠道，熟练地使用这些渠道可以将内容放置在目标受众的面前，而内容推广就是协调这个活动的过程。

比如，马蜂窝旅游、携程、飞猪等快速发力"内容+交易"，同程艺龙、驴妈妈旅游网、去哪儿网等也都设置了专门的内容板块，抖音、小红书等内容聚合平台也在对传统旅游内容生态发起挑战。

进行有效推广内容的方法有很多，通过建设网站、微信公众号、短视频直播平台或通过社交媒体网络进行分享等。

（一）微信公众号创作

如果选择微信公众号，可以向订阅者推送一篇新的推文，已经订阅的客户如果感兴趣的话可以通过社交分享、评论的形式产生内容互动。这里要注意的是，创建的公众号需要简短中肯，在推文前简单说明订阅者如何通过阅读新推文或新视频等方式获得受益，并且提醒客户在他们的社交媒体渠道上分享公众号的内容。

（二）社交媒体网络分享

选择在社交媒体网络上分享推广内容，虽然随着时间的推移，网络中的自然覆盖率确实会减少，但仍有一些充分的优势来选择这个方式。因为这是让企业的社交媒体页面保持最新内容的好方法。定期发布到社交媒体页面有助于客户在百度的第一页上进行品牌相关查询，人们在做出购买决定之前倾向于查看社交媒体页面，并且有最新内容的社交媒体品牌更容易得到受众的关注。

（三）标记内容中提到的网站

将内容推广给更多受众（无需付费）的另外一个好方法是，让其他网站/公司在它们的频道和受众上推广自己的内容。为此，首先需要战略性地提及或链接到在内容中具有社交媒体影响力的企业网站，然后在微博或其他社交媒体上标记它们，让它们知道。这是一种非常容易执行的方法，并且可以产生很好的效果，有助于增加声誉和威望，对于建立品牌非常重要。

（四）在社交媒体投放付费广告

使用社交媒体重定向广告向现有受众推广旅行社的内容。

在内容推广方面，社交媒体广告平台为旅行社提供了多种选择，而重新定位互动和成本方面是最有效的方法之一。

每家旅行社可以使用重定向来宣传相关内容，首先需要在社交媒体上设置重定向受众，尤其是为以下对象创建自定义受众：①已经与之前的一个广告进行过互动的用户。②订阅了企业微信公众号的人。③已经从企业网站购买产品的人。

一旦确定好受众，就可以在社交媒体上使用此功能向重定向受众展示广告。具体的需要为此分配多少预算，取决于重新定位受众的规模。

比如说微信广告，当在微信广告平台进行第一个重定向广告计划时，受众会更加关注推文的互动（阅读、喜欢、分享、评论）和网站访问的数量等，这种情况下得到的数据大概率是可观的，因为选中的重新定位受众是已经了解并信任品牌的人。

综上，内容推广不是一个可选的过程。事实上，它是任何内容营销活动的核心流程之一。创建好的内容是一个非常昂贵且耗时的过程，企业制定的目标应该始终是以最佳方式推广内容并获得最大化的回报。这些回报可以是网站访问、社交分享或与业务相关的任何其他 KPI 的形式。

创建一个简单的内容推广计划并结合上述方法非常有效，并被实践证明可以一次又一次地重复利用并产生很好的结果。但是要使任何内容推广策略奏效，内容不仅要好，而且必须对用户有价值，因为从中用户学到了新东西，或者得到了问题的答案。

【案例 3-3】

携程"星球号"

2021 年，携程以一个"星球号"为载体，聚合流量、内容、商品三大核心板块，叠加丰富的旅行场景，打造强大开放的营销生态循环系统。

携程集团联合创始人兼董事局主席梁建章表示，这一战略旨在创造新的交易场景，通过内容转化和营销赋能，为泛旅游行业创造增量收益。

毫无疑问，"星球号"是携程内容生态的创新产品之一。

很多景区、酒店也有很多很好的内容，有自己的私域流量，也能满足客户的需求，但是它们自己的流量规模受限，同时也缺乏很好的工具，正是这个原因给携程提供了机会，通过"星球号"这个载体，携程将为用户、创作者和供应链搭建一个平台枢纽，促进整个旅游产业生态的流通和转换。

在"星球号"运转的同时，流量、内容、商品三大核心板块将持续为枢纽提供强劲动能。三大板块叠加不同的旅游场景，承载不同的旅游营销需求，实现交易到订单的有效转化，最终实现服务的精准覆盖。在内容方面，携程通过直播、榜单、社区三张王牌，打通线上线下内容渠道，汇集全网泛旅行内容核心创作者，实现内容产品一站式制作，为全域旅游营销提供强有力的内容支撑。

案例思考：除了携程"星球号"，内容生态建设还可以运用哪些形式呢？

二、旅游短视频设计

（一）旅游短视频的内容分类

视频3-4：旅游短视频设计

短视频是让人们能利用碎片化的时间在移动终端观看的视频短片，一般时长为1—5分钟。相比于文字、图像和传统视频，短视频的生产成本低、传播速度快、社交属性强，能够极大地满足用户对碎片化内容的需求。

短视频时长短、内容相对完整、信息密度大的特点，其集合图、音、文等于一身的创作形式，正好解决了很多场景下大众社交、记录、娱乐等复杂的诉求。

旅游短视频有着非常多的内容形态，且各平台的头部旅游内容各具特点：时长上从15秒到10分钟不等，内容方向有Vlog（片段）、美景记录、风土人情、攻略、文化体验、个人感受、PGC（专业生产内容）、微综艺等多种分支（表3-4）。这些内容除了由专业创作者产出，还有异地求学者、旅游业相关工作人员等，身份多种多样。

表3-4 旅游短视频的内容特点

时长	内容	人物
15秒	UGC	平台用户
1分钟	Vlog片段、美景记录、风土人情	Vlogger、职业人员（地面接待、司机、旅拍摄影师、民宿老板）
5分钟	Vlog、攻略、个人感受、文化体验	Vlogger、自媒体、（留）学生、职业旅行者
10分钟	PGC/微综艺	自媒体

短视频凭借着短、快的内容传播优势，带火大批网红景点，形成现象级

火爆传播，拉动区域宣传。近年来，抖音带火了一大批网红景点，吸引不少用户打卡晒照，如重庆洪崖洞和轻轨穿楼、黄龙溪一根面、西安摔碗酒、张家界玻璃栈桥和天门洞、东北雪乡、安徽天堂寨、黄山网红小火车等众多景区和体验。抖音平台上粉丝 500 万 + 的旅游类红人出现了十多位，但是榜上的红人多数垂直度不高，视频多以横屏剪辑为主，重点在红人而非旅游目的地。也就是说，这类内容从属性上来说更偏 Vlog，可见旅游垂直类内容在该平台还处在发展阶段。再比如，快手短视频平台多以生活记录为主，主角多为徒步、旅游业工作人员和境外旅游生活的日常。

（二）短视频设计

短视频制作从内容整体来看，首先需要遵循 5 秒原则，短时间内吸引用户的注意，比如选择热点型内容、标签型内容以及广告型内容等，并且可以插入 10 秒反转，再次引发用户的互动，最后创意的结尾也同样重要，因为短视频内容消费者往往对简单易懂的内容更感兴趣，所以短视频内的穿凿要易聚焦、易理解、易互动。

一般制作短视频可以分为 4 个步骤。

1. 确定目标

作为旅行社，需要提前了解制作的内容要给哪些消费者看，以及消费者对什么感兴趣后，才可以确定视频类型，并且通过持续输出某一种或几种内容，形成特定风格，这样可以加强辨识度和观众记忆。

2. 确定类型

短视频的表现形式可以是真人上镜、PPT 图文切换、拟人、Vlog 等，短视频的类型可以是搞笑类、剧情类、炫酷类、情感类、测评类和干货类。

3. 制作脚本

脚本是拍摄短视频所依据的底本或书稿。脚本的创造是为了提前统筹好每一步该做什么，也是为了拍摄的效率和质量。参与拍摄和剪辑的人员，都要服从脚本的策划，什么时间、什么地方应该出现什么景别、什么画面都是依据脚本来创作的。脚本包括：拍摄用途、镜头运用、场景环境、呈现方式（可以是微纪录片、情景剧、经验分享等）。

4. 后期制作

将前期准备的图片、音乐及视频运用剪辑软件制作出一个完整的短视频。

【任务训练】

通过本任务的学习和实践，了解旅游短视频的作用、类型，熟悉其制作方法，并能够为旅行社制作短视频内容进行推广。

任务准备	全班分组成立项目小组（以下简称各组），每组人数3—4人
任务要求	1. 各组选择一家旅行社主推的旅游线路并熟悉其中景点 2. 各组为上述景点制作3分钟左右的宣传推广类视频 3. 各组展示视频，并讨论该视频带来的影响
任务成果	各组展示旅游短视频
评价方式	学生自评、互评与教师评价相结合，分组安排时，注意小组成员分工到位，每位成员都有一定任务

三、旅游直播运营

（一）旅游直播平台的开发优势

1. 契合消费者的多元化需求

视频3-5：旅游直播运营

当下，人们寻找旅游信息的渠道不断丰富，文字、图片等寻常的展示手段已远不能满足人们的需求，新型的旅游商业模式借助于直播、短视频种草，线上下单、线上预约等玩法正在逐渐获得人们的喜爱。具有实时互动特性的旅游直播平台，迎合了消费者的消费喜好，持续多维地进行沉浸式种草，让用户突破了时间和空间的限制，身临其境地感受旅游的魅力，同时打破了旅游产品老旧的广告与预订方式，吸引更多用户在线消费转化。可见，旅游直播平台是一个具有广阔前景的商业模式。

2. 近距离连接了供需双方

信息化技术在连接供需双方、挖掘新的盈利机会方面展现了超前的优势。2020年，携程旅游网创始人梁建章率先开启线上直播，带货旅游产品，而后各大博物馆景区也开启了VR及直播的旅游新体验。多方验证，旅游直播能够展现业务优势、扩大旅游企业的知名度、构建线上线下相结合的经营生态，具有实时互动特性的"短视频+旅游""直播+旅游"是高效的旅游产品推广手段。

（二）旅游直播平台的功能版块

1. 热门视频与直播推荐

国内游、境外游、生活、户外、特色等不同的旅游视频+直播版块，支持按照旅游目的地搜索，主播实时在线互动，达人剪辑丰富有趣的旅行视频，视频页面及直播间挂载旅游商品橱窗，推荐好玩有趣的旅行目的地，吸引用户购买。

2. 旅游产品搜索

多种旅游方式和产品类型供用户选择，比如根据旅行方式和产品类型（自由行、跟团游、半自助游、当地游、用车/接送、签证）、品质/价格区间、筛选（交通方式、优惠方式、服务保障）、出发城市/日期、行程天数、主题、路线玩法等进行筛选，满足用户不同情境下的需求。

3. 我要直播

个人及机构经过严格的资料及作品审核后，即可申请成为平台的签约主播，创建自己的直播间，拥有自己的管理后台。

4. 旅游商城

旅游商城包括旅游商品展示、添加购物车、在线客服、预约下单、售后评价等，方便用户在旅行前进行一站式的用品采购。

拓展案例 3-3：携程 Boss 直播

5. 我的关注

关注感兴趣的主播，主播开播或推出新视频会自动推送提醒。

6. 旅游社区

社区里用户可自由发布旅游日记，记录旅游趣事、拼团寻找同行驴友、寻求同城帮助等。

7. 个人中心

个人资料、观看历史、我的订单、我的收藏、我的钱包、我的视频、我的帖子、在线客服等。

通过本任务的学习和实践，了解旅游直播平台的开发优势，掌握旅游直播平台的功能，了解旅游+直播模式，激发学生学习旅游直播的兴趣。

任务准备	全班分组成立小组（以下简称各组），每组人数 2—3 人
任务要求	1. 各组查阅相关资料了解旅游直播行业，了解旅游直播的特点、大战历程和发展趋势 2. 举例阐述旅游直播的运营盈利模式 3. 举例说明目前旅游直播的痛点，并提出解决方案
任务成果	每组提交本组准备的旅游直播案例和分析
评价方式	学生自评、互评与教师评价相结合。分组安排时，注意小组成员分工到位，每位成员都有一定任务

任务三　旅行社 ERP 系统

视频 3-6：旅行社 ERP 系统

【任务导入】

欣欣旅行社 ERP 助力旅行社突破业务困境

欣欣旅游是一家服务于文旅全产业链的科技型企业。其服务产业已经涵盖境内外近 14 万中小旅行社和 2000 家大型旅行社，能根据区域旅行社经营需求，不断优化打造旅行社 ERP 系统，从业务管理、营销拓客到财务管理等板块都可推动旅行社业务的提升。

欣欣 ERP 功能及模块较为丰富，通过提供完备的业务管理流程实现从付款、组团、产品、计划多维度审批，实现线路、订单、游客信息一键同步，并支持旅游电子合同及保险业务，高效解决日常工作。同时协助旅行社搭建官网、微店、小程序等，支持微信营销、小程序收客等功能，对于客户来说该系统能够根据其需求让各门店或分销商随时随地筛选查找线路，方便、简明、易操作。欣欣 ERP 同步对接金蝶等大型财务系统，应收应付简单明了，大大提高财务工作效率。

任务解析：旅行社 ERP 管理系统功能包括旅游产品管理、销售、计调、财务等所有岗位工作，即业务管理、营销管理和客户管理，该系统能够帮助旅行社把所有数据由线下搬往线上，实现智能化、数字化转型。

请同学们阅读资料并思考以下问题。

1. 旅行社 ERP 管理系统是如何管理旅行社的呢？
2. 旅行社 ERP 系统应该具有哪些功能？

ERP（Enterprise Resource Planing），是指企业资源计划系统，最初是基于制造业开发出来的企业内部资源管理系统，就是将企业内部所有资源整合在一起，对采购、生产、成本、库存、销售、运输、财务、人力资源进行规划和优化，从而达到最佳资源组合，获得最高利润。ERP 是以现代信息技术为依托的一种先进管理思想和管理模式，最终旨在让人员与资源的分配完全吻合。因此，它必须与各行业的管理特点相结合，满足行业用户管理上的个性化需求。相对于制造业 ERP 主要是基于事前的事件，旅游业涉及的则主要是事中的事件，包括的不固定元素更多，随机性更强，所以旅游业的 ERP 系统研发显得更为复杂，且耗费成本相当高、时间相当长。

旅行社 ERP 系统的实施部署方式因开发公司的技术手段和服务内容而不

同。对于小型ERP的部署，以在线部署方式为主；大型大金额ERP合作项目，则以驻场部署为多。在账户开通上，系统的落地形式主要分为客户端程序安装及非客户端程序安装。目前，市面上的旅行社ERP以客户端程序安装为主，如天港城、金棕榈，而欣欣旅游则采用非客户端程序安装。两种落地形式的区别主要在于，非客户端安装在使用上可以不受地理位置限制，升级更及时，系统不易被破解，同时具有较强的兼容性。

目前旅行社ERP系统所具备的基本功能相似性较多（供应商管理、产品制作、控团位、清位、客户管理、财务管理、报表分析等），但产品功能因业务内容而不同，如组团社倾向于收客功能，地接社倾向于资源管理和库存管控等。

大型系统在功能上更全面更完整，包含了总体架构、业务处理流程，主要技术标准系统安全措施等方面。新型旅行社ERP在便捷性和深度上有区别，如客户管理，一般产品仅能做到客户信息的录入，个别能做到一键客户生日短信发送、生日提醒，游客信息能做到出团短信提醒等。

在移动互联网大潮的推动下，手机等移动终端上的移动商务逐渐成为新的主流电子商务应用。针对这种趋势，个别旅行社ERP系统已经走向了移动端操作平台，为客户提供包括移动单据审批、移动数据获取、移动协同办公等功能，并且在与微信结合上趋向成熟。欣欣ERP系统，就通过微信嵌入技术在旅行社ERP移动端应用上找到突破。这也表明，旅行社ERP在移动信息技术应用上不断追赶着信息技术的发展，充分扩展ERP的应用范围和应用深度。

一、业务系统

旅行社业务管理系统用于帮助旅行社开展业务信息化管理活动，提升旅行社内部管理能力和外部服务能力，提高业务操作效率，减少出错概率，降低管理成本。按旅行社业务流程来分，该系统一般包括产品开发、产品销售、计调操作、财务结算、查询统计、决策分析等功能模块。

二、营销系统

旅游营销系统主要利用移动互联网和社交网络，广泛地开展网络营销，智慧性地选择营销渠道，使营销效果达到最佳。旅游营销系统主要包括以下几个核心系统。

（一）旅行社自媒体营销系统

自媒体营销可以自己控制发布信息的准确性、实时性以及营销效果，并把营销成本降到最低。该系统具备自己可控的信息发布平台（官方网站、博客、微博、微信等），具备能直接营销到的用户群（网站注册用户、微博粉丝、微信好友等），而且可以快速地把营销信息推广出去。系统具备可以独立开展的营销活动（免费旅游产品赠送、微博微信抽奖、有奖点评等），也可以和第三方联合开展营销，更可以和分销渠道协同开展市场营销。

（二）旅行社业务分析系统

这是旅行社开展营销前的自我评价和分析系统。该系统先对旅行社经营数据进行准确分析，支持旅行社的营销决策，然后通过对旅行社行业市场的竞争力分析，充分利用国内外旅行社竞争力的研究成果，建立突显旅行社行业竞争力的模型及其评价体系，有针对性地选择营销渠道和网络营销方式。

（三）旅行社舆情监控分析系统

该系统可动态监控旅游市场舆情的发生，引导网络舆情的变化，以便选择合适的网络营销对策和投放内容。该系统可与第三方研究机构、在线旅游平台、旅游企业之间建立信息收集与交换机制，同时开展旅游舆情的智能分析，并发布控制舆情的结果。系统还可以制造热点，引领网络舆情向有利于经营的方向转变，以提高营销的传播效果。

产品投放在社交网络渠道会有比较好的营销效果。该系统根据引导旅行社的同站流量、咨询和预订等，不断提升各合作网站渠道的营销效果，通过评价分析逐步选出合作效果较好的网络营销渠道。这个系统能实时分析旅游市场竞争的营销薄弱环节、网络渠道影响力等环节，从而可以确立旅行社经营的合作模式、网络营销的方式以及内容投放的频道等，从而提升旅游营销的决策效果。

三、客户管理系统

客户管理系统的基本功能有建立客户档案、分析客户业绩、关系营销、自动销售以及维系客户关系等，扩展功能包括数据分析、自动营销及呼叫系统等。系统通过对客户的管理将客户作为市场资源进行运作，分类为客户提供个性化的服务。同时系统可以分析客户相关信息，为经营中的价格决策、营销决策、关系维系等提供数据支持，从而实现专门针对关系客户的自动营销和自动销售，最终提升旅行社的经营业绩，也提高常客的服务满意度。扩充的客户关系管理可以挖掘客户价值，实现旅行社的精准销售。目前该系统既有互联网,也有手机客户端为常客提供服务。

通过建设旅行社客户管理系统,可以帮助旅行社优化客户管理业务流程,建立起稳定、良好的客户关系,为旅行社营销策略提供决策支持。

1. 客户信息管理

通过系统为用户建档,采集完整的用户信息,对直客和同业客户进行分类管理。通过查重功能,杜绝抢单和撞单现象的发生。通过长期客户管理,能够形成庞大的客户资料库,并使之成为企业的重要资产。

2. 客户跟进管理

提醒业务人员及时跟进客户。业务人员与客户沟通后,可以将沟通内容反馈到系统内,每次反馈的结果自动统计到客户的跟进分析中,便于管理者掌握客户的跟进情况。所有与客户的沟通记录会形成一份完整的跟进历史,即便将客户交接给其他人员,也可以详细掌握客户的全部资料,而且通过报表可以清楚地分析出每名业务员的客户跟进数量,帮助管理者了解业务人员的工作内容。

拓展案例3-4:中青旅智慧旅行社建设实践

3. 客户交接

当业务人员离职后,可以一键交接所有客户资源,减少业务员离职造成的客户损失。

任务四　智能旅行服务

【任务导入】

故宫"聘用"AI导游——福大人

谈到北京故宫,你想到的可能是太和殿、御花园、神武门,又或者是绘画、金银器、织绣等藏品,感慨于故宫厚重的文化背景……但从即日起,为了让游客获得更舒心的游览感受,故宫将聘请一位新导游——福大人。

福大人是谁?到底有多厉害?能同时回答众多游客的提问吗?能讲清楚故宫存在多少建筑?多少文物吗?能指名去往御花园的道路应该怎么走吗?

只要登录由腾讯和故宫博物院联合打造的"玩转故宫"微信小程序2.0版本,福大人便会化身成你的私人专属导游!为了能轻松应对游客的问题,腾讯将1.5万条故宫信息、7万条游客可能的疑问导入福大人的模型训练当中,不仅能与游客之间实现休闲互动,还能为游客推荐个性化的游览路线,讲解景点文物,畅聊历史趣闻轶事。利用智能音箱、穿戴工具、机器人等设备提高更加贴合真人互动的个性化 AI 交互技能，依托腾讯地图日均定位请求次数超 600 亿的位置服务能力以及大数据资源，使得游客游览过程更加便捷舒适。

任务解析：《"十四五"旅游业发展规划》中提出：开发数字化体验产品，发展沉浸式互动体验、虚拟展示、智慧导览等新型旅游服务，推进以"互联网+"为代表的旅游场景化建设。智慧导游能为游客提供景区景点详情展示、语音讲解、定位导航、气象播报等功能，可任意调整收听时间、地点和次数，满足游客游玩需求。

请同学们阅读资料，并完成下列讨论。

1. 智慧导游能给游客提供哪些服务，为游客带来哪些便利？
2. 除了智慧导游，还有哪些智慧化方式可以为游客提供服务？

一、智慧电子客服

在线客服的含义是以网络为媒介，向互联网访客与公司员工提供即时沟通的页面通信技术。2018 年 6 月，携程创立"616 客服节"。携程国内九大呼叫中心，境外爱丁堡、东京、首尔呼叫中心，全年无休，24 小时在线，拥有 1.5 万名客服。而旅游在线客服的功能就是进行售前咨询即导购、售中沟通即销售、售后处理的作用。

目前，电子客服可以分为人工客服和 AI 客服两种形式。

智慧电子客服系统是对即时通信软件平台的统称。电商网站访客无须安装任何软件，即可通过网页进行对话。在线客服系统除了基本的客户服务，还融入营销分析方法和手段，如访客轨迹跟踪、网站流量统计分析、客户管理等功能，可以帮助营销人员更方便快捷地进行精准营销活动。

二、智慧导游服务

传统导游员通常只能按照固定的游览线路"一对多"地进行服务，难以兼顾到每个游客的个性化需求。自助游览的游客由于对景区环境、游览项目不熟悉，对景点文化内涵了解不深等原因，导致游览效率不高。因此，智慧导游系统的发展是时代的要求，它由广播式的景区讲解发展到可以智能化全方位提供旅游信息服务。智慧导游系统可以在很大程度上解决传统导游所具有的弊端，更能满足游客自助游的要求。它实现了人机交互功能，通过嵌入式操作系统，把 GPS 数据、景区电子地图数据和景区多媒体导游资料整合到一起，然后借助显示屏把定位信息显示出来。5G 的普及也将为景区语音导览带来利好，5G 的流量资费变低、景区信号改善，是景区导览升级的机会。

智慧导游服务的优势有以下 5 点。

1. 保护环境

随着旅游人数的增多，旅游景区的环境保护问题就成为关注重点。特别是在空间较小的场所，如博物馆、科技馆等室内景点，众多导游的讲解会使得声音嘈杂、感觉混乱，这种噪声污染已成为景区管理的新问题。智慧导游系统作为新的高科技产品，它可以实现无噪声、无污染和景点游览的多个功能，成为一个无声的导游，能使游客真正融入自然、环保旅游、轻松旅游，更能保护文物古迹和人文名胜。

2. 方便国外旅客

国外游客到国内旅游，在语言沟通上存在着很大的障碍，可了解到的景区资讯很少，属于低层次的观光旅游，不能很好享受旅游的体验。智慧导游系统在部分发达的旅游景区已被普遍使用，它可以很好地解决这个问题。在屏幕语言选项中可根据游客的要求选择语言。游客进入景区后会根据自身要求播放文史或背景音乐等，使其旅游达到高水平的享受。

3. 降低相互影响

旅游景区有很多种，有自然景观型和室内场馆型的景区。城市里室内场馆型的居多，如国家博物馆、各种展览馆和纪念馆等。室内场馆型的面临最大的问题就是在客流量非常大时，导游带领游客先后进馆后各自进行信息介绍，造成声音嘈杂、相互干扰等，游客体验欠佳。智慧导游系统就与之不同，可以解决游客过多、导游人员紧张等问题。游客只需要携带此系统，通过耳机自行播放讲解内容即可，这样可以给大型场所创造一个相对安静的环境，提升旅游质量。

4. 避免导游服务的质量不稳定性

在旅游过程中，如果想要避免由于人工导游自身素质的参差不齐，给游客带来旅游服务质量的不稳定性，更好地提高游客对景区全方位的认知程度，只有电子导游系统可以做到，它可以为游客持续提供高品质的服务。

5. 满足游客的个性化需求

为了满足不同年龄、不同层次的游客，电子导游系统可提供不同声音版本的影像供游客选择。电子导游系统更加适合自助游背包客的旅游需求。基于智能化的电子导游系统可以成为旅行的必备，为游客的出行提供指南与救助。

三、智慧旅行一站式服务

随着数字化、智能化时代的到来，旅游服务也一直进行着智慧化升级。

数字工具在旅行前、旅行中甚至旅程结束后都起到了十分重要的作用，充分说明了在数字化的今天，对于旅游行业而言，如何持续给游客提供及时、有效的服务是极为重要的一环。

智慧旅游一站式服务越来越受到旅行者的青睐，从全局出发，提供前期规划设计、智慧旅游平台搭建、景区运营托管，以及后期运营托管、营销服务、IT 基础技术服务等完善的配套服务。简单来说，就是通过整个游客在旅游过程中所有可能需要的功能，让各功能部分形成一个规范的服务体系。比如，设置酒店、票务、美食、导游、交通、土特产代购、行李寄送、旅游线路规划等游客关心的栏目，并提供便捷的附近导航功能，甚至游客还可以根据个人的喜好以及消费能力选择相应的个性化旅游线路和旅游产品消费推荐等，实现网络手机在线交易支付，形成游客在旅游时的游前、游中、游后的全方位、多角度的互动参与，给游客带来更加方便、实用的体验。

【任务训练】

通过本任务的学习和实践，了解旅行社智慧电子客服的概念，熟悉旅行其类型和作用，理解智慧电子客服的现状和未来发展趋势，激发学生学习智慧电子客服的兴趣。

任务准备	全班分组成立小组（以下简称各组），每组人数 2—3 人
任务要求	1. 各组查阅资料，了解携程、飞猪等 OTA 平台的客服类型和服务 2. 举例说明目前智慧电子客服的现状和发展趋势
任务成果	每组提交本组准备的智慧电子客服案例分析
评价方式	学生自评、互评与教师评价相结合。分组安排时，注意小组成员分工到位，每位成员都有一定任务

测试题

一、单选题

1. 目前同一身份证最多可注册个人型微信公众号的数量为（　　）。
A. 4　　　　　　　　B. 1　　　　　　　　C. 3　　　　　　　　D. 2

2. 域名 www.microsoft.com 当中 com 属于下列哪级域名？（　　）
A. 主机名　　　B. 二级域名　　　C. 三级域名　　　D. 顶级（一级）域名

3. 客户管理系统如何维护客户关系？（　　）
A. 客户信息管理　　　B. 客户跟进管理　　　C. 客户交接　　　D. 以上都对

二、判断题

1. 智慧旅行社是指利用云计算、大数据、物联网、移动互联网和人工智能等新技术，借助便携的终端上网设备，实现服务个性化、消费网络化、体验数字化、管理智能化的新型旅行社。（ ）

2. 旅游直播的需求转化路径相对更短，用户旅游决策从确定时间下单交易，转化为下单交易后预约体验的形式。（ ）

3. 我国旅行社规模小的居多，许多旅行社没有能力进行平台化建设，大多数是简单地做些营销方面的智慧建设，如开设门户网站、公众号、小程序等。（ ）

4. HTML 允许网页制作人建立文本与图片相结合的复杂页面，无论使用的是什么类型的计算机或浏览器，这些页面都可以被网上的任何人浏览。（ ）

5. 站标 LOGO 可以是文字字符、图片或者图文结合的形式。（ ）

三、多选题

1. 旅行社网站设计的要点包括（   ）。
   A. 网站域名　　　　B. 网站首页　　　　C. 宣传标语
   D. 网页文字　　　　E. 网页色彩

2. 用户粉丝增长的途径有哪些？（   ）
   A. 内容涨粉　　　　B. 活动涨粉　　　　C. 付费涨粉
   D. 地推涨粉　　　　E. 互动涨粉

3. 设计旅游短视频的步骤包括（   ）。
   A. 确定目标　　　　B. 确定类型　　　　C. 制作脚本
   D. 后期制作　　　　E. 变现转化

4. 旅行社 ERP 系统主要包括（   ）。
   A. 业务系统　　　　B. 营销系统　　　　C. 客户管理系统
   D. EC 系统　　　　 E. DSS 系统

5. 客户管理系统主要包括（   ）。
   A. 客户信息管理　　B. 客户跟进管理　　C. 客户对接
   D. 产品设计　　　　E. 财务管理

6. 支持网络的音频文件格式主要有哪些？（   ）
   A. MIDI　　B. WAVE　　C. MP3　　D. AIF　　E. PDF

7. 超链接可以链接的载体可以是（   ）。
   A. 图片　　B. 电子邮件　　C. 文件　　D. 一个程序　　E. 文字

8. 旅游内容营销的常见形式包括（   ）。
   A. 图片　　B. 短视频　　C. 网络直播　　D. 问答　　E. 文字

9. 微信公众平台提供的账号类型有（   ）。
A. 服务号   B. 订阅号   C. 小程序   D. 企业微信   E. 视频号

四、问答题
1. 讨论智慧旅行社建设应该注意哪些方面。
2. 讨论旅行社门户网站搭建应该注意哪些方面。
3. 讨论目前旅行社在微信公众号、短视频或直播平台可以进行推广的内容有哪些。
4. 简述旅行社门户网站建设应该注意哪些方面。
5. 简述旅行社 ERP 系统有怎样的作用。

五、案例分析题
携程作为中国领先的在线旅行服务平台，近年来不断尝试和创新其营销策略，以适应消费者需求的变化。其中，短视频成为携程营销的重要组成部分。携程在其 App 内设置"旅拍"频道及创作者激励计划，其中，"旅拍"频道提供丰富的旅游短视频内容，包括用户生成的旅行记录和携程制作的旅游攻略等。这既丰富了用户体验，也增加了用户黏性。另外，创作者激励计划鼓励用户生成优质的旅游短视频内容，并给予奖励。这一策略激发了用户的创作热情，增加了用户参与度，同时也为携程提供了丰富的视频资源。

问题：
1. 携程的短视频营销策略取得了哪些成效？
2. 你认为携程在短视频营销方面还有哪些可以改进的地方？

项目四　酒店行业智慧化运营

项目导读

本项目对酒店行业智慧化运营进行了系统地阐述和讲解。随着住宿业数字化的转型，服务智能化、产品智能化升级是酒店行业智慧化运营的必然势趋。通过本项目内容的学习，学生应对目前酒店行业中的主要智慧工具有更加清晰的辨识，掌握运用这些工具的基本方法并具备能够以此开展智慧化运营的技术能力。

 **学习目标**

素质目标
1. 具备良好的沟通能力和团队合作精神，确保智慧酒店的各项服务顺畅运行。
2. 具备创新意识，勇于尝试智慧旅游新技术、新技能，提高服务质量。

知识目标
1. 了解酒店智慧化的概念、发展历程和主要特点。
2. 熟悉酒店无接触服务与自助服务终端的相关情况。
3. 理解酒店 PMS 系统概念、常见系统及运行模式。
4. 了解酒店客房智能系统的相关知识。
5. 了解酒店智能餐饮管理的常见系统和运行模式。
6. 了解酒店未来的智能化发展。

能力目标
1. 能完成酒店门户网站、公众号、小程序后台设置。
2. 能对智慧酒店后台数据进行分析，以客人需求为导向，提供个性化贴心服务。

价值引领案例 4：
打造中国品牌

积极迎接数字化革命浪潮——华住不断努力创新数字化经营系统

 **思维导图**

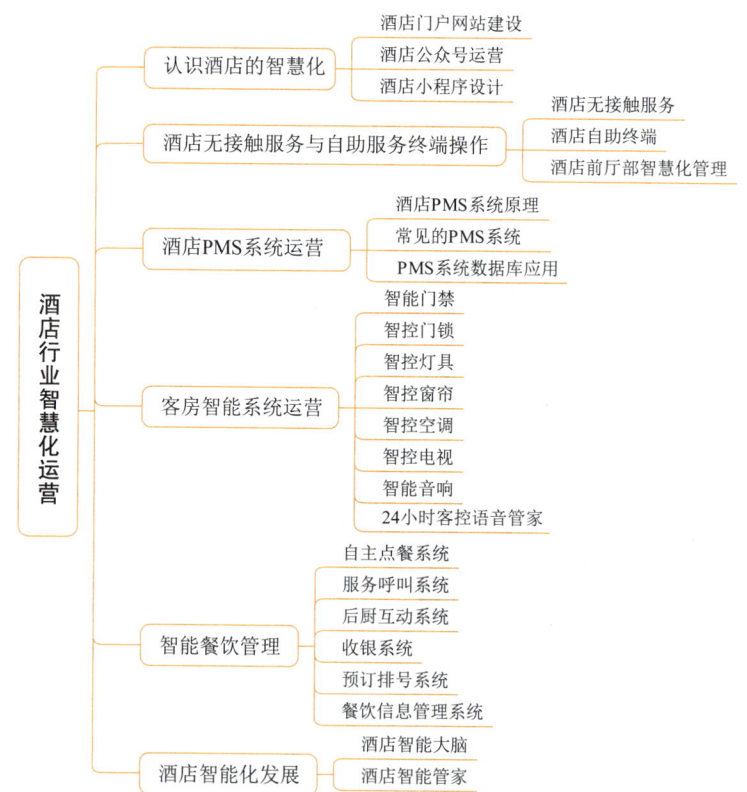

项目四 酒店行业智慧化运营

 任务一 认识酒店的智慧化

【任务导入】

石家庄枫林晚智慧酒店

石家庄枫林晚智慧酒店是全智能化高端酒店,客房设计主题鲜明、独具匠心,成为石家庄网红聚集的时尚艺术精品酒店。酒店大堂设计了未来前台,消费者可自行办理入住、退房等,即使不小心遇到旅游高峰期,也不会出现前台排长队的情况,提升了消费者入住效率;此外,房间配置了"语音+手机微信"的多方位智控,消费者只需要关注酒店二维码,就能实现手机微信一键开门,彻底避免了宾客找卡、丢卡的困境;搭配云端智控平台可VR 360度无死角看房,再与声控遥控器、客房语音管家密切搭配,还能随时随地调控房间内电视、灯光、窗帘等设备,享受更便捷、智慧的科技酒店体验。

任务解析: 大数据时代的到来,让酒店运营有了新的方向,开启了酒店行业智慧化之旅。通过数字技术,酒店行业可以通过线上搜索发现,实现智能控制、智慧经营、智慧服务等,合理运用物联网、云计算、大数据、5G技术、人工智能等技术,打通整个服务链、生产链和供应链。

请同学们阅读石家庄枫林晚智慧酒店资料,思考以下问题。

1. 随着数字技术的发展,酒店行业有哪些方式实现数字化升级?
2. 智慧化酒店如何利用信息技术提高酒店管理和服务品质?

智慧化酒店是通过应用先进的信息通信技术,实现酒店管理数字化、网络化和智能化的。智慧化酒店是以接待型建筑设施为依托,为客户提供食宿及其他服务的商业性服务企业,其功能可以分为接待、客房、餐饮、公共活动和后勤服务管理5个主要部分。酒店智慧化是指酒店拥有一套完善的智能化体系,通过数字化与网络化,实现酒店管理和服务的标准化、程序化和信息化;同时基于满足客户的个性化需求,提升酒店管理和服务品质、效能和满意度,将信息通信技术与酒店管理相融合的高端设计,是酒店管理中的应用创新和集成创新。

早在1963年,美国的希尔顿酒店就安装了一个IBM的小型计算机,用于酒店客房的自动化管理。20世纪80年代初,我国旅游酒店开始用计算机处理酒店内部事务。发展到今天,信息技术在酒店中的应用范围和普及程度大大提高,大量用于前厅接待、收银、问询、客房预订,以及销售、餐饮、保

· 111 ·

安、报表汇总和门锁等各个方面。随着现代化酒店管理一体化的发展,计算机系统在酒店管理中发挥着越来越重要的作用。知名的综合酒店管理软件有Opera、Fidelio、杭州西湖软件等,这些集成化软件将酒店业务集中由计算机统一控制管理,不仅为管理一体化提供了技术手段,更为酒店业务管理带来了全新的管理理念。酒店信息化和智慧化对于酒店最大的影响,就是业务流程的再造。酒店将产品、服务等信息放在网络上进行宣传,客户在网上浏览、比较,从而选择、预订自己需要的酒店客房或其他服务项目。当用户入住之后,酒店管理系统就生成了用户账单,通过计算机及内部网络可以随时把用户的消费金额、消费过程的个性化需求,甚至投诉等信息记录下来。用户离店之后,所有的信息转入客户档案,为酒店推进客户关系管理奠定基础。

业务流程再造之后,前台、客房、餐饮、财务、营销、工程等部门通过酒店管理信息平台进行联系、沟通和合作,提升了工作效率,降低了人工成本,增强了市场反应能力。酒店作为直接面对客人提供服务的场所,通过智慧化运营能够考虑客人个人隐私、个性化需求,以及感受到高科技带来的舒适和便利。同时,酒店物耗、能耗、人员成本,也应降到最低,以创造效益。

智慧酒店管理系统是智慧酒店的主要支撑,包含智慧酒店设施、智慧酒店营销、智慧酒店服务和智慧酒店管理4个方面,如图4-1所示。

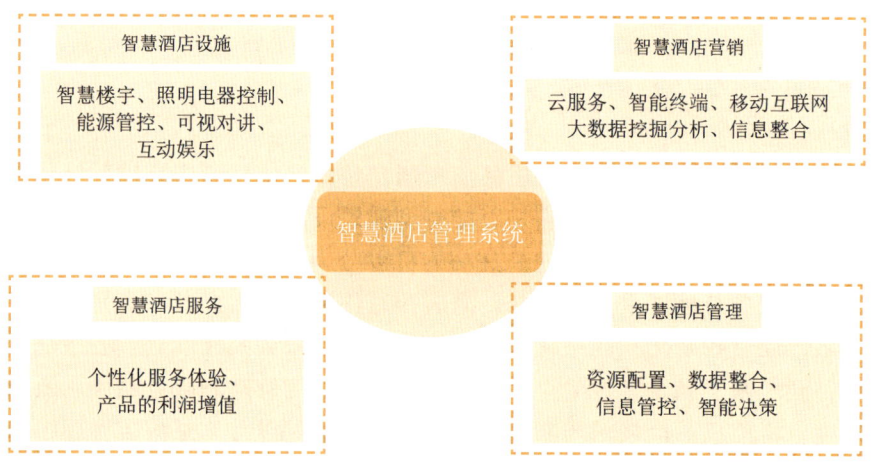

图4-1 智慧酒店管理系统

智慧酒店设施能为客人提供更为温馨、舒适的入住环境,是智慧酒店建设的基本条件,不可或缺。随着智能化水平的不断提升,智能建筑越来越安全节能、高效舒适。智慧酒店设施中除了最为基础的智慧客房外,还包括智慧楼宇、照明电器控制、能源管控、可视对讲、互动娱乐等，为客人提供个性化的体验，营造人本化的优越环境。

智慧酒店营销是以客人为中心，以客户需求为动力选择商业的价值取向，规划设计智慧化的营销模式，实现酒店在营销、管理上的智慧转型，发挥可持续竞争优势。智慧酒店营销立足于云服务、智能终端、移动互联网等技术，开展大数据挖掘分析，利用信息整合有效开展营销。酒店从业人员创新智慧化营销理念，不断拓展智慧化营销渠道，注重智慧化营销推广，与酒店上下游产业链企业战略合作，提高酒店营销能力，使智慧酒店的产品体验、服务水平、管理效率等方面更有鲜明特色，更具优势。

智慧酒店服务是智慧酒店的核心竞争力。酒店通过智慧化的技术手段为客人提供个性化服务体验，满足客人的个性化需求，实现产品的利润增值，使产品价值与服务品质得到极大的提升。

智慧酒店管理是酒店对各类管理需求进行智能处理，提供资源配置、数据整合、信息管控与智能决策的过程。运用智能化的处理技术进行智慧化的管理，最终实现管理水平质的飞跃。

酒店智慧化的基础是做好门户网站建设、公众号运营和小程序设计，这三者可以实现酒店预订，酒店产品信息、服务设施、房型套餐、酒店细节展示等功能，提升酒店的品牌形象和信誉度。此外，当用户对产品有疑问时可直接通过酒店门户网站、公众号和小程序联系客服进行咨询，从而使酒店及时解答客户的疑问，提升用户的体验度。

【案例4-1】

大连云朵智慧酒店

云朵智慧酒店位于大连市普兰店区台山路4号，由国际化酒店设计师团队设计。酒店将每一间客房当成是艺术品来打造的，每间客房均有不同的风格，从"后现代"到Pop Culture，再到地中海复兴建筑风格等。酒店在灯光模式、进门音乐及室温控制等方面也采用了先进的科技；而由国际声学所打造的隔音客房，达到了高达60分贝的隔音效果。

与传统酒店相比，云朵智慧酒店利用微信平台或App，将酒店住宿流程虚拟化，从而减少客人与前台面对面的服务场景，帮助酒店实现以下目标。

（1）开源节流，综合节能。智慧酒店客控系统通过对客房及公共区空调终端进行智能网络远程控制，帮助酒店实现空调智能控制节能。在智能云、网关的传输下将信息发射到系统，从而进行身份识别，并对持卡人身份进行判断，根据不同身份人员的控制权限进行设置，杜绝非法取电等。

（2）提升酒店管理水平。智能化设施的后台可以全面监测客房服务状态，当客人有清理、退房等需求时，可以及时传达至服务员，从而为客人提供高效便捷的智能化服务。同时系统软件还可以对服务人员的响应通过时间的长短来做出记录，以便酒店进行相应考核管理。

（3）为客人提供人性化智能服务及舒适安全的环境。通过远程网络控制，让客人入住时就感受到宾至如归的待遇，睡眠、阅读、娱乐模式的切换，更体现了智慧酒店的无微不至的人文关怀及个性化。其弱电操作面板，不仅设计美观、安装简便，而且便于酒店维护，保证客人居住安全。

因此，现代化酒店的运营，已不是仅凭单一的人力就能实现的，如今更多的是利用智能化控制系统来大幅度提升用户体验，提高酒店工作效率，节约成本。

案例思考： 从以上案例中，找出大连云朵智慧酒店有哪些智慧酒店的功能表现？

一、酒店门户网站建设

视频4-2：酒店门户网站建设

在建设酒店门户网站时，要充分考虑酒店的经营特色，尤其要注重其实用性、可靠性、先进性和经济性原则，另外还要注意系统的扩展性，为以后升级打好基础。

建设酒店门户网站，应该让客户在最短的时间内浏览到酒店的产品价格体系、服务内容、最新消息及优惠活动。基础页面的设计要突出酒店行业的特殊性，在设计上尽量个性化，并以动画来展示酒店的整体形象，以便浏览者多方位了解酒店。可简要说明酒店的概况、特色、接待能力和服务宗旨，还可以提供酒店的一些成功案例及接待过的人物、举办过的大型活动。在房间介绍时可推荐几个不同档次房间来，以满足不同层次的消费者，尽量结合图文更直观地展示。

在产品体系展示上，根据酒店网站管理操控的便捷性、准确性和有效性原则，让客户第一时间浏览到最新的产品和价格。在系统实现上要尽量从客户出发，要尽量简化操作流程，并实现网上预订：以电子表格形式在线填写订房、订餐等信息，浏览者只需填写姓名、身份证号码、订房规格、人数、预住天数、来店日期、联系方式等信息，确认后将这些信息提交给酒店后台管理员。另外，酒店网站在设计上还要注意与客户及时交流，对客户提出的意见在第一时间给予答复，也可以提出对酒店服务的满意程度和各种建议。

图 4-2　香格里拉国际饭店管理有限公司门户网站截图

二、酒店公众号运营

视频 4-3：酒店公众号运营

在逐渐成熟的移动互联网时代，人们的交流方式不断发生变化，微信成为目前最受大众欢迎的移动互联网交流平台之一。政府、企业、个人等纷纷建立微信公众号，构建属于自己的交流互动平台、品牌推广平台、产品营销平台和客户服务平台。微信公众平台能创造更好的用户体验，形成一个不一样的生态循环。

目前，酒店微信公众号主要存在以下几个问题。

（1）总体建设水平不高，受限于传统媒体思路。

（2）发布信息时缺乏信息系统管理思维，与各个部门传统预订数据各自为战。

（3）对信息发布者缺少专业的技能培训和媒介素养的培养。

（4）微信公众平台功能单一，无法满足消费者需求。

（5）微信公众平台互动服务功能发挥不够充分。

（6）微信公众平台与酒店各部门对接等管理制度尚待完善。

酒店微信公众平台的建设是一项专门而持久性的工作，相比硬件设施配置，微信公众号运营的人员配置、程序开发与应用、信息编制等软件方面的建设显得至关重要。酒店需要打通各个部门管理障碍，创设个性化精准式微信服务平台。同时根据公众认知和接受程度不断加深、完善微信服务功能。作为一种新兴的信息发布、沟通交流平台，微信公众平台的建设与发展依赖于用户的广泛关注与参与，因此做好微信和特色品牌服务推介以及保障用户的信息安全显得尤为重要。此外，通过朋友圈转发、宣传单发放加大对微信平台的宣传，提高人气；利用微信平台，着重加强微信公众平台的特色工作，明确服务内容和服务功能，深入挖掘微信公众平台互动服务功能。根据微信使用情况定期进行技术维护，包括软件升级、自定义回复、软件栏目设置。针对酒店微信公众平台受众年龄及审美特点，逐步转变宣传方式，充分实现微信公众平台"吸睛效应"。

微信公众平台是一个比较新的自媒体平台，酒店可以通过基于微信公众平台对接会员管理系统，从而展示商家微官网、微会员、微推送、微支付和微活动，实现挖掘用户的价值、增加优质的内容，发挥更好的用户黏性的作用。

三、酒店小程序设计

视频 4-4：酒店小程序设计

小程序有很多优势，使用特别方便，并且不占内存，所以受很多人喜欢，在酒店的销售和服务过程中也得到了大量的运用。小程序开发的页面导航要特别清晰，也就是说，当用户进入小程序时，一眼就可以看到导航，能够很好地让用户使用小程序。更为重要的是，小程序特别讲究一个"轻"字，也就是方便、简捷，不仅仅是操作简单，在页面的设计上也是很简单的，不需要太复杂，复杂的页面只会让用户觉得使用不便。

对于酒店来说，小程序的名称具有唯一性，也就是说，小程序和公众号相似，它们的名称是唯一性的，如果已经注册了，不能再注册相同名称的小程序。在小程序发布之前，都会有3次修改名称的机会。

酒店开发的小程序应具备以下6个主要功能。

（1）线上商城功能。该功能可以直接带来收入，也就是说，不管在任何时间和任何地点，只要有微信，就可以完成购买，这是一个可以直接提高购买率的重要功能。

（2）在线客服功能。在线客服是非常重要的，不管是售前，还是售后，都需要在线客服，客服可以很好地提高用户的体验，也可以提高成交率。

（3）订单的管理和查询功能。对于用户来说，每个订单都需要管理的和跟踪，因为不管是哪个订单，都需要及时地了解销售情况，对服务及时地进行调节和管理。

（4）线上预约功能。预约功能可以把预约的信息发送给酒店，然后酒店可以在短时间内做好接待工作，这样不但可以提高商家的工作效率，还提高用户的操作体验，同时也提高成交率。

（5）优惠券和限时秒杀功能。这是比较常见的营销方式，通过优惠券和限时，可以提高成交率。

（6）用户信息的收集和管理功能。用户的信息可以通过订单的收集和归纳，清楚地了解用户购买的频率和偏好，能够很好地帮助公司理清用户的心理需求，然后可以根据用户的需求进行不断地调整和优化。

微信小程序开发步骤如下。下载一个叫微信万维网开发工具，打开微信的公众平台，右下方有一个小程序模块，然后点击"开发"，再点击顶部的"工具"，新页面左侧栏中可以找到"下载"，开发栏的工具中有 32 位、64 位和 mac 3 个版本，可以根据自身的需要，选择适合自己的开发工具。当下载安装成功之后，直接开始开发者工具，如果是第一次启动工具，就需要通过开发者的微信号来扫码登录，登录之后点开"添加项目"，填写 AppID 和项目的名称；如果没有 AppID，也可以不用填写，直接点击 AppID，填好之后在目录中点击"选择"，然后再创建一个新的文件夹作为项目的目录，这样就可以新建小程序项目了，这是微信小程序开发的必然步骤。

微信小程序开发的工具一共有 3 个，分别是编辑、调试、项目。编辑是编辑或者修改小程序的；调试是显示小程序的错误和警告，方便调试错误代码；项目是用于了解小程序的属性和提交小程序的代码。这三个工具是比较重要的。开发工具还能提供一些比较简单的模拟器，开发者可以通过模拟器模拟客户使用，提供后台的模拟情况。另外，它具有播放器的调试，缓存处理等其他功能。制作成功之后，点击"生成"按钮，然后再选择"小程序打包"，下载标准代码包，下载好了之后再回到微信开发工具，选择"项目目录"，这样打开之后就能看到微信小程序的效果了。

【任务训练】

通过本任务的学习和实践，了解酒店小程序的开发优势，熟悉酒店小程序的主要功能，掌握酒店小程序的开发方法，激发学生学习开发酒店小程序的兴趣。

任务准备	全班分组成立小组（以下简称各组），每组人数2—3人
任务要求	1. 各组查阅资料，熟悉各酒店小程序的功能和作用 2. 每组为所在城市或地区某酒店开发一个小程序设计方案 3. 各组展示自建小程序，并介绍功能设置
任务成果	每组开发的小程序
评价方式	学生自评、互评与教师评价相结合。分组安排时，注意小组成员分工到位，每位成员都有一定任务

任务二　酒店无接触服务与自助服务终端操作

【任务导入】

智慧酒店的无接触服务：安心体验新篇章

视频4-5：酒店无接触服务与自助服务终端

随着无接触式服务悄然升起，美团、盒马、喜茶等陆续推出无接触配送和取餐服务，同样的众多酒店在开展数字化、智慧化升级过程中，通过提供"无接触式服务"保障了消费者和员工的健康安全。

随着科技的不断进步和全球健康意识的提升，智慧酒店通过引入无接触服务，为宾客提供了更加安全、便捷且舒适的住宿体验。这种新型服务模式不仅响应了公共卫生的需求，更是酒店业创新发展的重要举措。如通过自助终端自助办理入住，完成预定、付款、选房、登记个人信息、静脉生物识别、零秒退房等流程，有效减少了人们之间的直接接触及消费者排队的时间。无接触式服务不仅引导消费者多维度融入智慧化生活，而且更大程度的协助工作人员开展服务工作，通过科技赋能酒店有效控制运营成本及运行效率，使得酒店拥有应对风险的韧劲。

任务解析：酒店智慧化是当今酒店行业的一个重要发展趋势，通过先进的数字技术来完善房间、餐厅、大堂等各个区域，利用无接触机器人、智能手机App调控、自助终端等手段满足消费者需求。

请同学们阅读资料，并思考以下问题。
1. 智慧酒店可以通过什么方式开展无接触式服务？
2. 智慧酒店的无接触式服务技术能为生活带来什么变化？

一、酒店无接触服务

酒店无接触服务，一般指客人通过手机 App 或酒店自助服务终端来完成预订、选房、入住、续住、退房等环节。有些智慧酒店还用智能机器人替代人工完成客房送物、送餐等工作。有些酒店配置了智能客房，客人可以通过手机或者自助服务终端操作门锁、灯光、电视、空调、净化器等客房设施。

【案例 4-2】

众多酒店推出无接触服务

众多酒店都推出了无接触服务，如华住、首旅如家等，推出了包括自助续住、退房，以及机器人送物等服务，华住集团要求旗下 5700 多家酒店推行智能化无接触服务，减少人员聚集，截至目前，"华掌柜"自助入住设备累计服务超过 1.5 万名客人，机器人累计送物 2.4 万余次，首旅如家也表示，针对入住的客人，可通过 App、酒店自助机完成下单、续住、退房等手续。如果住店客人需要拿外卖、借物品，部分酒店还可提供机器人送物服务。此外，部分酒店集团正在酝酿推出无接触服务或投入人工智能设备。从去哪儿网了解到，截至目前，该平台提供无接触服务的酒店覆盖全国 191 个城市。

案例思考： 酒店自助入住机不仅仅是一个冷冰冰的机器，还应当融入了智能科技对人性化服务的深刻理解，鼓励员工走出前台，以更加主动、贴心的姿态为客人提供优质服务，实现了服务理念的全面优化。请思考：如何让酒店无接触的智能化服务和有温度的人性化服务相结合，来提高入住客人的满意度？

二、酒店自助终端

酒店自助终端是一套无人值守、操作简单、查询方便快捷的人机交互设备。客人通过人脸识别、身份证识别等操作，可在设备实现自助入住、自助开房、自助退房、自助结账等。酒店自助终端可以提高入住客办事效率、节约时间，同时节约酒店的运营成本、提高服务质量，促进酒店智能化处理业务能力，增强酒店核心竞争力。

酒店自助终端是酒店信息化发展的必然趋势。相对于硬件方面同质化竞争的现状，优质服务是人的智能化的外在体现，不仅仅为酒店提供便利，而且为酒店客人提供便利。

从客户角度讲，酒店自助入住机的存在，不仅能随时随地查看酒店的预订现状，还能对酒店的环境、待遇、评价有一定的了解，为自己的选择增添一份保障。同时，可以节省在前台办理的时间，可以直接入住，还减少因为预订到不满意的房间而产生的问题。一般而言，酒店自助入住系统的客服回复客户的速度也很快，可以在一定程度上提升入住体验感。

对酒店来讲，配备酒店自助入住机，不仅能提高酒店处理信息的效率，还能降低人力资源的浪费、节省成本，提升客户的入住满意度。另外，这种紧跟时代发展的信息化管理模式也对时尚年轻人士和商务人士有一定的吸引力，拓宽酒店的入住人群范围，提高客户的入住体验。

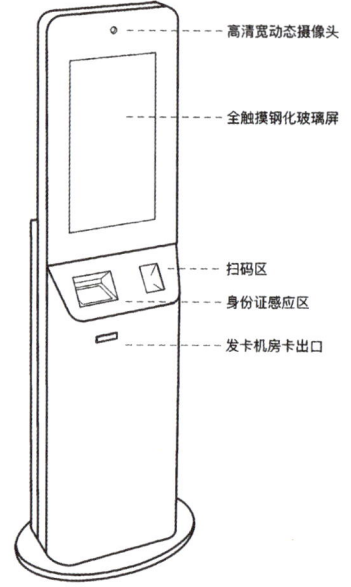

图 4-3　酒店自助终端示意图

三、酒店前厅部智慧化管理

酒店前台接待是酒店服务业务的重要环节，酒店前厅部智慧化管理的功能必须满足本部门的业务需求。酒店前台的主要业务功能是客人入住及其离店结账，酒店前厅部智慧化管理可以设计如下功能。

（1）前台接待子系统。前台接待子系统包括散客和团体快速入住、直观化选房、客人资料维护、折扣处理、客员（熟客、VIP、黑名单）管理、转房和加床处理、综合查询、报表系统。

一般来说，前台接待子系统由前台接待库文件、接待报表库文件和接待系统库文件三个库文件组成。前台接待库文件主要由入住程序、客房状态表程序、状态维护程序、换房处理程序、在住房间查询程序、客房价格程序、客房状态查询程序等组成；接待报表库文件主要由当班报表程序、应收报表程序、历史报表程序、动态报表程序组成；接待系统库文件主要由操作员管理程序、基本数据维护程序，更改密码程序组成。以上3个库文件组成了前台接待子系统。该子系统基本能够满足前台的所需。

（2）前台收银子系统。前台收银子系统包括快速结账、多种付款方式结账、多币种结账、各种账面灵活调账、多笔资金部分或全部结算、提前结账、折扣处理、错账处理、综合查询、报表系统。

前台收银子系统由前台收银库文件、收银报表库文件和收银系统库文件3个库文件组成。前台收银库文件主要由客房一览表程序、客人结账程序、挂账结账程序、恢复错账程序、现金管理程序、在住房费用管理程序、在住房酒水明细输入/查询程序、挂账费用管理程序等组成；收银报表库文件主要由当班报表程序、应收报表程序、历史报表程序、全天报表程序组成；收银系统库文件主要由操作员管理程序、基本数据维护程序、更改密码程序组成。以上3个库文件组成了前台收银子系统。该子系统基本能够满足前台收银的所需。

（3）预订管理子系统。预订管理子系统包括预订管理、预订维护、查询、报表。预订管理子系统由预订管理程序、预订查询程序、系统管理程序组成。

（4）房务管理子系统。房务管理子系统包括房态管理、消费录入、查询、报表等功能。

【任务训练】

通过本任务的学习和实践，了解酒店无接触服务的重要性，熟悉酒店实现无接触服务的设备和方法，理解酒店自助终端的作用。

任务准备	全班分组成立小组（以下简称各组），每组人数2—3人
任务要求	1. 各组通过实地调研和查阅资料，获取有关酒店自助终端的信息 2. 各组选择一类酒店自助终端，介绍其功能和对酒店的作用
任务成果	每组展示酒店自助终端的汇报介绍
评价方式	学生自评、互评与教师评价相结合。分组安排时，注意小组成员分工到位，每位成员都有一定任务

任务三　酒店 PMS 系统运营

【任务导入】

雅斯特酒店集团以数字化手段为服务增益赋能

人们对数字化的需求越来越重，这促使酒店业在与顾客的沟通、互动和对内部人员的管理过程中要不断进行数字化的创新，捕捉行业数字化转型先机。雅斯特酒店集团与阿里钉钉不断探索酒店数字化升级，不断创新适合酒店发展的数字化工具。自2016年发现行业数字化转型先机，雅斯特通过自建技术团队研发酒店 PMS 系统。2020年，雅斯特借助自主研发的酒店 PMS、GMS、金管家、雅云智（千里眼）、云早餐、精选猫等组件，建成了雅斯特特有的，集新管理、新服务、智慧酒店于一体的数字化酒店管理系统，率先踏入酒店智慧化时代。至今雅斯特酒店运营管理场景已经实现线上线下数字化，为消费者、酒店工作人员等酒店场景中所有人员提供服务。后续随着 VR 选房、云早餐、AI 机器人等智能设备的投入，可为消费者提供"一站式"客房服务。

任务解析： 酒店 PMS 系统管理着客房、餐饮、销售等各项业务，是酒店必备的工具，能够降低酒店管理成本，提高安全服务系数和运营效率，方便工作人员能随时随地了解酒店动态，被称为酒店运维的中枢系统。

请同学们阅读以上资料，并思考下列问题。

1. 酒店 PMS 系统对于酒店管理有哪些好处？
2. 酒店 PMS 系统目前发展现状如何？

酒店 PMS（Property Management System）系统，又称为酒店管理系统，融计算机软件、硬件技术和酒店组织管理为一体，为酒店经营和管理工作服务的计算机应用网络系统。酒店 PMS 系统在酒店业中的广泛应用，使大多数酒店实现了前台和后台管理的自动化，并且使前台、后台之间的联系更加畅通、紧密。

酒店 PMS 系统可以极大地提高服务质量。强大而方便的快速预订、前台接洽、账务等处理功能，减轻酒店工作人员的负担；完善的酒店客房状态管理功能、预订管理和详细的预订状态报表，能为酒店的预订销售做出权威指导；拥有强大的客史管理功能，包括回头客自动识别及客史资料的调用；先进的多条件资料查询，操作人员只需输入符合某个条件的关键字，系统即可自动匹配，快速调出相关资料，让操作人员为客人提供更好的服务；入住登记简便化，无须手工填写资料，将客人资料直接输入电脑，自动打印入住登记表或预付金收款单，简化入住登记手续，缩短客人等待时间；实现退房程序的智能化；前台收银可通过前台及客务中心在电脑上进行联系，只需按照提示点击"是"或"否"，简化操作程序，缩短客人离店等待时间；住店客人可在酒店内多部门消费，离店时总台统一结账，这不仅方便了客人，还提高了酒店的服务档次。电话费自动计费及电话开关控制、叫醒服务设置等，使话务员从烦琐的话务台管理中解放出来，使其有充足的时间为客人提供优质服务。

酒店 PMS 系统可以极大地提高工作效率。快速、简捷的操作和直观界面可以实现快速入住退房服务；系统的夜间稽核产生的完备报表功能，为管理层提供决策数据，提升夜审的效率；系统可按各条件的分类，让销售部及管理层随时可以得知回头客、协议单位的入住情况，可根据具体情况给予客人一定优惠，或赠送会员卡、打折卡，鼓励客人消费；系统设置 8 种以上房态且都有相应图标相对应，为相关部门提供详尽、明了的信息。

酒店 PMS 系统可以极大地提高经济效益。完善的散客和团体预订功能可防止有房不能出租或满房重订的情况出现，及时提供准确的房间使用和预订情况，从而提高客房出租率；收入汇总表使酒店管理层知道各时期客源变化与收入结构变化，及时调整经营方式与策略，可以实现营业收入自动统计、自动计费、自动计算，杜绝相关消费的跑账、漏账。

酒店 PMS 系统可以极大地加强酒店管理。严格控制房价，不同的房价必须有不同的折扣授权，并可以报表的形式进行监控及查核；收银入账的规范管理，不能随意修改当前记录，符合财务做法；各项功能均有严格的权限控制，保证各类数据不被无权过问的人观看和操作。

一、酒店 PMS 系统原理

视频 4-6：酒店 PMS 系统原理

酒店 PMS 系统通常包括前台接待、前台收银、客房中心、经理财务、后台管理、接口模块、集团管理等。

（1）前台接待。包括预订管理、接待管理、会员管理、房务管理、销售管理、报表中心、夜审、消费、外借管理、寄存管理等模块。

（2）前台收银。包括收银管理、账单管理等模块。

（3）客房中心。包括房账管理、维修房管理、房状管理等模块。

（4）经理财务。包括收银明细、客房入账、客房账单、交班记录、交账记录、操作日志、消费调整、开房统计等模块。

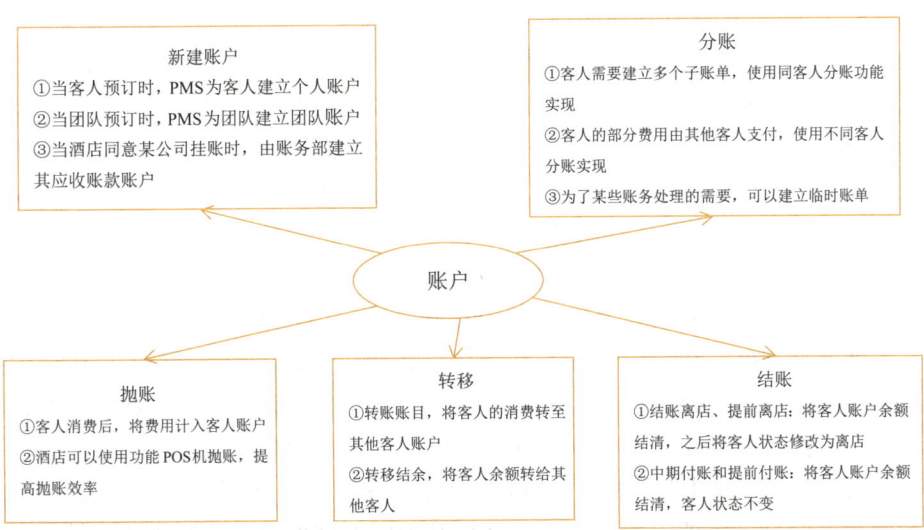

图 4-4　账户操作与酒店服务、管理的关系

（5）后台管理。包括基础资料设置、报表设计器、系统参数设置、角色管理、用户管理等模块。

（6）接口模块。包括电话计费接口、二代身份证接口、会员卡接口、门锁系统接口等模块。

（7）集团管理。包括中央预订系统（CRS）、集团会员系统、集团报表系统、在线预订系统、呼叫中心等模块。

二、常见的 PMS 系统

目前，国内主要的酒店 PMS 系统有石基、绿云、西软、众荟、别样红、金天鹅、住哲、云掌柜、番茄来了、佳驰等。在此，主要介绍石基、绿云、西湖软件相关内容。

石基信息主要从事酒店、餐饮及零售等旅游消费行业信息管理系统软件的开发与销售，在全球服务超过 9 万家酒店和 2 万多家餐饮公司，提供灵活高效、与时俱进的技术解决方案，在中国酒店和餐饮信息管理系统市场居相对领先地位。公司目前拥有 PMS 前台管理系统、POS 餐饮管理系统、财务系统、人力资源管理系统、采购与成本管控系统、酒店与连锁餐饮管理系统、餐饮供应链管理系统、零售业餐饮管理系统等多类型产品和服务。

杭州绿云软件股份有限公司是中国云 PMS 技术的开创者。作为服务超过 2.5 万家酒店的大住宿业数智生态服务商，绿云专注于酒店、大住宿、大文旅行业信息化平台的研发、运维和营销服务。公司创始和核心团队拥有 30 年酒店信息化经验和先进技术背景。基于云计算技术和 B/S 架构自主研发、运营的 iHotel 酒店信息化平台，已经形成绿云 PMS、Oracle Hospitality（Opera PMS）、数据平台、电商平台四大业务集群，它以营销为导向，以客史及会员数据为依托，用大数据技术重构线上线下一体化的酒店营销新体系，从而为酒店在新时期的运营管理提供有力的技术支撑。

杭州西湖软件有限公司创建于 1993 年，是国内专业从事旅游信息服务与开发的著名高科技企业，致力于 IT 行业，以酒店计算机管理软件（FOXHIS）为主导产品，辅以计算机系统集成、电子门锁、电子商务、Internet 等系列产品，一直在努力研究、探索适合中国旅游业信息技术的应用模式与解决方案，以"为客户提供人性化的应用软件及个性化的服务，不断提升客户的价值"为使命，经过多年的不懈追求，西软跃升为国内规模较大的酒店业软件供应商，打造了 FOXHIS 管理软件平台，荟萃了全国各地顶尖管理、营销和技术人才，为公司的可持续发展创造了先决条件。

三、PMS 系统数据库应用

不管是传统酒店还是新型酒店，高效的内部管理、良好的营销推广都可带来源源不断的客流。通过提供优质产品、服务获得消费者的满意是它们的天然生存法则。总体来讲，智慧酒店的 PMS 系统数据库建设内容，可分为三大部分：内部管理、客服管理与营销推广。就技术层面而言，PMS 系统涉及网络技术、计算机技术、通信技术、控制技术、传感技术、视频音频技术、能源控制、交通控制等相关技术。与智慧酒店内容相对应的整体框架，可分为四大部分：酒店内部管理系统、酒店智能化管理系统、酒店营销管理系统和酒店通信网络管理系统。

（一）酒店内部管理系统

酒店内部管理是相对于顾客相关的服务管理而言的，指的是酒店内部运营、员工管理及营运数据处理，主要依靠酒店管理系统平台对酒店每天的营业数据、财务数据进行分析，对员工工资及成本、员工奖励进行核算等。

酒店内部管理系统的核心功能是智能楼宇管理系统必须实现的集成功能，主要包括以下几部分：先进的集中监控管理功能、最佳的流程自动化管理功能、可靠的全局事件管理功能、高效的信息集成和综合处理功能等。通过统一的图形化人机界面，可以方便地对各集成子系统进行集中监视、控制和管理，对可控设备，如电控锁、摄像机等设备进行控制和调节。对所有信息点的状况进行监测，如开关状态、运行状态等。并定期刷新数据，实时在监视器呈现，随时监控系统各设备的运行状态，发生故障或异常实时报警，如自动执行火灾、安全报警等，自动执行警报发生信息显示和强制画面显示，如弹出该报警点的建筑平面图。设定修改并存储设备的运行参数，如启停次数、运转时间、延迟设置、禁停设置、方向设置等。

该系统可以集成的子系统，包括楼宇自控系统、门禁控制系统、防盗报警系统、闭路电视系统、一卡通系统（消费、考勤等）、停车场管理系统、电梯监视系统和消防系统等。

（二）客服管理系统

客服管理系统是智慧酒店 PMS 系统的主要支撑，包含无线智能酒店系统、订房信息系统以及射频识别（Radio Frequency Identification，RFID）技术的一卡通系统。此外，还包括能源管理系统、资产管理和门禁考勤、视频监控等。

视频 4-7：酒店客服管理系统

1. 建筑基础设施体系

建筑基础设施体系包括中央空调系统、智能照明控制系统、火灾自动报警及联动控制系统、楼宇自控系统、通信网络系统、计算机网络系统、酒店信息管理系统、综合布线系统、安全防范系统、智能化集成系统、机房工程、不间断电源系统 UPS 和防雷接地系统等。

2. 服务管理系统

服务管理系统包括客房智能管理控制系统、智能一卡通系统、卫星接收及有线电视系统、视频点播（VOD 点播）系统、公共广播系统、多媒体会议系统、卡拉 OK 点播系统、多媒体查询系统、远程视频会议系统等子系统。

3. 客房智能管理控制系统

酒店客房智能控制水平反映了现代化星级酒店的品质。成熟的酒店客房智能管理控制系统不仅能够创造优质高效的工作环境，而且能够给宾客带来满意的个性化体验，给酒店带来巨大的经济收益。酒店客房智能控制系统代表着一种科学的管理方式，已为越来越多的酒店管理人员认同与重视。

客房智能管理控制系统的主要设备有主控制箱、机械式开关面板、服务信息显示面板（请勿打扰、清理房间、请稍后等）、门铃、身份识别型节电开关、门磁、紧急呼叫按钮开关、红外探测器、请稍后开关、空调控制开关、网络通信器、中继器、各管理计算机等。

图 4-5　酒店客房智能化管理

4. 酒店一卡通

酒店一卡通采用 RFID 卡，取代了传统的现金、票证、纸卡等，用计算机智能管理手段提高使用单位的工作效率，适用于酒店、俱乐部、会所、商场等各类收费管理。在消费基础上，可作为贵宾卡、会员卡、优惠卡、员工卡等识别证，用同一张卡实现购物、娱乐、考勤、门禁、电话、门锁、借书、签到、停车等多项一卡通管理功能。酒店一卡通采用与景区门票门禁同一技术体系，可以实现通用联网。该系统主要用于：客人身份识别、宾客消费记账管理、宾客消费历史记录、打折优惠管理、宾客个性化服务管理、酒店安全保卫门锁控制。采用这一系统能够对客人的服务与管理实现更人性化、个性化的服务。对 VIP 客人可采用非接触式射频卡，使客人在不知不觉中享受到严密的安全保卫，可加强对高级客房的保卫工作，没有射频卡的人进入此区域后将受到监控，有利于酒店的安全管理。

5. 卫星、有线电视、VOD 点播系统

该类系统主要提供新闻、经济信息、娱乐影片，以供宾客消遣。还可以通过卫星接收器提供免费电视节目，利用有线电视对卫星频道进行有效补充。VOD 点播系统可将酒店自主录制的视频结合卫星接收系统和有线电视系统，作为有偿服务提供给宾客，增添娱乐服务项目，以增加酒店利润来源。

6. 多媒体商务会议系统

举办各种商务会议及其他大型会议已成为彰显现代高档商务型旅游接待场所的重要能力，而且是酒店利润增长的重要动力。按照功能划分，可将会议厅分为专业多功能厅和宴会多功能厅。专业多功能厅一般选用技术先进、音质优美的声、光、像系统，用来承接多媒体会议、网络电视会议、学术交流、技术培训、新闻发布等；宴会多功能厅一般举行重要的餐饮招待会、国际会餐、音乐招待会、鸡尾酒会、婚宴招待等。

7. 中央空调质量监控节能系统

对一般公共建筑中的写字楼、宾馆、商场而言，中央空调的耗电量占总耗电量的 40%—60%，是最需要进行节能改造的部分。利用中央空调多个子系统调控中央调水系统、流体流量和风机空气流量，节省中央空调主机的能耗和各子系统的电机能量，提高主机效率，降低中央空调系统的整体运行成本，保证中央空调整体系统稳定运行。

8. 智能化综合布线系统

该系统是所有建立在广域网、局域网上的酒店智能化系统的信息通道，是网络系统的高速公路，是整个系统的基础系统，为整个酒店的语音通信、宽带数据、图像联网、酒店管理系统及网站建设提供高质量的传输通道。各系统遵守共用、公用、通用、互通、简洁、可靠、实用、经济的原则。以先进水平的综合布线技术、计算机技术、通信技术和自动化技术为支撑，建立一套统一规划、高度集成的布线系统，为酒店计算机网络系统数据、图像及控制信号提供统一的传输路线、设备接口和高质量传输性能。智能化综合布线系统主要由以下几个子系统组成：工作区子系统、水平子系统、主干线子系统、管理子系统、设备间子系统和建筑群子系统。

（三）酒店营销管理系统

除了印刷传统广告、地面推广、媒体宣传外，智慧酒店 PMS 系统在营销推广方式上更加智慧化。酒店通过自己的网站以及在其他网站上打广告，建立了一条自我推广、宣传面广的互联网广告智能渠道。酒店还能够利用 PMS 系统大数据分析功能，使用智能搜索，向目标顾客进行推荐。比如，顾客在选择景点之后，会自动显示附近的酒店，这使得营销的对象更具有针对性。

营销工作贯穿酒店运营的始终。如今一套合理的营销管理系统能够助力酒店获取更多的客源，提高顾客忠诚度。目前的 PMS 系统智慧营销模块主要包括预订系统、客户管理系统、收益管理系统与新媒体营销系统。

（四）酒店通信网络管理系统

酒店通信网络管理系统分为计算机网络和语音通信系统。计算机网络通信是酒店系统的重要子系统之一。该系统建立在广域网、局域网上，主要分为两部分：一是酒店预订及连锁经营网站信息系统，为酒店管理者提供现代化经营手段，使得酒店经营更为科学、高效；二是酒店内部信息化管理系统，方便酒店管理者高质量管理，如智能办公系统、智能节能系统、智能采购系统、智能人员管理系统、智能物耗管理系统等，使酒店办公、物耗、能耗、人员成本等降到最低，以创造良好效益。

在网络安全性方面，酒店内部网络一般都分为多个不同的子系统，各个子网络之间要进行逻辑隔离或者物理隔离。酒店通信网络从使用对象上分为智慧办公网络平台和智慧客房网络平台，各平台与相应功能子系统相连接。

【任务训练】

通过本任务的学习和实践，理解酒店 PMS 系统的重要性，了解酒店 PMS 系统的搭建原理，熟悉常见的国内外酒店 PMS 系统，理解酒店 PMS 系统应用。

任务准备	全班分组成立小组（以下简称各组），每组人数 2—3 人
任务要求	1. 各组网上查阅资料，了解酒店 PMS 系统的作用 2. 选择国内外任意一个常见的 PMS 系统，介绍其功能和酒店使用现状
任务成果	每组对 PMS 系统的功能作用总结汇报
评价方式	学生自评、互评与教师评价相结合。分组安排时，注意小组成员分工到位，每位成员都有一定任务

任务四　客房智能系统运营

【任务导入】

小度科技赋能酒店智能化升级

小度隶属于百度旗下专门负责智能生活板块的部门，旗下 AI 操作系统等产品已经在酒店智慧客房场景下得到了广泛使用，如智能客控技术，通过小度音箱、小度智能屏等实现通话、电视点播、调控窗帘灯光等操作。

2017 年小度着手开展酒店智能化工作，2018 年上海佘山世贸深坑酒店成为第一家搭建小度助手的酒店，引起了行业内较大的关注，2019 年正式发布的小度智慧酒店软硬一体也成为华住桔子酒店品牌开业的标配，2021 年已经超 20 万间客房实现智能化落地。2024 年"五一"假期期间，小度 AI 酒店管家日均服务次数高达 1300 万次，平均每天活跃设备数达到 80 万台，其中"客房控制"日均使用量更是达到 600 万次。这一数据不仅展示了小度 AI 酒店管家在市场上的广泛应用，也反映了酒店业智能化升级的必然趋势。

小度 AI 酒店管家通过其丰富的功能，为酒店提供了全方位的服务支持。从客房控制到信息查询，从娱乐休闲到语音助手，小度 AI 酒店管家都能轻松应对。通过智能语音交互技术，客人可以轻松控制房间内的各种设备，如空调、灯光、电视等，极大地提升了居住的便捷性和舒适度。同时，小度 AI 酒店管家还能提供实时天气、交通、景点等信息查询服务，让客人的出行更加便利。

任务解析：酒店智能服务是利用电子设备由物联网驱动客房设备所提供的服务，通过设备的互联网连接能力，为消费者提供个性化服务，更加高效、轻松的智能客房，将暖气、电视、灯光等调整到合适的水平，增强消费者的体验感。

请同学们阅读上述资料，思考以下两个问题。

1. 客房智能服务对酒店和消费者有哪些方便之处？
2. 实现酒店客房智能化需要哪些设备或技术手段？

酒店客房智能系统是一款集设备控制、服务控制和管理功能于一身的智能管理系统，具有智能化、节能降耗和人性化的特点。它利用计算机控制、通信、管理等技术，基于客房内的 RCU（客房智能控制器）构成的专用网络，对酒店客房的安防系统、门禁系统、中央空调系统、智能灯光系统、服务系统、背景音乐系统等进行智能化管理与控制，实时反映客房状态、宾客需求、服务状况及设备运行等情况，以协助酒店对客房设备及内部资源进行实时控制与分析。客房智能系统既可以帮助酒店各级管理人员和服务人员对酒店运行过程中产生的大量动态的、复杂的信息和数据进行及时准确地分析处理，让酒店的客房管理和服务工作变得简洁、高效、轻松、有序，也可以为客人提供更人性化的入住享受。由于其功能丰富，兼容性强，并提供与酒店管理系统的接口，现已成为酒店全面智能化必不可少的一部分。

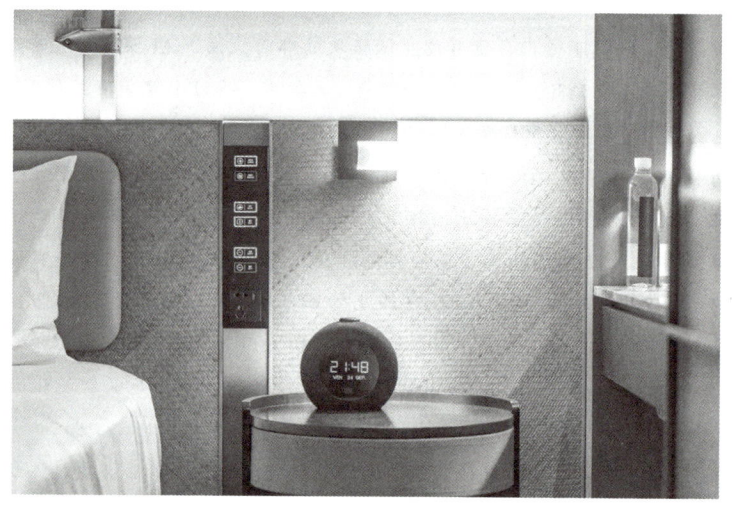

图 4-6　智能酒店客房

酒店客房智能系统的第一个特点是智能化。几乎所有的照明、空调、窗帘、开门、影音等设备都可以智能控制，包括温控器的远程控制、灯光场景模式的控制等，不仅给客人带来最直接的舒适体验，也给酒店管理带来极大的便利。

酒店客房智能系统的第二个特点是节能降耗。通过控制系统，实时监控房间是否有人入住，根据预设照明、空调、排风等实际使用情况，进入相应的模式，实现节能减耗，提高酒店效益。

酒店客房智能系统的第三个特点是人性化。客房智能系统以客人需求为中心，客人只需按下"请稍等""请勿打扰""请立即清理""呼救""退房"等需求键或点击手机，系统后台就会有即时显示，这样酒店就可以为客人提供最高效的人性化服务。

一、智能门禁

酒店的智能门禁一般安装在电梯内部。电梯门禁是门禁系统的一个分支,可以对酒店电梯乘坐人员进行控制和管理,防止闲杂人员任意乘坐电梯出入客房等楼层区域,从而提高酒店整体的安全管理水平。

电梯门禁辨认方法主要有刷卡辨认、暗码识别、生物辨认等手段。电梯门禁完成功用:经过在一层的门禁模块,完成对一层电梯轿厢呼叫按钮的操控。比如,刷卡乘梯,每张卡能抵达的楼层,由前厅部门发卡时指定。持卡人在指定的楼层无须再进行按键选择,即可操控电梯,停靠所要抵达的楼层;在非指定的楼层既不能操控,也不能停靠。酒店电梯智能门禁体系结构紧凑,功用强大。可完成消防、长途监督、访客联动、时段限制、刷卡直选等功能。

视频 4-9:
智能门禁、智能门锁、灯具和窗帘

二、智控门锁

酒店智控门锁分为 IC 卡门锁(插卡式)、磁卡门锁(插卡式)、TM 卡门锁和感应卡门锁,如表 4-1 所示。目前,市场上使用最多的为 IC 卡门锁和感应卡门锁。

表 4-1 酒店常用智控门锁类型

类型	门锁价格	卡片价格	使用方法	优缺点
IC 卡门锁	低	较低	插入式	性价比高,需插卡开门
磁卡门锁	高	低	插入式	锁价格高,但卡片便宜,酒店可以不回收卡片,给客户作留念
TM 卡门锁	低	高	接触感应式	卡片价格较高,使用不方便
感应卡门锁	较高	较高	接触感应式	使用方便,将卡在门锁前感应即可开门

酒店智控门锁功能完善,操作简便。一般由酒店前台人员操作管理,可办理客人的预订、入住、续房、换房、退房、匙卡挂失等一系列的业务,还可以办理房间信息、入住信息、收银情况、系统操作记录等信息的查询及各种报表的生成和打印,通过网络实现多机同时发行卡片和查询信息。

图 4-7　智能安全门锁

三、智控灯具

酒店智控灯具控制突破了传统手动开关的局限,通过手机App、语音、人体感应控制、场景控制等多种方式开启照明源,为酒店住客提供了更便捷、更人性化的住店服务。

（一）手机App控制

酒店住客通过App完成对入住客房的照明智控系统,可控制所有灯具的开关、灯光的颜色、亮度,包括开启时间或关闭时间,同时兼具远程遥控功能,随时随地可利用手机App远程控制酒店房间照明设备的开关。

（二）语音控制

酒店住客连接房间内的智能音箱,通过音箱控制客房内的灯具。酒店住客可在唤醒智能音箱后,说一句"关闭卧室灯"或"打开阅读灯",就能轻松实现灯具的语音控制。

（三）人体感应控制

人的体表是恒定的体温,一般在37℃左右,所以会发出特定波长的红外线,而人体感应照明就是通过捕捉这种特定波长的红外线来控制灯具的。

红外线人体感应开关的最大特点是延时照明。在延时内,如有人在有效感应范围内活动,开关将持续接通,等人离开后,延时自动关闭负载,实现了"人来灯亮、人走灯熄"的智能控制功能。比如,设置起夜场景,有人经过时灯会自动打开。

（四）场景面板控制

场景面板可谓是智能开关的功能集成器。它实现了远程遥控,通过绑定开关联动,可在一个终端上控制所有灯具。用户通过场景面板切换模式,智能照明网关收到命令后，自动控制照明网关的开关。其中，场景面板的最大亮点是其人性化的智能设计，即多种场景自由切换，灯光的颜色、亮度、开启数量都可以自由组合切换，能满足现代化酒店的任何场景需求。如开启观影模式，酒店客房灯光会逐渐变暗；如开启就餐模式，明暗交织的光影为美食添加诱人的滤镜；如开启阅读模式，光线会调至柔和、不伤眼的照明度；如开启睡眠模式，一键关闭所有灯光，便捷又安心。

与传统照明相比，酒店照明智控系统在提高人们生活品质方面起着重要的作用。它不仅具有以上多种控制方式，作为控制系统，它能够更全面地对灯具进行全屋调光、分区照明、全开全关、延时关闭、场景切换等控制，从而实现照明的节能、环保、舒适与便捷。

四、智控窗帘

智控窗帘的控制方式大体上有 3 种：声控、光控、遥控。声控和遥控属于半自动式；光控属全自动式，主要依靠光敏器件的灵敏度，实现冬夏等不同季节的光照度的不同，以满足人们对开闭窗帘在时间上的要求。

智控窗帘具有一般的窗帘控制器的最基本的功能，即通过声控、光控、遥控来开闭窗帘。在此基本功能的基础上，还具有可以根据光照强度和设定时间自动开闭窗帘的功能。酒店应尽量简化电路设计，用最简单的电路布线和选用最经济实用的器件来达到设计要求。

（一）手动控制

该功能使电动窗帘具有手动正传、手动反转和手动停止的功能。酒店住客可以通过遥控器对窗帘的开闭进行控制，避免了用手拉动窗帘的麻烦。

（二）半自动手动控制

半自动手动控制是在需要关闭或打开窗帘的时候，只需要人工按一下"正转"或"反转"按键后，窗帘到位后会自动停止。

（三）光控调节功能

当酒店住客无暇顾及窗帘的开闭程度时，可以打开光控调节功能。窗帘的关闭和开启通过环境亮度，自动完成窗帘的开启或关闭操作控制，达到"天黑关闭，天亮打开"。同时会通过自动获取信息，调节室内光照强度，使室内一直处于舒适的光照环境。

（四）定时控制功能

根据设置输入的开启或关闭时间，控制窗帘的关闭和打开。时间自动控制可以由定时器来控制。

五、智控空调

视频4-10：智能空调、电视和智能音响

酒店智慧中央空调节能系统平台采用智能物联网架构，将大数据、云计算、人工智能、机器学习、远程运维等技术应用到智慧酒店中央空调节能系统管理的实际中，全面提升能源的利用效率和智能化水平，构建智慧酒店中央空调节能系统数据采集、边缘计算、反向控制、数据分析、策略优化、策略下发和能源预测等功能，通过节能策略的执行和控制，大数据挖掘建模，专家团队远程分析指导，实现能源控制、管理、运维一体化。酒店智慧中央空调节能系统以健康、时尚、节能为理念，根据人体对温度的感知和智能系统集成技术相结合，通过智能优化单元，改变并优化空调压缩机的运行曲线，以达到最大限度降低能耗、提高利用效率、延长空调使用寿命的目的。

酒店智慧中央空调节能系统平台具有设置、规划、控制、统计、分析、记录、查询、提示、报警等功能，实现在不同领域内对各个空调智能终端的个性化管理，根据不同需求（开启时间、关闭时间、房内的实时温度与湿度、负离子含量等）实时智能启动相应的程序，利用互联网实现远程监控。冬季制热、夏季制冷功能全部智能化自动控制，省去了使用传统空调对各种复杂的附加功能的设定与调节，无需人工操作，简易方便；智能监控酒店室内温度、湿度、负离子含量，有效预防和减少空调病的发病率。多种检测方式，适用于普通空调、变频空调，防止空调非断电情况下异常关机；支持所有逻辑开机动作，可启动至用户需要的制冷或制热模式；具备断电记忆功能，断电后能保存之前设置的信息；具备报警输出功能，连续多次开启空调不成功，输出报警信号；与动力环境监控系统联网，空调启动失败时，输出报警开关信号（声光报警或拨打电话报警）；全智能调节操作，完全不必通过调节温度的方式来达到节能的效果，因此不影响人体的舒适度，系统的综合节能率可达到5%—40%；智能环境模式选择多样化，可以根据需要任意设定适合环境下的运行状态，达到舒适、健康、节能的多重保障。

六、智控电视

智能酒店电视系统，是为了满足酒店业在互联网信息时代的全新需求而设计的，其整个系统架构在智慧平台上。随着全球信息产业的持续快速发展，客户需求更加丰富多样化，日趋激烈的竞争和不断攀升的住客期望值迫使酒店不断寻求扩大销售、改进服务、降低成本和提升客户满意度，酒店智慧数

项目四 酒店行业智慧化运营

字电视系统应运而生。

酒店智慧电视系统是基于标准 Android 系统并根据酒店实际需求而研发的电视智慧系统。酒店智慧电视系统平台包括直播信号采集平台、直播管理系统、VOD 管理系统、后台管理系统，以及酒店智慧电视客户端系统。该系统可与酒店现有酒店管理软件系统、监控系统等对接整合。

酒店智控电视开机第一时间呈现酒店 LOGO，或酒店形象图片，准确宣传酒店品牌形象。电视机开机后，可播放一段酒店形象宣传片，进一步展示酒店形象、文化和服务；开机短片可以允许客人按任意键跳过；客人打开电视机后，自动显示欢迎客人的信息。欢迎词标题中包含客人姓氏、性别且在欢迎词后能根据客人需要，选择需要的语言。酒店可通过管理平台，向指定的客房或所有客房发送即时消息。

在智控电视初始界面，可以使用图片、短片、文字等智慧方式介绍酒店相关服务内容，达到提升酒店品牌认知、吸引客户、促成二次消费的目的。具体内容和展现方式可根据酒店客人特点进行相关专业定制。此外，可对酒店原有直播电视信号进行采集转换（包括有线电视信号、电信 IPTV、联通 IPTV 及卫星信号等）。此外，直播电视节目已经越来越难以满足住客需求，他们更喜欢观看一些自己感兴趣的电影或者其他影视节目。VOD 点播系统可以满足住客的这一需求。VOD 点播系统支持自建在线影院。

酒店智慧电视系统支持按酒店需求进行功能扩展，如可视门铃、费用查询等。智慧酒店电视系统不仅为酒店满足住客在娱乐、多媒体和互联网信息方面的需求，同时也为酒店创造全新的服务模式和管理体验。

【案例 4-3】

小米生态链公司未来居的智能酒店电视控制系统

随着互联网的快速兴起和广泛应用，以往作为家居大件的电视已经不再是观看节目的首选项了。

在未来居科技打造的智能酒店内，说话就能开关电视、调节音量、选台和换台，科学地解决了以上痛点。

针对不同人群的说话习惯，智能客房内搭载了未来居科技 IMS 智能管理系统均可进行识别。比如，"小爱同学，我要看中央一台"，电视可以自动换台；当用户语音换成"中央一套""CCTV1"或者基于用遥控器数字按键的习惯，说"小爱同学，播放频道 1""小爱同学，播放频道 9"，都可以被识别并执行。

其工作原理是，当客房内的小爱语音智能管家识别到用户语音指令后，会快速通过小米云平台与未来居科技智能网关进行交互,网关解析后将指令发送给万能控制器,控制器内含强大的红外码库,通过发送与电视匹配的红外码,执行用户指令。

在未来居科技打造的智能客房内,当用户发出点播请求时,未来居科技IMS智能管理系统就会根据点播信息,将存放在片源库中的节目信息检索出来,以视频的形式,通过高速传输网络传送到用户终端。此外,基于小米电视,未来居科技还可定制智能酒店专用电视界面,布局清晰,界面简洁,突出功能,内容交互更容易。

案例思考: 智能电视意味着硬件技术的升级和革命,酒店应该如何提供有效的指引来推荐客人享受这些智能科技成果?

七、智能音响

拓展知识 4-1:几种常见的智能音响品牌

智能音响是一个音响升级的产物,是用语音进行智能操作的一个工具,如点播歌曲、上网购物、了解天气预报。它也可以对酒店智能家居设备进行控制,如打开窗帘、设置冰箱温度、提前让热水器升温等。与普通音响相比,智能音响具有传输更快、更远、无损播放等优点,加上其他智能功能,颠覆了传统家居音箱的理念,带给用户全新的体验。智能音响的外观一般都是小巧型便携式,方便在酒店房间不同位置摆放。如今很多 Wi-Fi 智能音响已经简化到快速完成连接。内容资源也越来越丰富,覆盖音乐、教育、娱乐、新闻等方面。如今大部分产品拥有强大的语音识别技术,配合 Wi-Fi 网络,小到播报天气、新闻,大到订餐、约车,通过智能音响都可以轻松实现。

八、24 小时客控语音管家

视频 4-11:24 小时客控语音管家

24 小时客控语音管家通过对物联网技术的运用,结合人工智能的深度开发,为酒店客房打造出整套虚拟类人 AI 助理系统,即以客房智慧电视为媒介,为每间客房配备一名专属虚拟管家。从住客开启房门的一刻起,虚拟管家将作为全套智慧客房系统的核心纽带,为住客提供服务,从服务、呼叫、购物、娱乐、社交等方面带来前所未有的智能交互体验。

第一步,客人入住。客人走进房间,灯光、窗帘、电视自动打开,AI 虚拟管家自主唤醒,出现在电视中。第二步,酒店介绍。AI 虚拟管家向客人介绍酒店相关信息、设备使用方法等。第三步，语音交互。客人向AI虚拟管家语音交互，提出客控、呼叫、购物、娱乐、社交、服务等各方面需求；第四步，主动推送。入住过程中，AI虚拟管家会向客人主动推送饮食、提议、出行等全方位关怀建议。

24小时客控语音管家作为前端，以亲切的视觉形象呈现在客人面前，其后端采用了复杂的"AI逻辑网络算法"，思维结构基本模仿人脑，除了具备实时分析和高效处理信息的能力，语义解析能力强；同时还具备强大的学习能力，不定时更新词汇短语。比起机械式的回应需求，AI虚拟管家具备更加丰富的人物属性。面对不同场景，它会表现出不同的行为特征、语气和性格。酒店住客所面对的不是一个冷冰冰的机器人，而是一个更具真实感和亲和力的管家。可视化类人机器人摆脱了市面上仅靠语音互动的机械感，以更具亲和力的形象和生动的肢体语言为客户带来更具温度的服务体验。从客人走进房间的那一刻，虚拟管家将以自主唤醒的方式工作，并作为助手始终陪伴客人，客控、呼叫、购物、娱乐、社交、服务等各方面需求都可以通过与其交互来实现。最令人省心的是，虚拟管家具备思维判断能力，向其传达"我饿了""房间有点冷"等隐晦的需求，也能主动分析判断，为其提供精准服务。

AI管家还具有主动性。通过对气温、天气、时间等环境指标算法，以及客人身份、年龄、地域、消费能力等数字标签，它主动为其推送饮食、出行等全方面关怀建议，打造共情式情景营销，在酒店客房服务领域真正实现了机器人可视化、人性化交互体验，并改变以往被动式交互的局面，从视觉、听觉、感官多角度主动式关怀营销，激活了人性化智能交互潜力。

【任务训练】

通过本任务的学习和实践，了解客房智能系统的重要性，熟悉酒店客房智能系统的构成和作用，理解智能门禁、智能门锁、智控灯具、智控窗帘、智控空调、智控电视、智能音响及24小时客控语音管家的功能。

任务准备	全班分组成立小组（以下简称各组），每组人数2—3人
任务要求	1. 各组网上查阅资料，了解客房智能系统的作用 2. 选择一家酒店，介绍其智能化功能和酒店使用现状
任务成果	每组对客房智能系统的功能作用进行总结汇报
评价方式	学生自评、互评与教师评价相结合。分组安排时，注意小组成员分工到位，每位成员都有一定任务

任务五　智能餐饮管理

【任务导入】

餐饮行业正在进行一场颠覆式的"变革"

机器人会点餐、送餐、算账可能已经算不上什么新鲜事了，但是如果这个机器人不仅有"厨师证"，属于持证上岗，还会摊煎饼、包包子、蒸包子呢？2024年8月，全国首台持证AI餐饮机器人落地北京亦庄，餐饮AI的应用进程加速，引起了行业的巨大关注。

最近几年，餐饮行业竞争日益激烈，企业的经营持续承压，饱受租金、人工、食材等"三高"顽疾困扰的餐企亟需降本增效，而数智化便成了众多餐饮企业的重要途径之一。

一些上游的企业在积极研发相关智能设备。例如，近期在人机PK中表现惊艳的"美膳狮"AI炒菜机器人已开始逐步走入全国诸多知名餐厅的后厨。该机器人不仅出餐速度是人类大厨的3倍，在出餐品质和味道上也与人类大厨烹饪的菜品不相上下。

一些餐饮品牌也在加快数智化转型的步伐。例如，喜茶推出的自主研发的最新版智能分体式出茶机，集云配方、精准制作、原料智控及自动清洁等功能于一体，最快可以3秒出杯。这不仅解决了茶饮店普遍高度依赖人工记忆产品配方的运营痛点，还提升了出杯的效率、稳定性和安全性。

奈雪的茶携手华为正式推出了更贴合用户消费习惯的"奈雪点单"元服务，消费者只需用手机碰碰NFC点单牌，三步就能实现快速点单，为茶饮用户带来了更智能、便捷的数智化体验。

除此之外，全智能模式的智能餐厅也逐渐成型。例如，2024年7月试运营即火爆的唐山文旅·云餐智能餐厅，通过将智能机器人、物联网等技术融合在点餐、烹饪、售卖、结算、食材监控等全过程中，实现了24小时无人化、自助化就餐服务。

这一系列动态表明，餐饮产业正经历着一场由智能化引领的深刻变革，数智化正逐步渗透到每一个环节。

任务解析：酒店餐饮智能化是大势所趋，智慧餐厅的建设最开始便有了"无服务员、无采购员、无厨师、无收银员"的畅想，首先便从消费者点餐、排队、取餐等方面提供便利，提高餐厅服务效率。酒店餐饮服务一直是影响酒店发展的重要影响因素，随着信息技术快速发展，酒店餐饮更应借助数字科技从设备、产品和服务3个方面提升酒店的服务质量，现代信息技术与餐饮结合有利于完善餐厅设施，降低人力与消耗成本，提高消费者用餐服务，是智慧酒店建设必不可少的一环。那么，酒店餐饮服务到底如何实现智能化，同学们可通过本项目的学习来获得答案，并思考日常生活中餐饮服务智能化为我们带来怎样的影响。

项目四　酒店行业智慧化运营

智能餐饮管理系统是基于无线网络、物联网和云计算技术为酒店餐饮部门量身打造的智能管理系统，通过客人自主点餐系统、服务呼叫系统、后厨互动系统、前台收银系统、预订排号系统以及餐饮信息管理系统，可以显著提升客人就餐体验，降低酒店餐饮经营成本、提升管理绩效。

餐饮管理软件的最初应用源于20世纪80年代，计算机取代传统的计算器承担财务核算工作。服务人员将点菜单录入计算机，客人所点菜品信息可以直接传输到后厨，从而大大提高了上菜速度和效率。

随着餐饮、电子行业的迅速发展，2001年智能点菜机"点菜宝"首次应用于美国洛杉矶一家高级酒店。餐厅服务员手拿"点菜宝"为客人点菜，当客人报出菜名时，服务员就在"点菜宝"上进行实时输入，随即将点餐数据传送至收银台与厨房，极大地缩短了点菜流程，大大提高了上菜速度，免去人工下单跑来跑去的麻烦，点菜过程实现无线传输、实时查询和无纸化运作。通过具有无线功能的智能化点菜机，服务员可以随时随地为客人点菜、加菜，并即时把数据通过基站和服务器传到厨房和前台，所有的操作数据都储存在后台的数据库中，以备查验。

如今的智能餐饮管理系统通过无线网络、物联网和云计算等技术，集多种功能于一身，使点餐过程变得快速便捷。伴随着手机应用App、微信小程序和移动支付的进一步发展，客人通过扫描二维码等方式，既可全面了解餐厅菜品和酒水的品种、价格，还可以了解每道菜品的食材构成、营养价值等信息，更可以在手机上轻松完成点菜、下单、查单、退菜、催菜、结账、付款、评价等事宜。这种点菜方式以客户为中心，提倡自主和个性化，不仅为客户带来人性化的点餐体验，还降低了酒店餐饮的人力成本。

一、自主点餐系统

自主点餐系统是酒店餐饮部门智能化最基本的系统，主要包括：菜品基础信息、菜品改码信息、菜品部门/营业区、配方信息与套餐信息。

客人进到酒店餐饮区域后，可以通过手机、点菜机和柜台机等方式进行点餐。手机客户端点餐是通过小程序或者App实现菜单浏览、购物车管理、订单号获取、意见反馈、查看当前餐厅等待人数、餐厅实时视频显示、会员办理、结账、收银、积分查询等的。点菜机是在服务人员操作下实现菜单浏览、购物车管理、订单号获取、意见反馈等的。柜台机点餐可实现菜单浏览、购物车管理、订单号获取、刷卡付费、条码小票打印、语音提示等。

二、服务呼叫系统

酒店餐厅中顾客经常因服务员不能及时提供服务而投诉餐厅，从而对餐厅的运营产生负面影响。餐厅的服务员数量有限，如何让服务员在顾客需要服务时第一时间给顾客提供服务，成了餐厅经营者必须解决的问题。

智能餐厅服务呼叫系统，可以使顾客需要服务时按下呼叫按钮，服务员随身携带的终端设备将发出提示声音并显示需要服务的顾客餐桌编号，使服务员及时收到顾客的服务需求并为顾客服务，减少顾客投诉，从而对餐厅的运营起到正面积极的作用。酒店餐厅服务呼叫质量包含两个部分：客人呼叫服务的复杂程度、服务员的响应速度和服务态度。一套智能餐厅服务呼叫系统具有：无线呼叫服务、移动接收信息、全程监控服务过程、服务响应超时报警、无线调度、呼叫量和服务响应合格率统计等。

智能餐厅服务呼叫系统的前端可以提高服务员的响应速度，需要呼叫服务的客人只需轻轻一按即可，无须四处寻找、喊叫、挥手，也不会出现客人需要服务而没人搭理的情况，有利于创造良好的就餐、消费环境。此时的服务员可以通过随身携带的信息接收机，随时接收客人呼叫。

智能餐厅服务呼叫系统的中段可以融入酒店餐厅的服务质量监控系统，使服务员的评估量化，更加客观、更加公正；酒店餐厅的管理者可以了解每个服务员的状况，如工作量、合格率，了解整个餐厅的服务水平，可以按照任意时间段制成相关的报表，供管理者参考。

智能餐厅服务呼叫系统可以使就餐区域服务速度加快、服务质量提高、服务模式有特色、二次点单率上升、消费环境无打扰，增加接待数量。与此同时，降低餐厅管理成本：呼叫系统可以使餐厅服务更加有条理，服务员的服务工作有明确的标准，无需人为监控，降低管理的压力，提高管理效率，节省管理人员。

三、后厨互动系统

智慧餐厅后厨互动系统是基于物联网和云计算技术为酒店餐饮部门打造的智能管理系统。其功能显著、节约用工数量、降低经营成本、提升管理绩效。智慧餐厅后厨互动系统以物联网为设计理念，通过融合 Android、Web 及 Linux 平台下的 QT/Embedded 等关键技术，并利用标准 HTTP 协议使得手机终端、柜员机、网站及服务器等不同系统平台实现相互通信，将物联网技术成功运用到餐饮领域，通过这些技术实现餐厅智能化操作，改进传统的后厨运营模式，让后厨工作环境变得更加舒适、便捷。

智慧餐厅后厨互动系统能更好地保障食品安全。比如，利用餐盘上的识别码，可以实现对菜品信息的数字化管控，使食品安全可追溯。利用全自动出菜机，可以直接从中央厨房运至店铺的转运箱中抓取菜品，减少人为操作的失误，并阻挡飞虫等异物进入菜品。此外，智慧餐厅后厨互动系统还可以解决酒店后厨财务、仓库、生产、销售等管理应用，如通过系统实现以收料的方式来对账；通过系统设定后厨采购价格浮动上下限百分比，控制采购成本，防止采购价格浮动过大而导致成本失控；通过系统更谨慎地去确认每道菜品的上菜速度，可以进行精细的温度控制等环节来确保菜品的口感；通过系统实时看到厨房库存情况，有效提高库存的准确率；通过系统对厨房进行成本核算，详细看到每一个菜品的成本、点单率和利润构成。

四、收银系统

酒店餐厅收银系统一般包括电脑（内置收银软件）、扫描器、小票打印机等设备。其中，成本控制始终是收银系统的核心内容。日结后，生成并打印餐厅日营业报表，汇总一天的营业情况。日营业报表包括日营业额、桌（单）数、用餐人数、每单金额、人均消费、付款方式等信息。与 PMS 建立接口的餐饮系统，还可以提供 PMS-POS 接口信息数据查询，用以分析用餐客人将费用转至 PMS 应收账户处理的情况。PMS-POS 接口提高了整个系统的复杂度，客人的支付方式将影响营业日报表的数据，如客人现金结算、住店客人将费用计入 PMS 中的房费、客人将费用计入 PMS 中的应收账户，都会影响营业报表的数据。系统可以从多个角度统计和分析销售数据，包括消费时段、营业区域、销售员、菜品种类等，给餐厅管理人员提供多种分析维度，如按照时段划分，可以分析不同餐别（早餐、午餐、晚餐、下午茶、宵夜）的销售情况；根据菜品销售量划分，可以分析不同菜品的销售情况，便于及时更新 / 删除菜品或者对菜品进行价格调整和改良。销售信息是对餐厅菜品调整、调价和促销活动的重要依据。

与客房不同，可变成本在餐饮成本中占据主要部分。因此，对餐饮原材料的管理和控制是餐饮成本控制的核心。配方管理是根据菜品的成本卡，对每道菜品设定配方。餐饮信息系统可以根据菜品的点单量来计算原材料的使用量，结合原材料成本计算出每道菜品的成本总额、毛利率等关键参数。将每道菜的成本与菜品的销售量相结合，餐饮信息系统可以动态地计算出理想成本。

理想成本，是指在理论状态下的成本总额。由于各个方面的原因，如物料的损耗（既包括合理损耗，如切配中的损耗、酒水的损耗，也包括非合理损耗,如客人投诉、退菜导致的菜品成本提高),实际的成本通常会高于理想成本;但通过餐饮信息系统所给出的理想成本与实际发生成本的比值,可以大致反映酒店餐饮成本控制的水平。而努力使实际发生成本趋近于理想成本的过程,就是餐饮成本控制的主要工作。

配方管理使得酒店餐厅每天消耗的原材料可以及时统计,给酒店采购提供了方便。由于市场行情的波动,采购价格经常发生变化,将餐饮信息系统与库存采购系统进行连接,直接读取采购系统中的采购价格,可以精确、实时地核算餐饮成本。

五、预订排号系统

预订排号系统是一种综合运用计算机、网络、多媒体、通信控制的高新技术产品。预订排号系统取代了酒店餐厅顾客排队的传统方式。

预订排号系统的流程一般是:顾客取一张号票码,上面有号码、等候人数、时间、堂食桌型等信息;之后顾客持号票在休息区休息并留意显示屏叫号;工作人员在后台有空桌的时候按下叫号器上的下一位按钮,顾客前往服务台由餐厅领位员带领至餐厅指定位置就座。

预订排号系统可以实时监视系统的运行状态,可以自动地跟踪各种桌型(包厢、六人桌、四人桌、二人桌等)服务队列的状态,做到自动调整。可以查看所有服务队列状态、外围设备连接状态、柜台工作状态等信息。通过内嵌的设置模块可以对各个业务进行管理及设置(多任务、多队列管理),对使用部门及人员进行管理控制。同时提供异地维护和管理功能,操作人员可以远程对系统状态进行监控和管理。

六、餐饮信息管理系统

餐饮信息管理系统定位为:提供餐饮整体智能化方案,为商户提供点菜、外卖、会员管理与营销、移动支付等多种功能,致力于为商户提供零成本智能化餐饮系统升级方案及营销方案。

餐饮信息管理系统是一套功能强大的会员卡管理系统和客户管理系统。该系统将会员消费、会员基本信息及各种查询、统计等紧密结合起来。操作简单方便,界面美观大方。该系统能满足餐饮行业进行会员制管理、会员卡管理、会员积分管理、会员消费管理的需求,同时科学的管理方法将给商家带来更大的效益。

项目四 酒店行业智慧化运营

成熟的 POS 产品，是一种非常完善的餐饮信息系统。其中，MICROS 和 Infrasys 系统都是优秀的餐饮信息系统。国产 POS 所配套的餐饮信息系统在配方管理、成本分析、员工劳动生产率分析等方面尚存在一定差距；而国际品牌酒店，依托成熟的产品线，形成 PMS+POS+ 餐饮信息系统 + 采购、库存与成本控制系统（MICROS 公司 MC 系统和石基 PICC 系统）+ 财务总账系统，打造了融合前后台应用的销售和成本信息集成产品，同时搭配无线点餐、排队系统、iPad 点餐等外围系统，竞争性很强。可以说，餐饮信息系统不仅仅是单独的软件和硬件，而是逐步发展成为集餐饮预订、服务、收银、厨房管理、成本控制为一体的餐饮管理平台。

【任务训练】

通过本任务的学习和实践，了解酒店餐饮管理智能化发展，熟悉酒店餐厅的自主点餐系统、呼叫系统、信息管理系统等，理解智能餐饮管理的重要性。

任务准备	全班分组成立项目小组（以下简称各组），每组人数 3—4 人
任务要求	1. 各组查阅资料，了解餐饮智能化管理 2. 查阅餐饮数字化案例，熟悉酒店餐饮智能管理需求的影响因素、数字化现状、所需技术等 3. 将所查资料进行整理
任务成果	每组提交所查整理案例
评价方式	学生自评、互评与教师评价相结合，分组安排时，注意小组成员分工到位，每位成员都有一定任务

 任务六 酒店智能化发展

视频 4-13：酒店未来智能化发展趋势

【任务导入】

尚美数智：全面推进新一代智慧酒店建设规范制定和落地

尚美数智酒店集团作为主起草单位，联合青岛市标准化研究院、青岛市技术标准科学研究所等政府和专业机构组织新一代智慧酒店建设标准的研究，并于 2024 年 7 月共同发布了《智慧酒店建设规范》团体标准。该建设标准对智慧酒店建设基础设施、智慧硬件、智慧软件、智慧服务、安全保障等方面提出相关要求，作为新一代智慧酒店建设标准的核心起草和制定者之一，标志着尚美数智在智慧酒店领域的专业能力得到行业及政府认可。

近年来，青岛政府出台新政推动旅游住宿业高质量发展，大力支持本地酒店集团出台智慧酒店相关标准，作为青岛市智慧酒店行业数字化转型赋能中心，尚美数智旗下首批智慧酒店的数智化产品已覆盖1000家门店，智慧客房数量达50000间，未来将持续推动智慧化酒店覆盖率，全面推动新一代智慧酒店的连锁化、规模化落地。尚美数智将利用自身经验和优势为智慧酒店的建设提供统一的标准和规范，并利用大模型驱动智能经营升级，最终实现人工智能全时自主经营，为中国10万家酒店提供"有经营能力、有流量"的智慧软硬件，推动整个行业向着更加智慧化、专业化和标准化的方向发展。

尚美数智酒店集团致力于数智化产品研发，打造覆盖集团端，酒店端，用户端的十大产品体系，作为目前中国第五、全球第十二的酒店管理集团和新旅宿科技平台，集团已利用智能化、自动化和数据化等技术手段提供整合前沿技术等综合解决方案，自主研发心里美智慧酒店操作系统2.0，助力提升酒店的运营效率和管理水平，为客户提供更加便捷、个性化的服务体验，为酒店行业带来智慧变革，如今已在旗下酒店中广泛使用。

2024年6月，青岛黄岛区唐岛湾品睿酒店4.0正式开业，作为首家新一代智慧酒店的代表，标志着尚美数智全面开启智慧酒店规模化的正式落地。据悉，品睿酒店4.0以"新用户、新技术、新媒体"三大要素创新了酒店投资模型，并重新定义新一代智慧中档酒店。品睿全智慧系统为客人提供便捷的自助入住体验，首次扫码入住便捷迅速，二次入住无需到店即可完成登记；同时，品睿正打破传统酒店的入住与退房时间限制，为客人提供更大的灵活性与便利性，实现随到随住与个性化延时退房或提前入住的服务。

未来，尚美数智的新一代智慧酒店将像自动驾驶之于传统酒店一样，将打造区别于传统酒店的新一代无人酒店的新样板。

任务解析： 未来酒店智能化发展势头正猛，智能机器人可以24小时解决消费者问询问题，微信小程序实现随时随地点餐送付，自主设备为消费者提供一键叫醒、一键呼叫、一键退房等服务，酒店服务全流程皆可通过智能管家完成，有效提高客需服务效率，一站式解决消费者住中全需求，助力酒店行业实现数字化转型。

请同学们思考一下：酒店未来智能化发展还可以探索哪些领域？

一、酒店智能大脑

酒店智能大脑可以通过酒店ERP系统、PMS系统、QA系统、自助登记/入住系统、客房自助服务系统、智能点餐系统、送货机器人等，为住客提供高效、人性的信息化服务，让住客享受到充足、便捷的信息服务。例如，把杂志、音乐、航班信息等功能加载到酒店的电视机上，甚至可以通过电视机打印登机牌。酒店智能大脑一般具备如下特点。

图4-8 可带给住客智能化体验的送货机器人

（一）智能化

酒店智能大脑拥有一套完善的智能化体系，能给住客带来更加智能化的体验。酒店智能大脑包含智能酒店管理系统、智能酒店娱乐休闲系统、智能信息服务、智能客房服务等，是一个依托现代技术的全方位智能化系统。例如，连接到手机的屏幕，能显示门外面的画面；或者酒店的自助订房、身份识别、智能温控系统等，为住客带来全新消费体验。

除了客服管理智能化之外，酒店智能大脑在营销推广方式上更显智慧化。酒店通过自己的网站及在其他网站上打广告，建立一条自我推广、宣传面广的互联网广告智能渠道。酒店还能够利用大数据分析，使用智能搜索向目标客人进行推荐，比如，客人在选择景点之后，会自动显示附近的酒店，这使得营销的对象更具有针对性。

（二）人性化

智慧酒店建设的目标是让住客满意，而人性化是最能提升住客满意度的方面。酒店智能大脑的人性化建设，需要从提供人性化的酒店设施、经营管理、酒店服务等多方面入手，以高科技为依托，在信息化、智能化建设中，充分考虑住客需求，体现人性化服务特点。

酒店智能大脑的客服管理是人性化的，从客人在线预订或电话预订开始，酒店通过远程订房系统完成对房间的定时预留，并及时地为客人的特殊喜好做好准备，等候客人的入住。当客人到达酒店时，只需要在大堂出示身份证，就可立刻入住已预订好的房间。到达预订的房间前，用身份证或会员卡就可以打开电子门锁。当客人打开客房门时，走廊的廊灯会自动亮起。客人把卡插入取电开关，房间根据客人入住的时间，在晚间会实时地选择相应柔和的夜景模式。床头灯亮了，小台灯亮了，电视自动打开了，柔和的音乐响起，客人沐浴后，轻触床头的触摸开关，选择睡眠模式，走廊的小夜灯亮着，而其他灯随着客人睡眠则熄灭了。当客人愉快地结束住宿，在大堂刷一下会员卡，系统会自动在卡中扣除费用，客人在账单上签字确认后，就可离开酒店。

（三）绿色化

智慧酒店的绿色环保是其重要特征之一，也是酒店建设需要考虑的因素之一，可以通过以下几个方面实现。

（1）酒店的无纸化办公、环保办公用品的使用等，实现内部系统的绿色环保。

（2）减少酒店能源的无谓消耗。建立能源运行监测系统，对酒店电、热、水、暖、气等能源系统的运行状况进行实时监测；根据数据分析系统确知使用高峰和低谷，有针对性地提出节能降耗的改进方案。

（3）采用节能设备，降低能耗。例如，采用节能的LED照明系统、冰蓄水、地源热泵等新技术，从而降低能耗。

二、酒店智能管家

酒店智能管家系统是利用计算机控制、通信、管理等技术，基于客房内的控制器构成专用的网络，对酒店客房的安防系统、门禁系统、中央空调系统、智能灯光系统、服务系统、背景音乐系统等进行智能化管理与控制，实时反映客房状态、宾客需求、服务状况及设备情况等，协助酒店对客房设备及内部资源进行实时控制分析的综合服务管理控制系统。

拓展知识4-2：智慧酒店客房管家系统方案

同时也应该看到，酒店智能管家系统还处在发展初期，相关标准和实践经验比较缺失。酒店智能管家系统造价相对较高，对它的推广造成一定的影响。最后，需要指出的是，酒店智能管家系统与酒店装修、强弱电控制和客房设备管理又深度结合，由此导致后期的更换、维修难度较大，酒店选择系统时需要多加注意，只有选择成熟、稳定的产品，才能在酒店服务中起到良好的作用，否则将给酒店带来许多问题。

有关智慧酒店智能管家系统的主要功能等详见表4-2。

表 4-2 智慧酒店智能管家系统归纳

序号	主要功能	简要说明
1	Wi-Fi 无线覆盖	系统提供 Wi-Fi 无线覆盖功能,无线信号稳定,覆盖面广
2	请稍候及 SOS 紧急呼叫	卫生间自带 SOS 求救功能,客人遇到紧急情况,可及时呼叫后台监控中心,即时响应
3	采用弱电控制强电方式	布线采用 P-BUS 总线技术,一根网线可连接多个开关,节省强电负载线、线管和施工费;弱电控制强电,延长开关使用寿命
4	智能手机或移动终端	可使用手机或 iPad 等移动终端微信登录,控制房间灯光、空调、窗帘等设备
5	多功能请求服务	请勿打扰、请立即清理、请稍候、退房、SOS 等服务功能,通过客房内部连体面板功能键信号与门显自动对应,同时后台监控中心可以实时了解客房运行状态,提高服务效率
6	房态状态数据监控系统	可对房间的房态进行监控:可远程监测房间的客房门的开关、窗的开关、是否有人、空调运行状态、人员身份、电器等,所有在线设备运行自动检测
7	客房设备故障远程监测	通过系统软件可远程诊断 SOS、空调、通信等设备运行状态,如有故障,可报警
8	8 种灯光场景模式设定	系统预存开门、欢迎、会客、休闲、阅读、睡眠、外出、退房 8 种房态模式,房间内空调、灯光、窗帘等电器根据房态模式运行
9	卫生间红外控制	厕所红外探测,自动开/关厕所灯具和排风扇;探测无人时 4 小时开排风扇,15 分钟排除异味
10	智能起夜模式	采用特殊方向传感器,当客人起夜时,夜灯自动开启;客人上床,夜灯关闭
11	空调模式控制	空调可按设定时间段、上下限、强制等多种模式控制
12	走廊灯光控制	根据红外探测、光照度、时间段等数据,按一定算法智能控制走廊灯光
13	多功能智能门显	五合一门外显示,可显示酒店 LOGO、门牌号、请立即清理、请勿打扰、请稍候、电子门铃。客房如有人入住时,门牌显示蓝色;无人入住时门牌显示白色,减少客服人员操作失误
14	门磁超时报警	若开门时间超过系统设定时间,系统自动报警,提高客房安全性
15	酒店管理数据库	系统数据库可对房态、电气设备、工程人员、服务人员等数据进行存储,为酒店管理者定期提供有价值的参考数据,提高酒店入住率
16	与 PMS 软件联网	系统可与国内专业的酒店管理软件联网,可根据软件的数据自动改变房间的状态,给客人提供更快捷、更舒适、更人性化的服务

【任务训练】

通过本任务的学习和实践,了解酒店未来智能化发展趋势,熟悉酒店智能化发展的特点和优势,理解酒店智能管家通过哪些设备进行客房管理和控制。

任务准备	全班分组成立项目小组（以下简称各组），每组人数3—4人
任务要求	1.各组查阅资料，了解酒店智能大脑和智能管家的作用 2.各组搜索真实酒店案例，介绍酒店智能化发展现状，熟悉酒店智能管家系统，如灯光设备、门铃设备、照明设备等实际应用
任务成果	每组提交酒店智能化发展案例与介绍
评价方式	学生自评、互评与教师评价相结合，分组安排时，注意小组成员分工到位，每位成员都有一定任务

测试题

一、单选题

1.更改密码程序，属于（　　）。

A.前台接待库文件　　　　B.接待报表库文件

C.接待系统库文件　　　　D.餐饮报表库文件

2.通过酒店 ERP 系统、PMS 系统、QA 系统、自助登记/入住系统、客房自助服务系统、智能点餐系统等，为住客提供高效、人性的信息化服务，让住客得到充足、便捷的信息服务，这属于（　　）。

A.酒店 PMS 系统　　　　B.24 小时客控语音管家

C.酒店智能大脑　　　　　D.智慧酒店管理系统

3.利用计算机控制、通信、管理等技术，基于客房内的客房控制器构成专用的网络，对酒店客房的安防系统、门禁系统、中央空调系统、智能灯光系统、服务系统、背景音乐系统等进行智能化管理与控制的是（　　）。

A.酒店智能管家系统　　　B.酒店 PMS 系统

C.酒店智能大脑　　　　　D.24 小时客控语音管家

4.采用特殊方向传感器，当客人起夜时，夜灯自动开启，客人上床，夜灯关闭。这属于（　　）。

A.酒店智能管家系统　　　B.酒店 PMS 系统

C.酒店智能大脑　　　　　D.24 小时客控语音管家

二、判断题

1.智慧酒店管理系统是智慧酒店的主要支撑，包含无线智能酒店系统、订房信息系统以及射频识别技术的一卡通系统。（　　）

2.小程序还没有发布之前，都会有 3 次修改名称的机会。（　　）

3.PMS 系统的英语全称为 Property Management System，直译为物业管理系统。（　　）

4. 中国云 PMS 技术的开创者是杭州西湖软件有限公司。（ ）

5.24 小时客控语音管家通过对物联网技术的运用，结合人工智能的深度开发，为酒店客房打造出整套虚拟类人 AI 助理系统，以客房智慧电视为媒介，为每间客房配备一名专属虚拟管家。（ ）

6. 客房服务控制，可以控制客房内请勿打扰、清洁客房、洗衣服务、稍候等待服务。（ ）

7. 酒店 PMS 管理系统通常包括前台接待、前台收银、客房中心、经理财务、后台管理、接口模块、集团管理等。（ ）

8. OPERA 系统是德国 MICROS 公司产品，是针对一系列接待业服务形态的软件集合。（ ）

9. 微信小程序开发的工具一共有 3 个部分，分别是"编辑、调试、项目"。（ ）

10. 酒店 PMS 系统可以极大提高工作效率。快速、简捷的操作和直观界面可以实现快读入住退房服务。（ ）

11. 智慧营销系统主要包括预订系统、客户管理系统、收益管理系统与新媒体营销系统。（ ）

12. 酒店内部信息化管理系统，包括智能办公系统、智能节能系统、智能采购系统等，使酒店办公、物耗、能耗成本等降到最低，使用效率最高，以创造良好效益。（ ）

三、多选题

1. 酒店通信网络管理系统分为（ ）。

　A. 计算机网络　　　B. 语音通信系统　　　C. 酒店营销管理系统

　D. 多媒体商务会议智慧系统　　　E. CRM 系统

2. 酒店智能大脑一般具备（ ）特点。

　A. 智能化　　　B. 人性化　　　C. 节能环保

　D. 智慧化　　　E. 绿色低碳

四、问答题

1. 简述智慧酒店对酒店就业影响。

2. 简述酒店智慧点餐系统对消费者的影响。

3. 简述酒店智慧的发展前景。

4. 讨论国内外常见的酒店 PMS 系统成功案例并说明其优缺点。

五、案例分析题

深圳乐易住无人智慧酒店通过感知互联和智能响应，即通过自助机人脸识别、雷达传感器、门锁、显示屏、监控等设备，及时采集信息，再配合运营管理系统，完成以前需要人工操作的工作，如刷脸办理入住、人体活动感应控制灯光音量、手机退房等。值得一提的是，该酒店客房门锁不需刷房卡通过手机输入密码或者手机滑动指示开锁，创新性地将手机解锁方式应用于酒店开门场景中：打开房门那一刻又是智慧化的体验：电视、灯光、窗帘自动开启，空调调节到合适的温度等。此外，酒店还设置24小时在线客服为住客提供自助行李寄存服务，智能化服务贯穿整个住宿过程。

根据以上材料，结合所学知识回答下列问题。

1. 根据智慧酒店特色，介绍如何进行营销。
2. 随着酒店智慧化的发展和智能手机功能的进一步完善，讨论酒店还可以在哪些方面提升智慧化水平？

测试题答案4

项目五　旅游景区智慧化运营

项目导读

本项目对旅游景区的智慧化运营进行了系统介绍，即对景区智慧导览系统、景区门票及识别系统、景区智慧调度系统、景区视频融合、大数据及综合业务管控系统等方面进行了详细阐述。通过对本项目内容的学习，学生不仅会对目前旅游景区的主要智慧化运营系统有更加立体化的认知，而且在熟悉这些系统的概念内涵与应用基础上，还具备开展旅游景区的智慧化运营的初步技能。

 **学习目标**

素质目标
1. 培养对旅游行业发展趋势的敏锐性，提升对景区智慧化管理重要性的认识。
2. 增强创新意识和解决问题的能力，形成主动适应智慧旅游景区发展的积极态度。
3. 培养团队合作精神，提高沟通与协调能力，以适应旅游景区智慧化管理的需求。
4. 增强服务意识，提升游客满意度，树立良好的旅游行业形象。

知识目标
1. 了解智慧景区的基本概念。
2. 理解景区智慧导览系统的概念、组成及应用。
3. 掌握景区门票及识别系统的概念、组成及作用。
4. 了解景区智慧调度系统的概念和系统构成。
5. 熟悉景区视频融合、大数据及综合业务管控系统的概念。

能力目标
1. 能够熟练运用智慧旅游管理系统，进行景区运营、营销和客户服务。
2. 具备分析和解决旅游景区运营过程中出现问题的能力，提高景区管理水平。
3. 能够运用大数据分析技术，为景区发展规划和决策提供数据支持。
4. 掌握智慧旅游项目的策划与实施，提升旅游景区的整体竞争力。

价值引领案例5：
讲好中国故事

中国智慧景区提质升级——张家界"圈粉"海外游客

思维导图

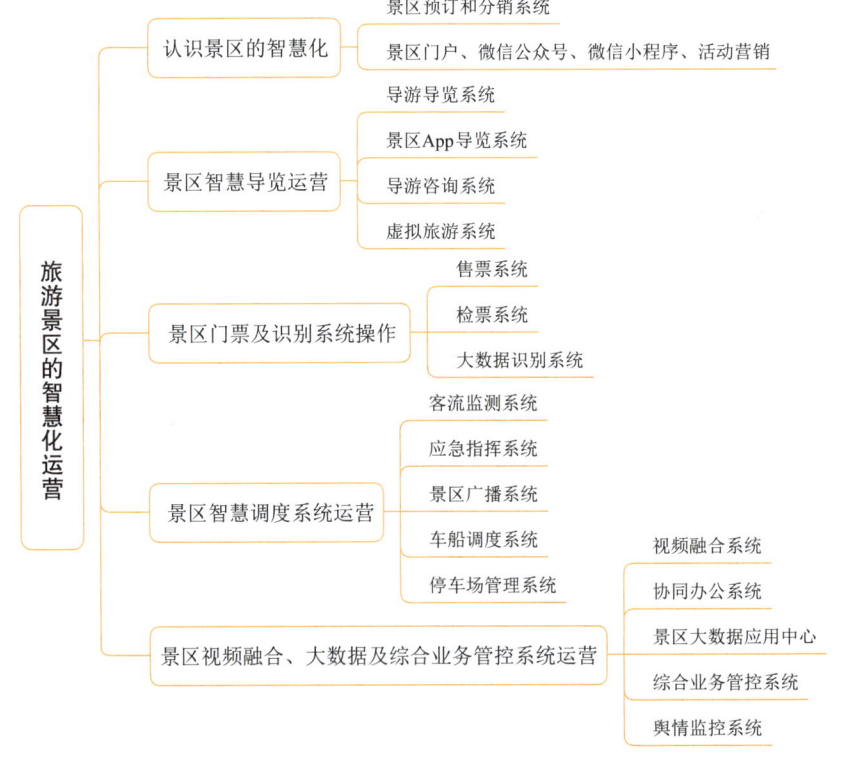

项目五 旅游景区智慧化运营

 任务一 认识景区的智慧化

【任务导入】

峨眉山景区的分销商开放平台

峨眉山景区是一处旅游胜地和佛教名山，它集自然风光与佛教文化于一体，是一个山岳型风景名胜区。作为我国四大佛教名山之一，峨眉山景区拥有复杂的票种，包括门票、索道票、观光车票等20多种。根据不同的游客类型，景区还提供不同的优惠政策。为了满足旅行社和OTA等分销商的需求，峨眉山景区推出了分销商开放平台。

通过这个平台，分销商可以轻松地通过电脑或手机快速出票，并且支持团体出票和为游客代买门票。这大大提高了分销商的工作效率，也为游客提供了更便利的购票方式。峨眉山景区分销商开放平台不仅提供了便捷的分销功能，还支持景区信息的查看和订单的查询。分销商可以在平台上进行财务管理，查看相关报表，了解销售情况和收益情况。此外，总分销商还可以在平台上创建子分销商，并进行代理商品的维护等操作。这些功能的提供，使得分销商能够更好地管理自己的业务，服务于游客。

四川峨眉山景区分销商开放平台不仅满足了基本的诉求，门票销售、OTA分销，还有收银、餐饮、酒店预订等功能，最终实现了统一销售、统一核销、财务报表的统一。

任务解析：从任务案例中可以看出，峨眉山景区分销商开放平台为旅行社和OTA等分销商提供了一个便捷的分销平台。通过这个平台，分销商可以快速开启多渠道分销，提高工作效率，为游客提供更便利的购票方式。同时，平台还提供了景区信息的查看和订单的查询功能，以及财务管理和代理商品维护等操作。峨眉山景区分销商开放平台的推出，将进一步促进旅游业的发展，提升用户体验。

请同学们阅读峨眉山景区分销商开放平台资料，思考以下问题。

1. 随着数字技术的发展，旅游景区有哪些方式可实现数字化升级？
2. 智慧旅游景区如何利用信息技术提高景区管理和服务品质？

智慧景区是指通过智能网络，对景区地理事物、自然资源、旅游者行为、景区工作人员行迹、景区基础设施和服务设施等进行全面、透彻、及时的感知，对游客、景区工作人员实现可视化管理，同旅游产业上下游企业形成战略联盟，实现景区环境、社会和经济的全面、协调和可持续发展。广义的"智慧景区"是指

拓展知识 5-1：旅游景区质量等级划分标准对于智慧旅游的要求

· 153 ·

科学管理理论同现代信息技术高度集成，实现人与自然和谐发展的低碳智能运营景区。它能够更有效地保护生态环境，为游客提供更优质的服务，为社会创造更大的价值。狭义的"智慧景区"是"数字景区"的完善和升级，是指能够实现可视化管理和智能化运营，能对环境、社会、经济三大方面进行更透彻的感知、更广泛的和更深入的互联互通的智能化景区。狭义的"智慧景区"强调技术因素，广义的"智慧景区"不仅强调技术因素，还强调管理因素。

一、景区预订和分销系统

（一）景区预订系统

视频5-1：景区预订和分销系统

旅游景区完善预约系统，通过即时通信工具、手机客户端、景区官网、电话预约等多种渠道推进分时旅游预约，从而引导游客错峰旅游。伴随着景区预约系统的落地，旅游前预订景点门票已经成为游客逐渐接受的一种新习惯。景区预订系统还可以解决游客来景区之前担心购票难、检票效率低、携带纸质门票不方便等问题。

景区预订系统具有如下功能。

1. 线上预订、购票，无须排队等待

游客可通过微信小程序和官网售票系统，随时查看景区当日剩余票量，避免到景区现场买不到票的尴尬局面，减少景区拥堵，提高通行效率，游客也无须排长队购票，提高了游玩体验。

2. 多种门票选择，满足不同游客需求

游客能购买多种门票，有团队票、优惠票、儿童票、单人票，线下人工售票操作烦琐，需要核对游客各种信息，效率低、易出错。通过门票预订系统，游客可随时随地选择自己想要的门票种类。

3. 电子门票，二维码有效防止假票

传统景区门票为普通手撕票，容易造假，而线上门票为电子二维码门票（也可自助机换取纸质二维码门票），可通过手机直接在智能闸机扫码验票，准确无误。

4. 根据景区游客流量，后台实时调整预约时间

旅游旺季游客流量的增加，造成游客体验差等问题，景区预订系统可根据景区接待能力实时调整售票时段和票量管理，既达到了分散客流的效果，还保护了景区的旅游资源。

（二）景区分销系统

景区分销系统，是针对线上平台分销电子票，线下终端核销电子票所设计的底层平台支持系统。通过对电子票的设定管理，提供给多个不同分销渠道对电子票进行分销，不同的终端渠道进行核销，实现对整个分销流程的全面控制与管理。

景区分销系统，是针对景区门票供应商、分销商的门票交易系统，方便景区快速将产品分销给下级旅行社，而景区独立掌握核心利益，自主管理，所有分销渠道、价格等由景区自行配置管理，实现门票快速分销。该系统具有为旅游门票供应商快速搭建电子门票分销渠道，提供分销商管理、门票分销检票、财务对账、报表统计等功能。

二、景区门户、微信公众号、微信小程序、活动营销

景区自媒体营销系统是利用社交网络、门户网站、互动信息屏及网站等网络形式，建立一个完全由自己控制的营销平台，这是景区智慧营销中最基本、最重要的建设内容。该系统充分利用新媒体传播特性，吸引游客主动参与旅游的传播和营销，并通过积累游客数据和旅游产品消费数据，实现智慧型的个性化营销和关系营销。同时，该系统还利用自有媒介或可控媒介，通过相关运作获得稳定的受众和潜在游客群体，以较低成本向目标客户群体推送旅游信息和旅游产品信息，逐步建立自有媒体资源和可控媒体渠道相结合的自媒体营销系统，实现基于移动互联网的智慧旅游营销。目前，在景区可用的新媒体营销主要包括景区门户、微信公众号、小程序、活动营销等。

（一）景区门户

景区门户是指景区以自身旅游资源为中心，在线为游客提供景区最新信息、景区介绍、电子地图、电子门票、虚拟旅游、线路设计等服务的模式。一般而言，采用该模式时，景区在网站设计上会突出自身的景观特色或文化特色，从而宣传和推广景区。例如，大华山旅游官方网站不仅提供最新公告通知、华山动态、吃喝玩乐、景区活动、景区介绍，还提供华山地图、优惠专区、电子门票等内容。景区门户网站通常应具有信息查询功能、推广营销功能、在线预订功能和线路规划功能。

拓展知识5-2：景区网站应包含的栏目

1. 信息查询功能

旅游者可以通过景区网站查询所需信息，如景区门票信息、酒店信息、景区某时间段的客流量信息等。例如，在太湖鼋头渚风景区网站上，旅游者

可以查询该景区在过去某段时间或某天的客流量。

2. 推广营销功能

景区网站会以视频、图片、文字等形式在线展示景区及其产品，使更多旅游者了解其景区。例如，大别山主峰景区网站，不仅展示了大别山景区的自然资源，如龙井峡瀑布群、别山湖，还展示了大别山的住宿和当地特产，如大别山庄度假村、白马尖山泉酒等，这对旅游者来说具有极大的吸引力。

3. 在线预订功能

景区网站具有在线预订功能，使旅游者能够通过微信、支付宝、信用卡、网上银行等方式在线订购景区门票、景区产品等。

4. 线路规划功能

景区网站包括景区的景点、门票价格、线路等内容，这使景区能够根据旅游者的需求，为旅游者提供个性化的旅游线路规划服务。

（二）微信公众号

微信是移动互联网发展下广泛的移动应用之一，是当前影响消费者信息收集、消费决策、消费实践的重要平台。微信公众平台（简称微信公众号）是微信的核心功能之一，自2012年上线以来，迅速成长为向组织或个体提供信息和服务的重要平台，也是众多旅游景区信息化建设及服务游客的重要载体。

微信公众号已越来越成为景区营销的得力工具，它方便游客在行程中轻松获取旅游信息，是移动服务的好帮手。通过景区微信公众号，景区可将各项信息第一时间推送到游客的手机上。它可以实现针对游客的定位服务，也可以实现个性化营销，更可以通过互动实现旅游心得的分享。后台人员可以分析游客的互动行为、分享行为及访问公众号的使用行为等信息，为景区的社交媒体营销提供相关决策依据。"泰山风景名胜区"微信公众号集电子导游、微信直播、VR全景、微信购票等多种功能，游客在手机上可以随时看到景区高清直播图像，同时享受免费的语音导游服务，还减少了排队购票环节，真正让游客体验到智慧泰山的便捷和魅力；"安徽天柱山"是安徽首家利用微信为游客服务的景区，景区工作人员实时在线与网友互动交流，解决网友关心的旅游问题；"马鞍山智慧旅游"微信公众号用生动的文字和精美的图片展示马鞍山旅游资讯、美景、美食、旅游攻略和旅游线路，助力旅游营销；绍兴市旅游集团对"绍兴古城"官方微信升级定制，开发导航导览、语音讲解、景区介绍、旅游攻略、互动游戏、电子商务等功能，为游客提供吃、住、行、游、购、娱一揽子服务。因此，景区微信公众号的开通在提高景区精准营销和增强游客互动体验方面均发挥了积极作用，并取得了良好的效果。

（三）微信小程序

微信小程序自 2017 年 1 月 9 日上线运营以来，很快以"体积轻量、接入简便、实时性强、灵活度高"为特点，凭借良好的用户体验渗透到各种场景中。2021 年上半年微信小程序的 DAU（Daily Active User，日活跃用户数量）就超 4.1 亿，依靠微信的海量用户资源和"即扫即用，无需下载"的优势，形成了生态爆发。将微信小程序应用于旅游景区的运营与管理，可以降低"互联网＋旅游"进入门槛，降低旅游企业推进"智慧旅游"的建设成本，有力促进旅游景区信息化发展。

视频 5-2：旅游景区微信小程序设计

微信小程序在智慧景区建设中的应用如下。

1. 建立景区专属微信小程序

景区建立自己的微信小程序，由公司独立把控和调节，可以根据景区实况自由开发设计，挖掘特色，实现小程序和景区特色的充分结合，有利于线上与线下的高度统一，并且可以利用微信的庞大用户量。相比借助美团、去哪儿、携程等平台推广，可以节省付给中间商的费用，能够更好地凸显景区运营特色。

2. 提供游客入景区前的智能服务

旅游景区可以通过在小程序中推出"智能刷脸入景区"和"智慧停车场"系列小程序，提升游客体验。简化游客入景区的步骤，增加趣味性，在智慧停车场上进行车位查询、线上缴费，使游客了解停车场动态信息并提前做好行程安排。将微信小程序应用于游客进入景区前的环节，可以节省游客时间，减少景区人力投入成本。

3. 提供景区 VR 智慧导览

旅游景区可以通过微信小程序对景区游览地图做进一步提升，如制作"景区 VR 手绘＋实景电子地图"，作为智慧导览，实时指引游客，导览中可自动定位游客位置，游客查询游览路线、了解景区整体样貌、浏览小景点的信息，一步到位。另外，设置中、英、韩、日等不同的语音讲解，以满足游客对导游讲解的需求。还可以在导览过程中变幻四季风光，让游客获得同地不同时间的感受，了解景区在四季中的别样美景，激起游客在其他时节游览的欲望，提高游客重游率，尤其是能够吸引对旅游淡季景区风光情有独钟的游客。

4. 利用微信小程序吸引回头客

在景区微信小程序中插入以景区 VR 为蓝本，涵盖白务线、寻宝、知识问答等相关环节的游戏，让游客在结束旅行之后，进入景区微信小程序，进行放松娱乐。景区还可以设置游戏通关积分，接入景区线上旅游纪念品商店，根据积分兑换景区特产或文创产品等。景区还可以通过微信小程序开展各类互动营销服务,例如,微信摇一摇,定时抽奖;免费领取景点门票;分享传播信息而获取优惠券或者消费折扣等。吸引景区回头客,提高景区影响力。

(四)活动营销

近两年来,旅游景区活动+营销时代崛起,给景区带来的品牌知名度效果显著。例如,江西武功山的帐篷节、张家界天门山高山索道走钢丝、张家界活动IP营销等,吸引大量游客,提升景区旅游的品牌知名度。

视频5-3:
旅游景区智慧化活动营销

图5-1 江西武功山上的帐篷节

1. 概念

景区活动营销,是指有计划地策划、组织、举办和利用具有新闻价值的景区外部发生型和景区内部策划型活动,进行营销组合,运用新闻公关,进行正面宣传,吸引现实和潜在的旅游者的注意和兴趣,以达到丰富景区现有旅游产品、扩大产品销售、增加景区收入和提升景区知名度与美誉度的一种现代营销手段。

2. 操作思路

旅游景区是否应该对某一活动实行营销,不但要看景区本身的能力和素质,还要看这一活动本身有没有营销的价值,所以有必要对活动进行有效的分类。根据活动发生的属性来分,可以把活动分为外部发生型和内部策划型两种。

(1)外部发生型活动。此类活动有以下几个特点:第一,景区对活动的发生与否,一般没有直接的影响作用;第二,景区对活动在潜在发生期的信息,敏感度相对较弱;第三,外部发生型的活动更能考验一个景区的综合实力,因为对有些活动来说,主要看景区能否抓住发展和转折的机会,在机遇或困境中谋取更大的发展或转折。根据外部活动对旅游景区所造成的影响，可以把其分为积极的外部发生型活动和消极的外部发生型活动两种。积极的外部发生型活动会对景区产生积极的作用和影响，例如，2008年北京奥运会、2010年上海世博会、2022年北京—张家口冬奥会等活动，都会对活动所在的区域的旅游景区产生很强的积极效应。而消极的外部发生型活动会对景区的发展产生负面的作用，会阻碍景区的健康发展，如SARS疫情的暴发，景区在这个时期一定要迅速果断地采取有效的危机管理，以扭转不利局面。

（2）内部策划型活动。此类活动的发生是与景区紧密联系在一起的，景区的运营主体直接参与整个活动的策划与实施，对整个活动的发生情况起着决定性的影响。

一般来说，内部策划型活动有以下几个特点：第一，内部策划型活动对景区有着直接营销的价值，对活动能否在景区发生或者能否在景区的预期范围内发生有着重要的影响作用；第二，景区内部可能会出现危机管理活动；第三，外部发生型的活动在经过景区有效的组织管理后，随着时间的推进，可以转化为景区直接营销的内部策划型活动。其实，在景区众多可以营销的活动当中，基本上其初始阶段是外部发生型的活动，但经过景区对其信息的捕捉和实行有效的营销活动后，外部发生型活动就可以转化为对景区有直接营销价值的内部策划型活动。

根据活动可以转化以及其他的一些特点，可以把社会上经常发生的对景区有营销价值的活动分为以下八大类：①政治类活动，如就职典礼、授职/授勋仪式、贵宾观礼等；②文化庆典类活动，如节庆、狂欢节、宗教活动、大型展演、历史纪念活动等；③文娱类活动，如音乐会、其他表演、授奖仪式等；④商贸会展类活动，如展销会、交易会、博览会、会议、广告促销、募捐/筹资活动等；⑤体育赛事类活动，如职业比赛与业余竞赛等；⑥教育科学类活动，如研讨班、专题学术会议、学术研讨会、教科发布会等；⑦休闲类活动，如游戏、趣味体育、娱乐活动等；⑧私人类活动，如个人庆典、周年纪念、家庭聚会、舞会、同学/友谊联欢会等。

3. 活动营销优势

（1）提高景区知名度。在旅游景区进行活动营销的过程中，通过广播、电视、报纸、刊物、通讯社、互联网等新闻媒体的宣传，中外客商亲自到现场考察、洽谈贸易、进行经济文化交流与合作，必然会提高景区知名度。

（2）强化景区的品牌形象。通过活动营销，把旅游景区宣传成一个充满各种迷人故事的地方，可树立地方友好、文化多样或激动人心的主题，或通过大型焦点活动来吸引公众传播媒介，产生某种光环效应。

（3）形成新的旅游旺季。受景区资源等因素的影响，旅游者客流的流向、流量会集中于一年中相对较短的时段，从而形成旅游旺季。进行活动营销，受资源等因素的影响较小，旅游景区可以选择恰当的时段，针对合适的客源需求，策划大型旅游活动，如节庆活动、展示会、博览会、艺术节、纪念日等，形成新的旅游吸引力，形成旅游景区新的旺季，弥补旅游淡季的经济损失。

（4）现实操作状况。在各景区发展过程中，更多地将营销狭义地视为策划节庆活动，对景区外部发生的事情少有关注，营销策划的力度还不够，且缺乏新意。

活动营销中应该利用新闻传播的权威性、公正性、客观性和及时性，多角度地提升旅游景区的品牌美誉度，以增加旅游者的回头率。需要注意的是，旅游景区在进行活动营销的过程中要善始善终，尤其是要做好收尾工作，使得旅游景区能够通过多次的活动营销获得长期关注的效应。

【任务训练】

通过本任务的学习，学生应了解智慧景区的概念，理解景区预订和分销系统及景区自媒体营销系统的概念和应用，以激发学生对智慧景区运营的学习兴趣。

任务准备	全班分小组搜索关于景区智慧化运营的相关案例
任务要求	1. 各组讨论确定选择景区智慧化运营的案例 2. 各组搜索国内景区智慧化的案例，应选用智慧化程度较高、运营较为成熟的国内典型景区案例 3. 对选用案例进行分析，内容包括景区预订及分销系统的功能和优势
任务成果	每组提交案例分析汇报 PPT
评价方式	学生自评、教师评价及第三方平台评价相结合。小组分工时，应保证每位成员都承担相应项目任务

 任务二　景区智慧导览运营

【任务导入】

"数智景区"成为乌镇金名片

线上购票、线下核销，动动手指就能实现快速入园；在站点扫描二维码，平台可以立刻调动附近车辆接送；地图上搜索乌镇，票务、演出等信息一目了然，游玩效率显著提高……近年来，浙江乌镇古镇旅游区积极推进旅游区智慧化建设，探索科技手段与旅游区管理、服务、运营等方面的深度融合，取得良好成效。如今，科技已经融入旅游区的方方面面，新技术、新业态、新模式、新体验等不断涌现，"数智景区"正成为乌镇招徕游客的"金名片"。旅游区也入选了2023年国家旅游科技示范园区名单。

乌镇拥有1300多年的历史，区域内街道、水道纵横交错，古建筑、景点散落分布，过去时常出现游客迷路、走错路等情况。为提供更准确的导览服务，乌镇古镇旅游区与阿里巴巴、高德地图等服务商达成深度合作，共同打造无纸化景区导览出游方式。游客只需要打开"乌镇旅游服务"小程序，即可在乌镇景区内实现精准步行导航、一键找点位、语音导览、获取活动实时信息等功能。

同时，旅游区还建立了"乌镇管家"联动中心，打造乌镇民情服务平台和智能物联网平台，将景观灯、消防栓、垃圾桶等信息全部集成到一张数据网上。通过这张数据网，旅游区管理人员可更加精准地进行管理和调度。高仿真机器人"青芸"与数字宠物"青团"还能为游客亲切介绍乌镇深厚的历史底蕴和独特的美食文化。

从旅游区无线信号全覆盖，到世界互联网大会永久落户乌镇，再到乌镇大数据高新技术产业园区建设落地，乌镇古镇旅游区科技与旅游融合不断深化。

任务解析： 通过融入现代科技，乌镇景区不仅传承了古镇传统风味，还借助科技手段，为游客提供从预订到游玩再到离园的全程无忧体验，游客可畅享旅游区提供的吃住行游购娱一站式服务。乌镇古镇旅游区将大数据、人工智能、物联网等科技手段融入日常运维工作中，进一步提升旅游区的竞争力和可持续发展能力。

请同学们阅读乌镇"数智景区"资料，思考以下问题。

1. 总结一下乌镇景区无纸化景区导览新模式。
2. 如何让游客与数智设施设备的互动体验更加丰富、有趣、现代化？

智慧景区导览系统是智慧景区的重要组成部分之一，其主要的核心功能是导览功能，包括定位功能、地图浏览、导航功能、景区讲解等。为了响应国家智慧景区建设，全国各大知名景区都相应地开发了独立的景区导览系统。其中，有代表性的景区独立导览系统为故宫博物院、乌镇旅游、掌上西湖等。

一、导游导览系统

导游导览系统是指采用RFID技术，由主控模块、音频处理模块、显示模块、键盘模块、RF模块、电源管理模块和智能电子识别标签等组成的智能系统。旅游者可使用智能导览机或二维码导览等满足自助导览的需求，从而获得景区的相关信息，实现自行游览、随意参观，并随时收听相关景点的语音介绍。例如，在雁荡山景区，旅游者只需要用手机扫描雁荡山公众号的二维码并关注该公众号，就可以收听有关景区景点的语音介绍。

导游导览系统主要有以下特点。

（1）不受游览线路的限制，旅游者走到任何一处安装了智能标识的景点，智能导览机都会自动讲解。

（2）可以自动感应、自动提示道路的走向。

（3）采用自动播放和按键点播双模式，既实现了自动化播放，又充分体现了人性化、个性化。

（4）在播放语音解说的同时，能同步显示相关内容的主题和播放时间。

【拓展知识 5-1】

中国国家博物馆导览系统

来国博，看中国。

中国国家博物馆 App 和微信小程序为游客现场自助参观、线上云游国博提供各类信息及服务，享受中国国家博物馆专业的展览讲解服务，与此同时，它还是游客互动体验活动的平台、获取馆内服务信息的渠道，让海内外游客的国博之行更具知识性、趣味性和交互性。

中国国家博物馆智能导览系统推出游览路线导航与自动讲解结合的创新导游服务，为游客提供最优的游览规划，可以查看游览路线如"推荐路线""经典路线"等。游客可以在地图中查看游览路线全貌，底部查看路线信息。游客开启"智能导览"模式后，在导览模式下指引前进方向。自动讲解服务开启后，根据用户所在位置，触发基于位置和场景的人性化语音导游服务，自动播放该范围内的展品语音介绍信息，提高参观体验。此外，游客行为数据收集及数据分析也能为博物馆展陈设计、展品布置、观众引导和共性事件处理提供决策支持。

二、景区 App 导览系统

景区导览 App 是以 App 为载体，展示旅游导览信息的移动应用。现在，人们的生活、工作都离不开智能手机，以智能手机为载体而开发的智慧旅游导览系统 App 在旅游市场中会占有一席之地。导览以 App 为载体决定了它的使用群体是以拥有手机为主的游客，而游客与导览 App 在交互过程中产生的认知和体验决定了导览 App 必须具有沉浸感，才能得到游客的青睐。因此，必须根据游客需求对导览 App 进行设计。景区 App 导览系统在智慧景区已成为服务的好帮手，例如，著名的法国卢浮宫开发的"卢浮宫 HD"，又如，纽约大都会艺术博物馆的 App"The Met"、故宫博物院的"故宫展览"App 等。

目前，景区导览系统服务商中，以北京小泥人、驴迹科技、广州三毛三家企业为国内景区导览 App 的典型代表。

三、导游咨询系统

导游咨询系统可以实现景区内全部景点的信息化录入、浏览、查询和管理等，为景区信息化建设服务。目前，导游咨询系统多使用于全国的 3A 级以上的景点中。导游咨询系统包括地图查询功能、信息查询功能、最短路径查询功能、系统管理功能等模块。

1. 地图查询功能

利用本功能模块，游客可以根据自己的需要对景区平面电子地图进行全幅显示、全图的放大和缩小、局部图的放大和缩小、随意拖动地图、图层控制等。在地图查询功能模块中，不仅提供对电子地图的浏览，还支持游客对地图中标识景点的关键字进行查询，方便用户有针对性地查找目的地。

2. 信息查询功能

游客确定地图上感兴趣的景点后，可以查询平面图中所显示景点的相关信息（主要是景点的简单介绍），同时还可以查询所列景点的详细信息，进一步了解该景点的情况。

3. 最短路径查询功能

游客通过终端可询问从某一景点到另一景点的最短路程，同时该系统还可以提供最短路程的相关数据，以便游客安排旅游时间和选择路线。例如，景点的详细介绍，与目的地景点距离等详细信息。

4. 系统管理功能

由于景区会进行修建或扩建，为了更准确地反映景区景点，该系统提供了后台数据库管理——可以对景点做删除和增加，同时还可以对景点的各种信息进行处理。

四、虚拟旅游系统

（一）虚拟旅游的概念

虚拟旅游，是指建立在现实旅游景观基础上，通过模拟或超现实景观，构建一个虚拟旅游环境，使得参与虚拟旅游的旅游者能够进行逼真的虚拟旅游活动。

虚拟旅游虽然不能完全代替实地旅游，但是随着技术的提高，会越来越接近实地旅游。游览者可以在虚拟旅游景观中感受鸟语花香、欣赏风光美景，并感觉身临其境、与游客交谈。相比实地旅游，虚拟旅游或许会多一分情趣。

例如，游客通过旅游网站，在网络导游的带领下，可以看到斯德哥尔摩市政厅、隆德大教堂，还可以游览意大利米兰大教堂广场，参观法国巴黎的万神庙，还可以参观英国伦敦的大英博物馆，还可以游览日内瓦湖，参观瑞士苏黎世歌剧院……在虚拟旅游中，游客可以对景点进行360°欣赏，还能以点击鼠标的方式让网络中的自己在景点前拍照留念，整个过程不需要花一分钱。

虚拟旅游不仅可以游览景点，还能够扮演角色。例如，北京故宫博物院曾与IBM公司合作推出了"超越时空"虚拟旅游项目。他们利用3D技术，为游客在网上打造了一个虚拟游览紫禁城的环境。游客参观虚拟的紫禁城时，可以以自己喜欢的身份进行游览，比如，公主、将军、侍卫等，感受穿越时空的历史文化。游客每到一处，系统都会对重要的文物或建筑加以说明，游客还能查看文物的细部特征，对感兴趣的场景和物品进行拍照留念。

（二）虚拟旅游景区系统设计

开发虚拟旅游景区系统，首先，需要采集信息，可参考景区平面图或单体建筑物照片，力求弄清景区内地形地貌和各建筑物名称、外形等，确保制作数据准确无误。接下来，根据整理得到的资料在 Photoshop 中制作各类素材图片，为控制好容量大小，根据比例确定其尺寸、周边环境及分布情况。再利用 3DS MAX 或 AutoCAD 进行烘培贴图和单体建模，模型构建完成之后，可以开始虚拟场景的搭建。需要注意的是，为便于随时进行修改，应先从构建景区地形和道路等大环境入手，构建有代表性景观建筑和细节部分。然后，再将整个虚拟场景模型转化成 .nmo 文件并导入 Virtools 软件中，通过不断优化模型、优化贴图，反复调整脚本设计，以增减交互式行为模块等方式获得最佳用户体验，最后添加背景音乐和环境音效，更新场景相关信息链接并进行测试发布。

为提高系统的趣味性，可以参照游戏的做法，在漫游过程中加入一个人物角色，供用户进行操作，用户不仅可以通过键盘、鼠标控制该人物角色做出行走、跑动、等待、跳跃等多个动作，而且还可以与景区内各物体进行互动。同时为了降低操作难度，在虚拟景区路线设计上可分为固定路线和自由路线两种，目的是让用户不仅能对景区主干道进行全方位的了解，还能对沿途每座建筑进行单体浏览。总之，虚拟景区系统设计要求提供给用户最大的控制权限，能从任意角度观察场景中的虚拟对象，以自然的方式在该虚拟空间中进行互动，通过漫游充分了解整个景区，从而产生身临其境的真实感觉。

（三）基于三维建模的虚拟现实系统

利用三维建模的虚拟现实系统，对景区进行浏览，是虚拟现实新应用。它是一个基于真实景区的实时仿真虚拟空间，用户借助必要的计算机设备在该虚拟空间中漫游，从任意角度对环境中的虚拟对象进行观察，从而产生身临其境的感觉，同时还可以对其中的物体进行互动和操作。基于三维建模的虚拟现实系统是虚拟现实技术在旅游业的综合应用，具有广阔的发展前景。

当前，根据三维场景生成手段的不同，虚拟现实技术分为两种：一种是以图像为基础的虚拟现实技术，另一种是以几何建模为基础的虚拟现实技术。前者在反映景观的真实性上具有一定的优势，后者则需要有大量的计算机计算过程，因此，对于计算机的要求相对较高。

视频5-4：基于三维建模的景区虚拟现实系统设计

1. 以图像为基础的虚拟现实技术

该技术是通过照片或实景视频等实景图像，构造出三维空间内的虚拟景象。此技术能够快速地呈现图像信息，且具备逼真的效果。这是由于在制作过程中，构造了视点空间。视点空间是指使用者在某个点观察到的球形空间，它是根据不同的焦距呈现出的全景图像，能够从细节上呈现出不同的场景。旅游者可以选择俯视、仰视等多种观看角度，不仅能够看到现场的景观，还能看到当地景观的俯视图、环视图。这一技术不仅适用于大型博物馆，对自然景观、古典园林也同样适用，只要能够保证基础的图像具有高标准的精度，就能够保证虚拟景观的效果。

【拓展知识5-2】

基于图像的天安门广场虚拟现实技术

以天安门广场为例，大致讲述虚拟现实技术过程。

（1）拍摄图片。在天安门广场上选取某一点（视野相对开阔，包含景点较多），使用像素比较高（能够保证图像的精度）的相机，从六个方向进行拍摄。照片共有六张，方向分别为上、下、左、右、前、后。

（2）组合图像。经过计算机编程，将六张照片组合成一张大图像，通过电脑可以从大图像中找出多个方向，可以产生走近、走远的感觉，因此，达到置身实景的感觉。

（3）拼接图像。将照片生成大图像的目的是将不同照片中的重叠部分删除。此过程需要手工工作和自动工作结合进行。手工的工作主要是通过肉眼观察，拖动鼠标来实现，重叠的部分设置为透明显示。自动工作部分主要是通过程序实现，利用 Regulation 算法进行匹配和融合相互重叠的图像。

2. 以几何建模为基础的虚拟现实技术

以几何建模为基础的虚拟现实技术是以三维几何为依据的一种设计技术。与以图像为基础的虚拟现实技术相比，它的灵活性更强。而在实际应用过程中，往往需要二者的结合，以满足不同的需求。比如，虚拟旅游系统中的漫步作用，要求有逼真的视觉效果，给人以强烈的视觉冲击。

【拓展知识 5-3】

基于虚拟现实技术的故宫景观再现

故宫的景观再现所涉及的数据种类比较多，其中包括地理坐标（古代院落的地理位置）、空间数据（院落的几何尺寸）、文字数据（院落的历史背景）、音频数据（导游解说）等多种数据。

（1）将 Google Earth 作为获取故宫地理坐标的工具，使用 GPS 卫星定位关键位置的坐标，利用 Arc gis 软件对数据进行处理，从而确定故宫准确的位置，为后期导航图提供依据。

（2）实地考察。对故宫内现有的建筑群进行测量，并请教相关的历史学家以及古建筑专家，参考历史资料，计算出故宫内的建筑物的几何尺寸。

（3）利用 Photoshop 软件对现实存在的建筑群进行处理，以便与虚拟的建筑群进行结合，并对音频等数据进行处理，目的是让图像与声音同步。

【案例 5-1】

基于虚拟现实技术，重现圆明园光辉历史

圆明园是中国古典园林的集大成之作，曾是多国园林效仿的对象。然而，它现已成为一座遗址公园，人们对它的了解，只能局限于历史档案的记载，但所有的语言似乎都显得苍白无力。

小 Q 前几日看到宣传，说我国开发的圆明园结合 VR（Virtual Reality）虚

拟现实互动设备的"走进圆明园的未来"科技体验展发布会在香港举行，于是，迫不及待地前去体验。

当一些人认为应该保持圆明园的残破原貌，以铭记鸦片战争这一国仇家恨时，这个展览却一反常态地将圆明园的精美、富丽堂皇及中国历史文化的深厚底蕴，以艺术科技、数字动画的方式，运用媒体科技加入娱乐元素，赋予圆明园前所未有的崭新生命力。

图 5-2　圆明园

小 Q 在科技展上进行了零距离、高互动性的 VR 虚拟现实体验，可以亲手打造"海晏堂"和"十二兽首"。中国第一座喷泉"海宴堂"及"十二兽首"的历史遗迹，通过小 Q 的双手重建，栩栩如生的喷泉即刻启动并再现眼前。除了 VR 虚拟现实互动体验外，还有一个专区，让小 Q 成为"皇上"或"皇后"不再是梦想。

科技艺术创作让原本遥不可及的历史遗迹、文物或艺术品，变得平易近人，有趣又兼具娱乐性，让高价或高档的艺术品近在咫尺。游客可以对展馆墙上的艺术品进行超近距离体验，感受艺术之美。

小 Q 还听说，梁思成先生的学生，清华大学建筑学院郭黛姮教授花费将近 20 年时间，研究如何利用虚拟现实技术重现圆明园的光辉历史。10000 余件历史档案、4000 多幅复原设计图纸、2000 余座数字建筑模型、6 段历史分期中的约 120 组时空单元，让圆明园这座"万园之园"穿越时空，再次展现在大家面前。

现在，我们已经有了基于虚拟现实的圆明园移动导览系统和圆明园虚拟游园系统，系统集海量数据、定位、导航、位置识别、音频讲解等于一体，可实现高清沉浸式体验。通过虚拟游园系统，游客仿佛置身殿前，在雕梁画栋的殿内，帝王仿佛正与大臣商讨朝政。

对于圆明园的信息化研究探索，专家们正围绕全新的数字技术概念，推进"混合现实"和"感映现实"两个创新项目，使虚拟场景进一步混合在现实空间中，让游客具有身临其境之感。同时利用多媒体技术，营造出具有极高艺术观赏性和感染力的体验式空间，充分调动游客的感官，从而激发游客对展示主题的情感共鸣。

案例思考：虚拟旅游能否代替现实旅游？

【任务训练】

通过本任务的学习，学生应理解景区智慧导览系统的概念、组成及应用。

任务准备	全班各小组完成某智慧景区的智能导览、虚拟游览的平台体验报告
任务要求	1. 各组在高德地图或者百度地图 App 上体验你所在城市或者地区某已经去的景区智慧导览，包括导游导览系统、景区 App 导览系统、导游咨询系统、虚拟旅游系统，通过网络平台体验虚拟景区游览 2. 各组汇报小组任务完成情况，以 PPT 的方式展示任务成果
任务成果	每组进行智能导览及虚拟游览平台体验汇报
评价方式	学生自评、互评与教师评价相结合，通过第三方平台后台数据进行评价。分组安排时，重点关注小组成员分工，保证每位成员都承担相应项目任务

任务三　景区门票及识别系统操作

【任务导入】

无锡鼋头渚景区实现景区门票"无纸化"

2024 年，无锡鼋头渚景区推动门票电子化，逐步取消纸质门票。游客可通过官网、微信公众号、抖音、自动售票机等平台购买电子门票，直接扫码入园，从源头减少纸质门票废弃物产生，提升景区管理和服务信息化水平。

随着大数据、云计算、物联网等前沿技术的广泛应用和新型智慧城市的有序建设，景区数字化转型升级势在必行。鼋头渚景区运用科技手段简化入园流程，目前线上购票的个人游客采用持身份证刷证入园，而团队客人执行"一票多人"制，最大程度减少纸质门票的使用。

1. 推行电子门票——扫码购、线上购

鼋头渚景区自主开发"无锡太湖鼋头渚"小程序，游客可通过鼋头渚官网、官方小程序、官方抖音及 OTA 平台购买门票，在入园时持身份证在检票闸机扫码检票，即可快速入园。

2. 鼋头渚景区执行"一票多人"的出票方式

旅行社团体票执行"一票多人",购票时由导游统一购买团队所有成员门票,避免了所有人扎堆排队购票的情况。成功购票后可进行一张票多人检票入园,在景区入口检票闸机处一票扫码后,所有团体游客推杆即可快速通行。一张票管理团队所有成员,简化了景区售票和检票的工作量,减少了纸质票使用,提高了景区和团队导游的工作效率,实现快速检票通行。

3. 鼋头渚年卡园林一卡通的使用

游客购买鼋头渚年卡园林一卡通后,可在开卡后的一年内凭年卡园林一卡通无限次入园。游客入园时仅需在闸机刷卡或手机绑定的二维码即可入园,这个过程只有2—3秒,可有效避免排队聚集情况,既环保又快速。

任务解析: 在快速发展的数字时代,景区电子门票系统正在彻底改变游客的入园体验。这一系统利用现代信息技术,特别是互联网、移动支付和智能设备,实现了门票在线预约、购票和取票的全新功能,为游客提供了前所未有的便利。

请同学们阅读无锡鼋头渚景区实现景区门票"无纸化"资料,思考以下问题。

1. 总结一下电子门票系统在售票、检票方面的优势。

2. 电子门票系统为景区管理者提供了宝贵的数据分析来源,请讨论应当如何使用这些数据来优化资源配置和市场策略?

3. 电子门票系统如何更好实现可持续发展的理念?

景区门票及识别系统可替代景区原有的人工检票模式,自动识别检票和放行,从而降低人工检票的工作量,提高工作效率;还可杜绝假票,并快速、准确地统计每时段进入景区的游客量。景区门票及识别系统有助于景区控制客流量,更好地保护景区的生态环境。

景区门票及识别系统具有统计和监控进出景区客流量的重要功能,是集电子售票、检票管理、数据实时统计分析于一体的信息化管理系统。它把粗放、静态的人工票务管理变成了精细、动态的数字管理,不仅大大方便了游客,而且减少了景区管理的盲目性,降低了管理成本,使景区管理更加精细化、决策更加科学化。

一、售票系统

智慧景区的电子门票能够支持购买散客票、团体票、会员票、临时票和导游票等,同时能够进行门票查询、门票挂失和退票、退款等操作。这大大提升了旅客购票的速度,缩短了游客在景区排队买票的等待时间。景区售票系统平台主要包括售票系统

视频5-5:
景区售票系统

信息数据化、业务管理信息化、游客服务个性化。

1. 售票系统信息数据化

（1）信息收集。景区的售票系统具有收集游客原始信息的功能，景区入口处设立闸机检票，检票设备可识别二维码、IC 卡和二代身份证。当游客在过闸机刷身份证时，系统会收集到身份证上的信息，并传输到系统数据库，以备大数据分析。

（2）线上门票和纸质换票。持有二代身份证的游客可直接刷身份证进入景区，不需要再换取或者预订纸质门票。对于没有携带身份证而有其他证件，如护照、军人证、老人证等系统检票设备不能直接识别的证件，可引导游客到售票处证件扫描仪上进行登记，换取一张二维码纸质门票。另外，对于没有携带任何证件的游客，可用智能手机关注其微信公众号，之后在微信里面登记其身份证号码或者手机号码，录入登记后可直接微信支付，并领取一张纸质门票进入景区，从而成功收集游客资料信息。

2. 业务管理信息化

（1）客流监测。智慧票务管理系统可依据智能闸机通道和智能双目客流监控摄像头，实时采集进出景区的客流人数，并以丰富的图形样式，通过电视大屏、LED 显示屏等在游客中心或验票入口处将入景区客流、每月接待游客数量和往年接待游客数量进行展示，让游客更清晰地了解当前景区内的人数和历史游览人数。根据入景区客流量绘制实时高峰客流曲线图，当景区内客流量达到预设域值时，闸机智能通道将自动暂停检票入馆；客流下降到预设域值以下时，自动恢复检票。同时通过预约数据可对未来一段时间内游览客流进行预测。

（2）数据分析。智慧票务系统可对实名录入的证件信息进行有效管理和统计，对游客的年龄阶层、性别、地域来源等进行分析和统计，每天自动生成实时预约数据报表、客流数据报表、观众信息报表、讲解统计报表、营业收款统计报表、检票入园人数数据统计报表等。管理者可在 PC 端和手机微信公众号中随时查看相关数据。该系统支持 PC 端、移动端浏览，能实时查看当日人数、当月人数、年度人数、全部人数、各渠道购票、年度同期对比等数据，适用于管理者对日常数据的监管。移动端可采用微信公众号绑定系统账号的方式，实现公众号分角色功能授权，绑定成功后可免登录，快速进入系统。

（3）门票管理。随着移动互联网的迅猛发展，景区的门票已逐渐向科技化、电子化过渡。智慧票务系统从门票的入库、发放、领用、销售、退回到作废、库存查询，可提供一个清晰完整的管理流程，使门票管理不再混乱。

（4）支付管理。移动互联的发展已逐渐改变了人们的支付习惯，人们已逐渐转向移动支付。智慧票务管理系统集成了微信支付和支付宝支付功能。智慧票务管理系统支持与第三方聚合支付系统数据对接互通，游客在支付时出示付款码，收银员扫描游客手机付款码，自动收取相应金额票款，无须游客输入支付金额。退款发生时，自动退回游客支付账户。

3. 游客服务个性化

（1）多渠道售票。微信和 OTA 平台数据互通后，窗口可实时同步线上购票数据，支持游客到窗口取票。通过窗口售票、售票机自助购票、微信线上购票等多种售票方式的结合，游客可凭门票或手机二维码直接扫码进入景区，大大提高了工作效率，提升了景区场馆的管理形象。

（2）科学管理预约。游客可通过现场窗口、自助机、微信公众号、官方网站预约参观。游客根据自己的时间选择参观时间段场次、参观人数，录入身份证信息后提交预约。预约成功后，游客凭手机收到的电子二维码或者登记的二代身份证，在预订的时段，前往景区检票通道处扫电子码或者刷二代身份证检票进入。

二、检票系统

在电子检票方面，智慧景区主要通过检票闸机、无线手持检票设备、无障碍检票机等进行检票，支持纸质条形码、二维码门票、RFID 门票、二代身份证等，实现对游客门票的有效性检验。这不仅加快了游客进入景区的速度，还提高了景区人员的工作效率。

在景区发展初期，并未出现太多的智能化产品，景区门票都是最简单的纸质门票模式，以人工的方式检票，游客进入景区后检票人员将门票收回。后来，为了满足游客纸质票留念的需要，景区将门票设计为两部分，检票时票根则留给游客保存。

随着科技的发展和消费水平的提高，旅游市场迅速扩大，各种类型的景区相继开放。传统的检票模式已经不能满足日益增多的客流量和游客的消费需求，这推动了景区检票系统的改进、升级。

目前，常见的检票方式为：二维码纸质门票＋景区检票闸机/手持检票机，电子二维码＋景区检票闸机/手持检票机，IC 卡＋景区检票闸机/手持检票机等。上述检票系统能满足绝大部分中小型景区的检票需求，节省检票成本，提高检票效率。但检票系统需要搭配景区票务系统一起使用，游客在售票系统上购票之后，自动生成二维码。检票时，游客只需出示二维码，在闸机处完成扫描或在手持验票机上扫票即可。

近年来，人脸识别技术同样促进了检票系统的发展，检票闸机配备人脸识别设备，游客购票后只需刷脸即可完成检票，有效提升了景区的安全性。

现在，随着移动支付技术的发展，衍生出了一种便捷的无票入园方式，直接出示微信、支付宝付款码在闸机二维码扫描口处扫描，直接扣除门票费用，即可完成开闸入景区。

三、大数据识别系统

（一）门禁系统和电子门票

很多景区早已建成了景区门禁系统，也有不少景区进行了电子门票的尝试，但很多门禁系统只是发挥了电子闸机的作用，电子门票也仅仅是门票载体发生了变化。智慧景区建设要充分发挥门禁系统和电子门票的作用，并发挥以下功能作用。

1. 实现电子门票感知功能

门票不再只是一个进入景区的凭证，而是景区发给游客的感知设备。

游客在青城山—都江堰景区购买景区门票时，能领到一张游客感知卡，通过此卡，游客不管走到哪里，景区综合指挥平台都能对其进行快速定位。该卡具备自动语音导游、电子标签、电子商务应用和应急求助等游客增值服务功能。通过景区各个点位的感应器，根据游客的线路为游客进行自助语音导游。当游客迷路或是遇到山体滑坡等紧急情况时，只要按下卡片上的求助电话，景区综合指挥平台就能在第一时间组织人员对游客进行帮助。

2. 景区门票的虚拟化

作为打造智慧景区的举措之一，杭州西湖景区"门禁系统信息化"已经进入方案设计阶段。在不久的将来，"智慧门卡"将在西湖景区大多数收费公园统一使用，以取代之前的纸质门票。杭州动物园、植物园、灵隐飞来峰、郭庄、岳庙、黄龙洞、钱王祠、三潭印月、六和塔等收费景点都将使用"智慧门卡"。"智慧门卡"的应用不仅局限于一张小小的电子卡，身份证、市民卡或手机都可以成为"智慧门卡"的载体。

3. 无缝对接电子商务

"智慧门卡"还要实现电子商务系统与局域网售检票系统的无缝对接，在家里就可以打印门票。另外，"智慧门卡"将在客流量统计、顾客群分析、市场营销、景区考核、电子商务等方面发挥重要的作用。

乌镇旅游淘宝旗舰店正式开通二维码电子门票的在线销售，主要包括乌镇西栅景区、西栅夜游票两个票种。通过乌镇旅游淘宝旗舰店预订的游客，无须排队购票，可直接凭二维码至西栅景区游客服务中心检票口扫描后进入。

（二）感知技术和监控

传统的景区监控主要通过布置监控摄像头，并实时传输数据到监控室，工作人员必须盯着监控显示屏，发现异常情况后再采取行动。随着景区视频监控点的增加，特别是在旺季景区内客流量增加的时候，工作人员往往难以在第一时间发现问题。

现在，视频监控采用了人脸识别技术，可以准确地"数"出某个监控点有多少位游客。人脸识别技术和行为识别技术还能记住游客的特征，根据不同监控点的数据，分析出游客在景区内的行动路线。

视频监控也不仅仅依赖于分布在景区各处的摄像头，还引入手机基站定位、GPS定位和感知设备系统来获取游客在景区内的活动信息。

黄山风景区已在各入口建立了电子门禁系统，该系统可以实时统计上山、下山人数。另外，在景区大门建立了无线传感车流量统计系统，实时统计进出车辆数量。这些统计信息只能提供景区内游客、车辆总数，不能获得每个景点的游客人数。该系统在景区主要入口、交通要道设置高清视频监控设备，通过后台的视频分析软件分析视频信息，实时统计各旅游线路的进、出游客和自驾车数量。根据这些数据可以计算出主要景点和旅游路线的游客和自驾车辆流量，发布到景区主要路口的LED信息屏上，引导游客选择合理旅游路线。同时，该信息上传到景区监督指挥中心，供景区管理人员实时监控游客人数，及时发现拥堵路线，通知景区巡查人员和交通管理人员进行人工疏导。

泰山景区采用进口高端摄像机、数字化监控技术和网格图像储存技术，工作人员通过操作景区重要区域监控摄像机，可以对图像进行放大、扫描，画面异常清晰，整体性能已达国际先进水平。该系统通过对景区关键位置视频监控图像智能分析识别，自动统计通过监控点的客流数量，结合售检票信息，可实时显示景区各路段、区域游客分布人数，为指挥部制定游客疏导分流方案提供准确数据。在假期和旅游旺季，系统通过精确计算各区域段的游客存量和增量，对游客进行分段分流疏导。

九寨沟风景区通过车载、路边LED显示屏、5G终端，能看到景区的实景影像。从交通站点到该景区沿途有上百个LED显示屏和5G移动采集终端，未来还会增加。游客进入景区，拿着运用射频技术制作的电子门票，监控中心就能对其进行实时跟踪定位。对本区游客的流量和流向、每个景点游客人数是否达到饱和，监控中心都会做出科学分析。监控中心可即时向各景点的 LED 显示屏发送提示信息，提醒游客选择合适的景点和合理的用餐时间。而景区管理人员还配了 5G 手机，随时可向监控中心报告突发情况。

（三）定位技术和导游导览

随着自助、自驾游客的增加，越来越多的游客在景区内的游览路线安排成为一大问题。一些规模较大的景区，不但会让游客错过很多景点或是多走冤枉路，甚至可能会带来不必要的麻烦。因此，如何让游客在景区内的游览更有保障、更加顺利并有更好的体验，是智慧景区建设需要重点解决的问题。

很多景区虽然提供了一定的电子化的导游设备，但这些设备往往只是起到了一个取代传统导游的作用，游客只能按照电子地图的引导进行游览。事实上，很多景区花大量资金购买的电子导游设备，真正能发挥其作用的，寥寥无几。

随着智能手机的普及，电子导游设备的软件化成为一个发展趋势。景区的工作人员应将重点放在对相关软件应用的更新和完善上，并通过这类软件应用，与在景区游览的游客展开互动。

有些景区过于强调对游客位置的把控，恨不得游客在整个游玩过程中都打开手机 GPS、看着应用，却不知智能手机耗电过大，通过手机网络定位又会产生流量费用。更主要的是，游客是来看风景的，不是来玩手机应用的，复杂的功能不一定适合正在景区游览的游客。所以，可以结合带有感知芯片的电子票卡，或者是通过一些感知点、二维码，引导游客在一些场景打开手机应用，例如，几秒钟内完成一次照片分享，或是留下到此一游的电子标记。

【任务训练】

通过本任务的学习，学生应熟悉景区门票及识别系统的概念、组成及作用。

任务准备	全班各小组梳理智慧景区的门票及识别系统功能模块
任务要求	1.各组查询搜索景区门票及识别系统相关资料，包括售票系统、检票系统、大数据识别系统 2.各组借助思维导图的方式对于智慧景区门票及识别系统的功能模式梳理进行任务成果展示
任务成果	每组进行智慧景区门票及识别系统任务成果汇报
评价方式	学生自评、互评与教师评价相结合，通过第三方平台后台数据进行评价。分组安排时，重点关注小组成员分工，保证每位成员都承担相应项目任务

项目五 旅游景区智慧化运营

任务四 景区智慧调度系统运营

【任务导入】

黄果树大瀑布景区的智慧调度系统

黄果树大瀑布是第一批国家级重点风景名胜区和国家首批AAAAA级旅游景区，拥有较高的知名度和品牌价值，是贵州旅游的知名品牌和龙头企业。2013年开始，黄果树景区运用信息技术、物联网、大数据、人工智能和移动互联网技术，开始智慧化建设。目前，黄果树景区已建成"一个中心，四个平台"的智慧旅游应用体系，即：大数据中心、指挥调度平台、运营管理平台、智慧营销平台和智慧服务平台，全面支撑景区的发展决策、指挥调度、运营管理、精准营销和智慧服务。通过"一个中心，四个平台"的应用和运营管理，景区游客接待量从2013年的80万人次增加到2023年的890万人次，景区运营效率和服务品质也得到极大提升。2024年，黄果树旅游区夜游黄果树项目入选三部委第一批全国智慧旅游沉浸式体验新空间培育试点项目，其不仅丰富了黄果树旅游的内容和形式，更为黄果树旅游业的数字化转型提供了强有力的支撑。

目前，黄果树旅游区将进一步拓展智慧旅游的应用范围，包括但不限于智能导览系统、在线预订平台以及更多的互动体验项目等。黄果树旅游区还与支付宝（杭州）信息技术有限公司就智慧景区建设、数字化营销、数字藏品等领域达成战略合作，开启了安顺旅游数字化转型探索新征程。双方的深度合作，旨在以智慧景区平台为载体，顺应游客市场年轻化和游玩偏好的新趋势，打造主客共享的旅游目的地一站式服务平台，促进数字科技与文化旅游产业的深度融合，加快形成文旅新业态、新场景、新消费、新模式。

任务解析： 黄果树旅游区将持续探索"互联网+旅游"的新模式与新业态，通过运用先进的科技手段，构建智慧旅游平台，提供在线预订、虚拟现实体验、增强现实导览等全方位服务。

请同学们阅读黄果树大瀑布景区的智慧调度系统资料，思考以下问题。

1. 如何借助智慧景区调度系统建设使旅游行为从"打卡景区"向"场景体验"转变？

2. 如今的游客对年轻化、时尚化、参与化和主题化产品需求越来越大，同时也更需要定制化的服务。如何使用景区指挥调度系统来实现更优的旅游资源配置和新业态供给？

景区智慧调度系统包括景点监控、车辆监控、人流监测、电子巡逻、网络舆情以及LED管理等，通过监控和监测，实现景区有序的旅游管理，为游客提供舒适的旅游环境。调度服务中心建设基于景区三维地图引擎，通过物联网 RFID 和传感器系统，对景区的游客行为、居民行为、车辆停放、景区人员、气候环境、地质状态、自然灾害，以及基础设施和服务设施进行感知；全面监控旅行车辆、导游、游客的活动状况，实现集中调度，实现景区内部全覆盖的可视化及动态管理。同时对景区危险区域进行监控和信息播报，发现应急状况后立即启动预警功能，形成覆盖全景区的广播通知系统。

景区智慧调度服务中心与移动互联网融合在一起，通过移动互联网，可以让游客与调度服务中心互动，发现突发事件，可以利用移动互联网向游客直接播报信息，起到调动和疏导的作用。

一、客流监测系统

景区客监检测系统的功能包含入口人流计数管理、出口人流计数管理、游客总量实时统计、游客滞留热点地区统计与监控、流量超限自动报警等。景区在出入口部署客流分析系统，可以实现对客流的在线统计分析及实时流量告警等。高峰期游客分流系统可以均衡游客分布，缓解交通拥堵，减少环境压力，确保游客的游览质量。景区可以通过预先设定分流、门禁分流和交通工具分流实现三级分流，在这一过程中，采用 RFID、全球定位、北斗导航等技术，实时感知游客的分布、交通工具的位置和各景点游客容量，并借助分流调度模型对游客进行实时分流。

二、应急指挥系统

景区指挥中心通过对景区运营的各类数据，包括视频数据、客流量、停车场、天气、交通、能耗分析、告警信息等各类实时数据的展示和分析，向景区应急管理部门以及行业主管部门提供决策依据，同时解决各时段景区指挥调度功能，给游客提供良好的旅游体验。游客对该系统功能的需求，主要体现在以下 3 个方面。

（1）应急指挥能力。在景区日常运维、重大节假日、重大活动及应急事件情况下，行业主管部门等可直接利用景区指挥中心获得景区客流动态、停车场车辆情况、重点部位人流密集度、活动现场等实时状态，根据各类状态下的需求可以通过系统进行指挥调度；尤其在重大节假日、大客流和突发事件情况下，可启动各类应急预案进行综合调度指挥。

（2）综合集成能力。基于系统集成建设的指挥中心系统，通过应急指挥系统建设将景区各个子系统进行融合，即通过数据交换平台、数据集成平台对各系统、各业务进行互联互通，从而达到业务的协同和系统的联动，彻底消除"信息孤岛"。

（3）分析展示能力。通过有效地整合系统建设，还可以对系统数据进行存储、分析、挖掘，从而对天气、客流量、客源地等关键数据进行分析和展示，同时通过对数据的分析，达到对景区实际运营情况的精准预判，为处理突发事件和预先决策提供科学的数据支撑。

三、景区广播系统

景区广播系统要实现景区日常信息发布、背景音乐播放等服务，还要有应急智能广播服务，解决景区内游客紧急疏散、工作人员统一指挥调度的信息广播问题。景区广播系统应实现以下功能。

（1）可任意分区、分组、点对点的广播某个或某些景点。
（2）可自动定时、定点播放景区背景音乐和游客注意事项。
（3）提供紧急广播功能，可人工播放紧急通知、疏散信息等，配合突发事件播放紧急预案处理信息，确保游客安全。
（4）兼容数字、模拟等各种广播格式。

针对音箱的造型，可以结合景观要求制成岩石或动植物的形状，从而降低对景观的影响。

四、车船调度系统

车船调度系统对景区游览交通工具进行科学调度，以满足日常状态、重大节假日状态下的车船运行调度需求，最大限度地提升景区游览交通工具利用效率，提升游客游玩体验度。

1. 车船调度系统架构

车船调度系统由软件调度平台和车（船）载移动终端、车（船）载显示器、站点语音播报器、GPS 等硬件设备组成。

2. 系统功能设计

车船调度系统设计了车船管理、车船调度、车船保养、驾驶员信息管理、违章违纪管理等主要功能模块。

（1）车船管理模块设计。此功能模块主要设计了车船的添加、车船设备的采集、车船地图的加载等功能。通过此管理模块能够将所有车船信息录入系统，属于基础的管理信息模块。

（2）车船调度模块设计。车船调度模块主要设计了地图查询、轨迹查询、车船调度和统计分析功能。可实现在 GIS 地图上显示车船位置信息，包括车（船）牌号、驾驶员信息、线路信息、乘车人数等，调度员通过对车船信息的实时掌握，可以高效地对车船资源进行调度管理。

（3）统计分析模块设计。统计分析模块可以实现对驾驶员驾驶证年限、驾驶员年龄层次、游览车船类型、绩效统计等进行分析，为管理者全面、系统和高效地管理游览车船提供数据支持。

五、停车场管理系统

景区停车场管理系统是智慧旅游建设的一个重要组成部分，通过高清车牌识别技术，准确识别车牌号码，确保车辆的进出有据可查、进出可控，并实现停车场收费管理和高效运营。停车场管理系统运用现代通信技术和网络技术，结合远程监控系统，在一般停车场管理系统的基础上，加强对景区车辆的状态监控和即时通信能力，通过设置在各停车场外的 LED 屏以及其他方式实时发布各停车场的停车状况，使游客能够准确地了解景区停车信息，方便游客迅速找到车位，提升游客停车体验。

停车场管理系统提供的数据库字段必须包含：车辆进场时间、车辆出场时间、车牌号码、刷卡地点、收费数据、空闲车位数量、报警信息等。停车场管理系统实现的功能如下。

1. 车牌自动识别

景区停车系统连接着车牌识别设备，可图像摄取、自动识别、记录车牌号、记录出入时间，实现自动计时收费。

2. 车位智能管理

对车位自动管理，对固定车位、临时车位自动计数，无须人工管理，高效管理停车资源；而游客可通过关注微信公众号，提前预约车位，也可实时查看停车场剩余空车位情况，避免无车位可停的现象。同时，系统有助于游客和车辆分流，减少景区交通压力。

3. 无感支付

系统除支持扫码付、当面付、在线付等手机支付方式外，可实现免额免息小额支付，游客无须操作，离场时系统自动扣款并完成抬杆，从而提高通行效率，优化游客游玩体验。

项目五　旅游景区智慧化运营

4. 远程智能监管

停车系统具备强大的数据分析功能，支持远程监管，可按日、周、月汇总停车场情况及临时停车、月租收入。还可实时分析停车场车辆出入流量，智能、有序、高效管控出入车辆。

【任务训练】

通过本任务的学习，学生应了解景区智慧调度系统的概念和系统构成。

任务准备	全班各小组探讨智慧景区调度系统的应用
任务要求	1. 各组关注"黄果树景区"微信公众号 2. 查询"黄果树景区"微信公众平台与调度系统相关的内容，并简单总结对于"黄果树景区"智慧调度系统的理解
任务成果	每组进行"黄果树景区"智慧调度系统分析报告制作，以PPT形式汇报
评价方式	学生自评、互评与教师评价相结合，通过第三方平台后台数据进行评价。分组安排时，重点关注小组成员分工，保证每位成员都承担相应项目任务

任务五　景区视频融合、大数据及综合业务管控系统运营

【任务导入】

山东曲阜尼山圣境文化夜游智慧旅游沉浸式体验新空间

山东曲阜尼山圣境沉浸式文化夜游主题活动"尼山圣秀"，充分挖掘了儒家文化特色，以智慧旅游为出发点，依托当代科技手段，以天为幕，将音乐、喷泉、激光、水雾、烟花、无人机等完美融合，炫美呈现出音乐与喷泉交响、激光投影与烟花表演共舞的奇幻情境、立体景观，让游客在音乐美、色彩美、画面美、艺术美中领略夜色尼山不一样的视听，在裸眼3D交互投影中，感受传统文化穿越时空的不朽魅力，真正实现了科技赋能与智慧文旅体验的完美结合，为传统文化的现代化、时尚化、年轻化做出了有益探索。

尼山圣境文化夜游融入景区现有环境，将虚拟和真实场景空间完美组合，结合景观环境艺术照明、高流明激光投影和雾森等视觉演绎手法，推出六大"灯光+"模式，缔造了360°沉浸观演的出游景致体验，展现全新的夜游尼山。尼山圣境通过丰富且优质的演艺项目和凸显主题文化元素的场景营造文化沉浸感。在夜晚的无人机表演中将儒家元素完美融入，领略

"科技＋传统"的超凡之美，数百架无人机以星空为幕，演绎出凤舞尼山、山河、编钟、周游列国、论语书卷等诸多震撼画面，用现代科技，展开宏大史诗画卷，燃爆现场。尼山圣境紧扣文化主题，推出多项创新氛围演出节目。通过各点位雅乐演奏，打造氛围式互动演艺，像是一幅幅生动的儒家画卷缓缓打开，为游客打造一个个充满惊喜和魅力的沉浸式新世界。

任务解析：5G、大数据、云计算、人工智能、虚拟现实、数字孪生等新一代信息技术在智慧景区智慧化建设中的普及应用，实现了景区基础资源数据、产业监测数据、生产业务数据等各种鲜活数据的对接整合，实现了景区资源的自动感知、移动互联的游客服务、动态可视的安全管理、大数据分析的商务营销，助推了景区智慧旅游建设蓬勃发展。

请同学们阅读尼山圣境文化夜游智慧旅游沉浸式体验新空间资料，思考以下问题。

1. 如何借助智慧手段，以沉浸式表达让中华优秀传统文化在新时代焕发新生机、呈现新风貌？

2. 你认为你所在的城市或者地区有哪些景区能够通过增强现实、虚拟现实、人工智能等数字科技并融合文旅元素，让游客深度介入与互动体验而形成一种旅游新产品、消费新场景？

一、视频融合系统

近些年，伴随着多媒体信息技术和通信技术的快速发展，尤其是在互联网技术实现大跨步发展背景下，视频融合系统不断与大数据、云计算及人工智能等新技术相融合。景区视频融合系统通过通信融合技术和网络技术，整合各类通信系统和终端设备，集成对接与指挥调度相关的位置信息、地理信息、关联查询等信息，实现方便灵活的指挥关系重构、全面可视的态势掌控、及时动态的情况命令传递。景区视频融合系统应用于视频监控、信息发布、热力分析、预警预测、指挥调度等，大大增强景区的应急处理能力。

（一）智慧景区森林防火系统

目前，我国山岳景区火险监控预警的方式主要有人工监测、卫星林火监测、远程林火视频监测、早期林火物联网监测预警四种。其中远程林火视频监测和早期林火物联网监测预警属于适用小面积人工管护林防火的信息化方案。采用可见红外热成像测温识别系统、摄像机、长焦镜头及后端监测管理软件来实现烟火智能识别并自动报警，运用重型数字云台转动的方位角和俯仰角、长焦镜头的焦距及后端 GIS 管理软件平台来实现火点自动精确定位，通过摄像机传输链路将视频影像和控制信号传输到指挥中心进行监视、存储、管理，是智能型的森林防火视频监控系统。

景区智能森林防火系统无缝融合图像识别技术、3S 技术、大型网络监控技术等高新技术，结合林业管理专业知识和林业防火经验，建立林业防火智能监测预警及应急指挥管理的林业绿色物联网和林业资源管理系统，从而实现林区视频的自动监控、烟火准确识别、火点精确定位、火情蔓延趋势推演、辅助决策、应急指挥、灾后评估等多方面功能，建立森林防火的完整业务链，同时可实现森林病虫害防治、生物多样性保护、林区治安综合管理、智能景区等应用，构建科学的林业资源保护管理体系。

景区智能森林防火系统主要由前端智能监控产品和后端应用系统构成：前端智能监控产品包括重型数字云台、基站控制箱、嵌入式的烟火识别智能处理器、林区智能终端等。后端应用系统包括网络监控管理平台、基于 GIS 平台的森林防火辅助决策及应急指挥管理系统。

（二）景区景点人流量预测和预警应急机制

旅游大数据预测包括旅游人流量预测、旅游产品预测、旅游热点预测、热点旅游资源预测等。其中，应用最多、最重要的是客流量预测。景区人流爆棚危机频频出现，凸显景区综合治理的必要性和景区承载量核算和预测的重要性。

针对一些通过闸机收费的景区，售检票系统可以方便地统计游客数量，但是一些没有出入门的开放式景区景点，如云南丽江古城、大理古城等，在统计游客数量方面存在困难，核算数据相对比较模糊，难以掌握实时的旅游人数。

通过大数据挖掘，准确预测市场行情变化，是大数据应用的重要价值。同时，应急处理和紧急救援对大数据的要求非常高，需要第一时间了解游客，特别是旅行社组织的团队游客情况，及时做出救援方案。直观的大屏幕、有效的大数据则起到了至关重要的作用。如果发生突发事件，能够迅速捕获包括导游领队、游客信息等在内所有内容，第一时间获取应急数据，帮助旅游监管部门做好应急处理。此外，还可以通过系统直接群发短信，通知领队做好安全工作。

二、协同办公系统

发挥办公自动化系统在景区建设管理中的协同作用，丰富服务、互动和事务处理功能，全面提高景区管理效率，推进网上审批系统建设，支持手机终端查阅公文通知、公告，支持流程管理、电子邮件管理、审批管理、财务结算管理、会议管理、考勤管理等功能，提升景区办公效率。

三、景区大数据应用中心

（一）景区客流量预测预警

景区流量预警可以实现实时监控各售（补）票点、检票点运

视频5-7：景区大数据应用中心

行状况，建立景区客流的预约、预警机制，可有效分流，保障旅游质量。实时汇总、分类售验票数据，提供直观的数据图表以供查看和分析，对景区流量进行动态监督管理。根据《景区最大承载量核定导则》（以下简称《导则》），各大景区应核算出游客最大承载量，并制定相关游客流量控制预案。《导则》给出了明确的测算方法和公式，供各景区参考使用。《导则》还提出，景区逐步推进旅游者流量监测常态化。采用门禁票务系统、景区一卡通联动系统、景点实时监控系统等技术手段，针对节假日及大型活动制定相应游客流量控制预案。

面向某一范围的景区动态信息管理系统，是一套基于公众移动通信网络信息数据和移动基础信息采集分析技术，借助区域地图技术平台等多种表现形式的应用软件系统，对旅游景区内的游客数量进行统计，提供游客流量统计报表、游客来源分布统计报表、游客增量统计、游客驻留时长分析等功能并以报表、图形等方式提供实时展示。

景区流量预警主要功能模块有流量概览、实时流量分析、新增游客分析、客源来源分析、驻留分析。

（1）流量概览。景区流量概览可以直观地展现某一区域内游客的分布情况。

（2）实时流量分析。景区实时流量分析是针对当天各个整点，在当前所选景区或景点范围内的手机用户存量情况的统计分析。若一个手机用户跨多个统计点，可在每个统计点中都计算该用户信息。此存量分析可支持排除区域常驻人群电话号码。

（3）新增游客分析。针对当前所选景区或景点，统计在一天24小时内新进入的游客的流量。

（4）客源来源分析。对整天游客数量分析的结果，按省或地级市的方式进行统计。

（5）驻留分析。对过去多天的数据，按游客在该区域累积的停留时间，分0—1小时、1—2小时、2—6小时、6—24小时、24—48小时、48时以上几个时间段进行的统计分析和对比。

（二）旅游市场景气指数

景气指数，又称为景气度，它是对企业景气调查中的定性指标，是通过定量方法加工汇总，综合反映某一特定调查群体或某一社会经济现象所处的状态或发展趋势的一种指标。指数值在0—200，100以上为景气，100以下为不景气。指数越高，表示越景气。运用在旅游行业中，景气指数代表着旅游市场的发展趋势，例如，某个目的地或景区的景气指数，代表着该地区在一定时间内的市场发展趋势。

（三）旅游景区游客画像

游客画像是指通过分析游客数据来提炼出游客的标签特征。标签能够形象地概括出游客的基础特性和偏好等属性，帮助旅游景区根据游客画像对旅游产品及定位进行定位。

游客画像的分析内容主要包括游客来源分析、基础特征属性分析、决策模式分析、行为模式分析等方面。游客来源分析就是对客源地的来源进行分析；基础特征属性分析包括性别构成、年龄分布、收入情况等；决策模式分析包括出游前和出游期间的分析：出游前包括对游客到访时间、出行前关注因素、预订方式等内容，出游期间包括出游中关注因素、出游动机、出游时间等内容；游客行为模式分析包括消费偏好、出游交通方式等。

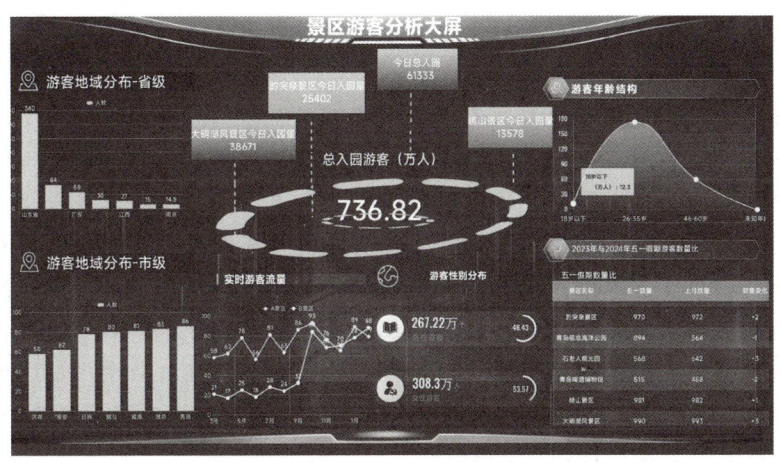

图 5-3　旅游景区游客画像分析

在游客更加注重体验和个性化需求的当下，旅游景区对游客属性、游客行为等进行分析，提供定制化服务，实现精准营销，对旅游景区的发展至关重要。

（四）旅游景区广告数据挖掘系统

互联网的出现，为传统旅游营销带来了诸多冲击。个性化需求的满足、体验服务、虚拟社区、微博营销等全新的营销方式的出现，为旅游产品和服务的深度推广，提供了更多的展示机会和渠道。智慧旅游由于利用了更多的媒体技术，大大激发了游客参与旅游及其传播的主动性和积极性，这对收集旅游消费信息是非常重要的。智慧旅游也可以通过量化分析，判断营销渠道，效果明显，是可以长期合作的营销渠道。

【案例 5-2】

让景区插上"智慧"的翅膀——鸣沙山月牙泉

景区范围大，无法防范非法进入者；景区旅游项目多，多次购票手续繁杂；营销成本高、目标不明确、散客旅、体验差等现象，是困扰很多景区运营管理者的头疼问题。地处西北的鸣沙山月牙泉景区通过智慧景区建设，让景区运营管理插上"智慧"的翅膀，初步解决了以上问题。

解决非法进入问题：安装景区电子围栏报警系统，只要一定体量的热源体靠近电子围栏，报警系统自动报警，并全程开始播放警告，附近的景区工作人员也会收到指令并前往制止。这可以有效杜绝闲杂人员及部分游客非法进入景区问题，24 小时实现对景区资源、客流、票证以及交通、安全的管理和控制。

提升游客体验：①自助解说体验系统：利用现代通信技术、地理信息技术，开发了景区的虚拟全景展示系统，实现了景区内部景点的虚拟化、数字化、网络化，让世界各地的人们从网上就可以全方位感知、认识、享受景区美景、美文、美图。推出了互动游览、手机客户端服务，为游客提供景点介绍、电子地图、自主导览、语音讲解服务，实现了把"导游装进手机里"的目标。②免费上网：全覆盖 Wi-Fi 免费网络向游客开放。③打包购买景区产品，一次购票可多次进入景区：游客在线上不仅可以购买景区门票，直接扫码进入，而且景区大漠乘驼、沙漠摩托、滑翔机、直升机等娱乐项目均可打包购买、网上支付、扫码消费。同时通过独一无二的指纹验票功能，为游客提供一次购票、三天内多次入园游览的服务，既满足了游客深度体验的要求，也有效延长了游客在敦煌的逗留时间。

图 5-4 甘肃鸣沙山月牙泉

解决营销成本高、目标不明确问题：建设景区指挥中心，接入显示全景区监控点的视频，对景区游客和管理人员进行可视化管理；与百度网盟合作，通过对游客上网轨迹的精准画像，得出对敦煌感兴趣的游客的年龄、性别、属地、职业等大数据，通过沉淀的大数据对敦煌旅游人群精确画像、精准营销、精细服务、综合管理，分析、预测、研判敦煌旅游的近期、远期走势，做好规划、调度、服务，由经验管理转向数据管理，并为敦煌旅游宣传营销、优惠政策的制定提供数据支持。建立了功能完备的"敦煌线上服务窗口"，并提供实时互动、私人定制等个性化、全天候服务。景区可以通过 Wi-Fi 网络向游客推送景区公告、景区动态、商家信息、预警信息等文字图片、视频信息，便于管理服务和应急处理。

案例分析：鸣沙山月牙泉智慧景区为游客带来了超出预期的旅游体验和无处不在的旅游服务，信息服务无障碍、沟通体验零距离，真正实现了管理、服务、营销的智慧化。

四、综合业务管控系统

景区综合业务管控系统利用云计算、物联网等新技术，借助便携的网络终端、传感终端，对景区内部大小设备、设施进行控制和管理，实现各智慧旅游系统间关联互动，以及数据搜集、汇总、分析，进而消除目前许多智慧景区建设中存在的系统信息孤岛问题，达到综合管理和集中控制的目的。

主要功能有智慧景区后台管理系统、解决多系统单点登入功能、解决智慧景区建设信息孤岛问题、为指挥调度管理提供数据依据、汇聚智慧景区中各子系统数据、实时生成智慧景区管理数据分析报表、决策分析（含余票查询、销售同比分析、票类销售分析、站点销售对比分析、客户类别分析、销售分析等）、数据报表（含销售报表、财务报表等）、领导综合查询（可查系统的管理报表）、数据分析（含库存分析、客户分析、报表分析等）、图形分析报表（柱状图、饼状图、波形图等）、系统管理（含用户管理、菜单管理、角色管理、日志管理等）等。

主要业务模块包括实时大数据中心、设备控制中心、电子票务系统、视频监控系统、信息发布系统、公共广播系统、停车场管理系统、车辆调度系统、巡检管理系统、人脸识别管理系统、大屏显示系统、一键求助系统、导游导览系统、生态环境承载力分析预警系统、统计分析系统、系统设置等。

五、舆情监控系统

景区利用搜索引擎技术和文本挖掘技术，通过网页内容的自动采集处理、敏感词过滤、智能聚类分类、主题检测、专题聚焦、统计分析等手段，实现对自己相关网络舆情进行监督管理的需求，最终形成舆情简报、舆情专报、分析报告、移动快报，为决策层全面掌握舆情动态，做出正确舆论引导，提供分析依据。旅游景区可以在原来旅游电子商务营销的基础上，利用海量的旅游信息，进行及时的旅游舆情监控和智能数据分析，深入挖掘游客个性化需求，有助于旅游景区针对旅游市场的需求变化，不断进行产品和服务创新。旅游景区可以通过旅游舆情监控和数据分析，挖掘旅游热点和游客兴趣点，引导旅游景区策划对应的旅游产品，制定对应的营销主题，推动旅游行业的产品创新和营销创新。

旅游舆情监控系统是智慧景区建设中重要的一个系统，它可实时、动态监控景区舆情发生并及时处理相关的舆情。该系统可通过多种营销渠道获取数据，如建立与第三方研究机构、在线旅游平台等数据交换机制，便于分析各渠道相关的舆情数据。该系统还具备舆情智能分析功能，提供相关的舆情分析报表，分析舆情的变化趋势，协助景区管理部门发布舆情处理结果。系统与指挥调度中心实时对接，便于及时处理舆情事件。

【案例 5-3】

青城山—都江堰风景名胜区智慧景区综合管理平台建设实践

青城山—都江堰景区是我国首批国家重点风景名胜区之一，是首批国家 AAAAA 级旅游景区，2000 年成功列入《世界文化遗产名录》，2006 年，"大熊猫栖息地走廊"组成部分被列为世界自然遗产，并于同年被列入全国 24 家数字化试点景区，2008 年 5·12 汶川大地震对青城山—都江堰景区智慧中心损毁严重，光缆骨干网多处被毁，门禁、视频监控系统、大气环境监测系统等也不同程度受损。在灾后重建的过程中，青城山—都江堰景区，以"科技兴旅"为抓手，构建"智慧旅游服务、智慧旅游管理、智慧旅游营销"三大体系，整合原有的数字化景区系统，以数据中心和指挥调度中心建设为核心，实现信息共享，创新管理模式，以各业务应用信息系统建设为纽带，整合景区资源，重启智慧景区建设，实现"资源保护数字化、经营管理智能化、产业整合网络化"，以信息带管理、促保护、增效益，全面促进景区环境、社会、经济的可持续发展。

图 5-5　四川都江堰景区重要景点安澜索桥客流量实时监控

青城山—都江堰风景区建成了国内一流的智慧景区，智慧景区由信息化基础设施、资源保护及景区管理、旅游服务和基础数据采集 4 部分组成，形成了两大中心、三大平台，以及 24+N 个子系统，构成了一个数据高度共享、业务全面覆盖、管理与服务融合的信息化体系。其中两大中心为数据中心和数字化管理中心（指挥调度中心），三大平台为指挥决策平台、系统集成及协同办公平台（OA）和旅游的地电商及营销平台，应用系统包括规划监测系统、环境监测系统、生物和文物资源监测系统、电子巡更巡检系统、森林防火系统、智能 IP 同播系统、呼叫中心、停车场管理系统、应急智能广播系统、索道电子门禁系统、无线景管通、都江堰景区 GIS、应急求助报警系统、多媒体展示系统、视频监控系统及停车引导系统。

案例思考：青城山—都江堰风景名胜区智慧景区应用系统有哪些？

【任务训练】

通过本任务的学习，学生应掌握景区视频融合、大数据及综合业务管控系统的概念和应用。

任务准备	全班各小组开展智慧景区旅游沉浸式体验新空间案例分析
任务要求	1. 各组搜索智慧景区旅游沉浸式体验新空间案例 2. 查询该智慧景区的增强现实、虚拟现实、人工智能等数字科技引用方面的运营管理及成效
任务成果	各组完成智慧景区案例分析报告
评价方式	学生自评、互评与教师评价相结合，通过第三方平台后台数据进行评价。分组安排时，重点关注小组成员分工，保证每位成员都承担相应项目任务

测试题

一、单选题

1. 旅游景区活动营销中内部发生型活动的特点有哪些？（　　）

   A. 内部策划型活动对景区有着直接营销的价值，对活动能否在景区发生或者能否在景区的预期范围内发生有着重要的影响作用

   B. 景区内部可能会出现危机管理活动

   C. 外部发生型的活动在经过景区有效的组织管理后，随着时间的推进，可以转化为景区直接营销的内部策划型活动

   D. 以上说法都正确

2. 景区活动营销中以下不属于文化庆典类活动的是（　　）。

   A. 节庆　　　　B. 学术研讨会　　　　C. 狂欢节　　　　D. 大型展演

3. 开发虚拟景区系统，需要注意的地方有哪些？（　　）

   A. 采集景区信息可以参考景区平面图或单体建筑物图片

   B. 虚拟场景的搭建，可以先从大环境入手

   C. 需要不断优化模型和贴图，不断调整脚本设计

   D. 以上说法都正确

4. 关于景区门票识别系统，下列说法正确的是（　　）。

   A. 景区门票及识别系统可替代景区原有的人工检票模式，自动识别检票和放行，从而降低人工检票的工作量，提高工作效率

   B. 景区门票及识别系统具有统计和监控进出景区客流量的重要功能，是集电子售票、检票管理、数据实时统计分析于一体的信息化管理系统

   C. 它把粗放、静态的人工票务管理变成了精细、动态的数字管理，不仅大大方便了游客，而且减少了景区管理的盲目性，降低了管理成本，使景区管理更加精细化、决策更加科学化

   D. 以上说法都正确

5. 关于售票系统，下列说法正确的是（　　）。

   A. 景区的售票系统具有收集游客原始信息的功能，景区入口处设立闸机检票，检票设备可识别二维码、IC 卡和二代身份证

   B. 智慧票务管理系统可依据智能闸机通道和智能双目客流监控摄像头，实时采集进出景区的客流人数

   C. 智慧票务系统可对实名录入的证件信息进行有效管理和统计，对游客的年龄阶层、性别、地域来源等进行分析和统计

   D. 以上说法都正确

二、判断题

1. 景区活动营销是指有计划地策划、组织、举办和利用具有新闻价值的景区外部发生型和景区内部策划型活动,进行营销组合,运用新闻公关等方式提升景区知名度的一种现代营销手段。（　　）

2. 根据三维场景生成手段的不同,虚拟现实技术分为以图像为基础的虚拟现实技术和以几何建模为基础的虚拟现实技术。（　　）

3. 我国山岳景区火线监控预警的方式主要有人工监测、卫星林火监测、远程林火视频监测、早期林火物联网监测预警。（　　）

4. 在景区微信小程序可以插入以景区 VR 为蓝本,涵盖打怪、寻宝、知识问答等相关环节的游戏。（　　）

5. 景区活动营销,可以实现扩大宣传、增加产品销售、提升景区收入和景区知名度、美誉度。（　　）

6. 旅游景区活动营销按照活动发生的属性来分,可以分为外部发生型和内部策划型。（　　）

7. 景区车船调度系统应以满足日常状态、重大节假日状态下的车船运行调度为需求,最大化地提升景区游览交通工具利用效率,提升游客游玩体验度。（　　）

8. 虚拟旅游能够完全代替实地旅游。（　　）

三、多选题

1. 景区预订系统的功能有哪些？（　　）
A. 线上预定、购票　　　　B. 多种门票选择　　　　C. 电子门票
D. 根据景区游客流量,后台实时调整预约时间　　E. 查看景区门票数量

2. 景区微信小程序可以应用在哪些方面？（　　）
A. 建立景区专属微信小程序
B. 提供游客入园前的智能服务
C. 提供景区 VR 智慧导览
D. 根据积分兑换景区特产或文创产品
E. 开展互动营销服务

3. 智慧票务管理系统有哪些功能？（　　）
A. 客流监测　　　B. 数据分析　　　C. 门票管理
D. 支付管理　　　E. 虚拟旅游管理

4. 门禁系统和电子门票有哪些功能作用？（　　）
A. 电子门票感知功能　　B. 景区门票虚拟化　　C. 无缝对接电子商务
D. 游客求助救助功能　　E. 客流量统计

5. 景区流量预警主要功能板块有（　　）。
A. 流量概览　　　　　　B. 实时流量分析　　　C. 新增游客分析
D. 客源来源分析　　　　E. 驻留分析

6. 景区门户网站常用的功能有（　　）。
A. 信息查询功能　　　　B. 推广营销功能　　　C. 在线预定功能
D. 线路规划功能　　　　E. 景区最新动态

四、问答题

1. 有哪些景区实现门票预订系统并使用了哪些方式？举例说明。
2. 智慧景区导览系统有哪些优势？
3. 举例说明旅游景区的智慧化建设。

五、案例分析题

青州古城景区是山东省智慧旅游样板景区。近年来，青州古城景区主动适应信息化时代发展要求，立足景区，以游客为中心，按照"游客服务便捷化、资源整合智慧化、经营管理智能化"的总体思路高标准打造智慧化景区，为游客提供新型智慧化体验，有效提升了游客体验感和满意度，同时也为景区运营者提供了高效的管理服务。

根据以上材料，关注"青州古城旅游景区"微信公众号，点击"智慧景区"，进入"青州古城智慧景区平台"，查看该平台的主要内容，并简单总结对智慧景区的理解。

测试题答案5

项目六　旅游目的地智慧化运营

项目导读

旅游目的地智慧化运营是智慧旅游与旅游理论和实践的深度融合。旅游目的地智慧化运营整体框架涵盖了"三网一库"及政务网站、电子商务网站等用户交互界面，通过智慧旅游综合管理平台、前端应用体系和后端支撑体系等有效的系统设计，实现旅游目的地智慧化管理，旅游者智慧旅游和旅游企业智慧经营。

本项目重点阐述旅游目的地利用云计算、物联网、移动通信、人工智能等技术，将 SaaS 平台、旅游大数据应用到目的地管理，建设旅游公共服务运营平台、目的地旅游管理平台、目的地智慧营销系统、全域地图及全景智能导览系统等，实现目的地旅游服务、旅游管理、旅游体验、旅游营销的智能化。

 **学习目标**

素质目标
1. 认识到旅游目的地智慧化对社会、经济和环境的积极影响,增强社会责任感。
2. 培养在旅游目的地智慧化实践中注重环境保护、文化传承和可持续发展的意识,推动绿色旅游和文化旅游的发展。

知识目标
1. 熟悉目的地智慧旅游建设的整体框架及基本架构。
2. 了解 SaaS 平台在智慧旅游中的应用及未来发展趋势。
3. 熟悉旅游公共服务运营,掌握旅游呼叫中心的功能。
4. 掌握大数据技术在旅游中的应用。
5. 掌握目的地旅游管理平台和目的地营销系统的应用。
6. 熟悉目的地全景导览系统的应用。

能力目标
1. 能够对旅游大数据进行分析和挖掘,对游客进行画像,将可视化用于旅游产品开发及营销等。
2. 能熟练使用旅游目的地管理平台和目的地营销系统。

价值引领案例6:
文明交流互鉴

来华旅游热度持续攀升——外国游客到北京说走就走

思维导图

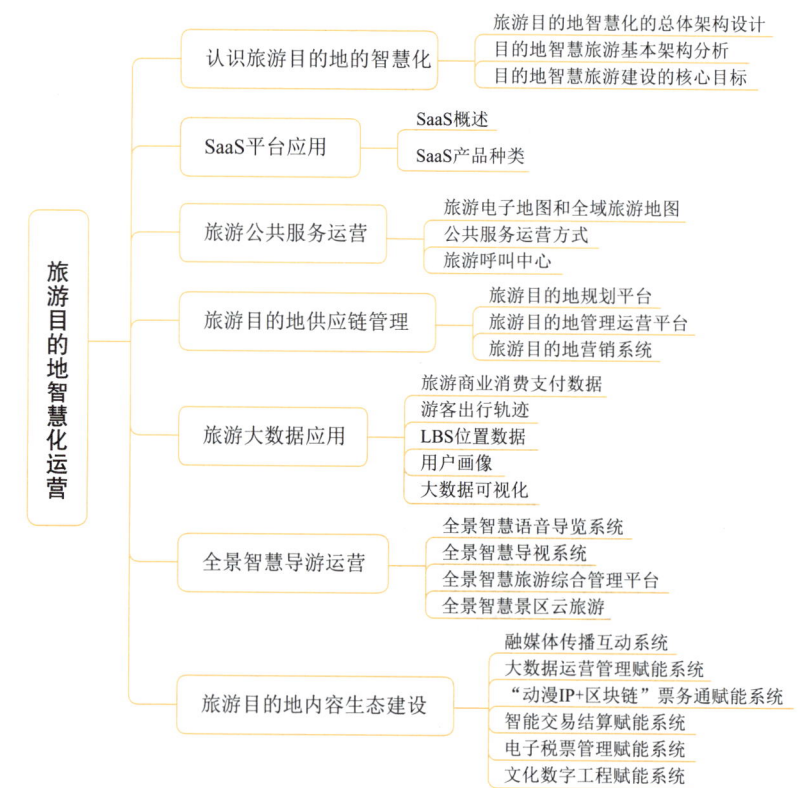

项目六 旅游目的地智慧化运营

任务一 认识旅游目的地的智慧化

【任务导入】

2024年5月,文化和旅游部等五部门联合印发《智慧旅游创新发展行动计划》(以下简称《行动计划》),旨在贯彻落实党的二十大精神及相关文件精神,促进数字经济和旅游业深度融合,加快推进以数字化、网络化、智能化为特征的智慧旅游创新发展。

该《行动计划》提出八大行动20项重点任务,明确到2027年,智慧旅游经济规模进一步扩大,智慧旅游基础设施更加完善,智慧旅游管理水平显著提升,智慧旅游营销成效更加明显,智慧旅游优质产品供给更加丰富,智慧旅游服务和体验更加便利舒适。

《行动计划》提出,围绕智慧旅游基础设施提升行动,改造升级信息基础设施,加强5G+智慧旅游协同创新发展。围绕智慧旅游服务效能提升行动,提升服务平台运营效能,提升适老化服务水平,持续优化文旅场所服务水平。围绕智慧旅游管理水平提升行动,推进"互联网+监管",强化应急响应能力。围绕智慧旅游营销效能提升行动,加强新媒体使用引导,规范提升旅游营销效能,开展营销效果评估。围绕智慧旅游产品业态培育行动,鼓励发挥企业主体作用,促进产学研协同发展,培育丰富智慧旅游产品。围绕旅游数据资源利用提升行动,增强辅助决策能力,推动数据开发利用,做好数据安全工作。围绕旅游数字化转型提升行动,推进旅游城市和景区智慧化建设,推进智慧旅游"上云用数赋智"。围绕智慧旅游创新人才培育行动,培养高校基础人才,加强智慧旅游人才队伍建设。

任务解析: 随着技术的不断进步和应用场景的不断拓展,我国的智慧旅游必将迎来更加广阔的发展前景,也将带动我国旅游业整体竞争力和可持续发展能力的进一步提升,为全球旅游业发展贡献中国智慧和中国方案。

请同学们阅读《智慧旅游创新发展行动计划》全文,思考以下问题。

1. 你所在的城市或者地区,智慧旅游在旅游服务、管理、营销、体验等场景下的应用案例有哪些?

2. 描述一个你体验过的、印象最为深刻的智慧旅游典型应用场景。

旅游目的地是指拥有特定性质旅游资源,具备一定旅游吸引力,能够吸引一定规模数量的旅游者进行旅游活动的特定区域。一个特定的地区要成为旅游目的地,必须具备3个条件:一是拥有一定数量的旅游资源,同时,这种旅游资源可以满足旅游者某些旅游活动的需要;二是拥有各种与旅游资源性质相适应的地面旅游设施和交通条件,旅游者可以借助这些设施从不同的地区顺利地到达旅游地并利用这些设施在该地停留;三是具有一定的旅游需求流量。可见，旅游目的地是一种集旅游资源、旅游活动项目、旅游地面设施、旅游交通和市场需求为一体的空间复合体。

旅游目的地智慧化主要是指旅游目的地管理与营销的智慧化，对外是旅游目的地的促销、营销和宣传，对内是旅游目的地的资源整合和开发。智慧旅游可以有效帮助旅游目的地整合该地各种资源，提供更标准化和更个性化的旅游产品，提高旅游目的地的竞争力。我国旅游目的地多数采用的是一种政府主导型的运作模式，这种模式在一定程度上适应了我国旅游业智慧化的发展现状，使政府在旅游目的地营销中的作用得到了充分发挥。

一、旅游目的地智慧化的总体架构设计

旅游目的地智慧化是融合物联网、云计算、下一代通信网络、高性能信息处理、智能数据挖掘等技术，开发旅游体验、推动产业发展、提高行政管理等，并服务于公众、企业和政府，使区域旅游物理资源和信息资源得到高度系统化整合和深度开发激活，使产业得到创新及结构升级，区域环境、社会和经济实现可持续发展的旅游目的地发展模式。旅游目的地智慧化正是全域旅游和智慧旅游理论和实践的深度融合，全域旅游扩展了旅游目的地的广度，智慧旅游增加了旅游目的地的深度。

目的地智慧旅游的总体设计主要包括办公及管理业务系统的电子政务平台、集旅游信息资讯和商务交易为一体的电子商务平台、应用集成和系统管理的综合管理平台及旅游综合资源数据仓库（大数据中心）等。根据实际应用与业务需求，将各平台进行有机整合，实现资源有效利用与调度。从框架结构上看，目的地智慧旅游建设分以下5个层面。

（1）数据采集层。主要由用户操作终端、物联网设备及旅游信息输入设备组成，为综合系统研判和处理提供数据来源。

（2）网络通信层。负责前端设备与系统服务端的传输与通信。

（3）数据分析处理层。作为综合数据库存储信息数据，同时对各类综合数据进行分析处理，形成有价值的参考信息。

（4）信息展现层。作为信息数据的表现形式和管理形式，为用户提供使用平台。

（5）业务应用展现层。为不同使用用户提供业务功能。

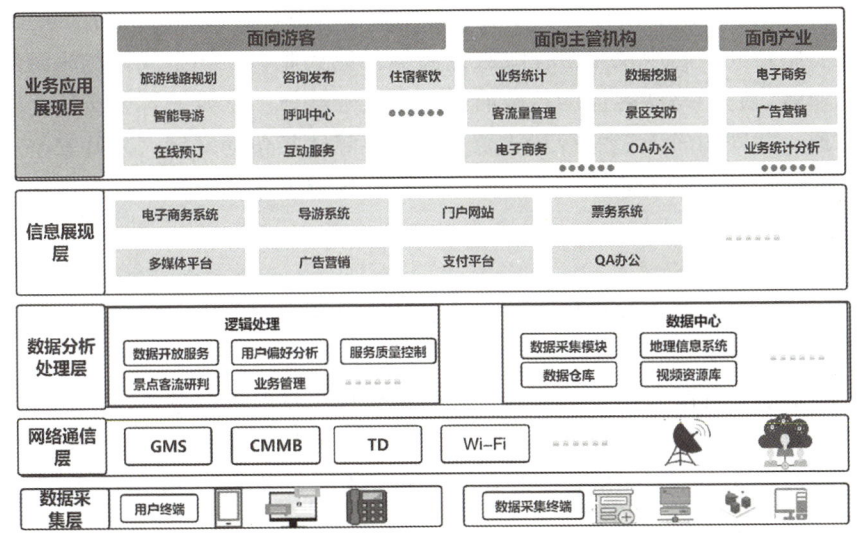

图 6-1　目的地智慧旅游建设整体框架

二、目的地智慧旅游基本架构分析

目的地智慧旅游的基本构架主要分为智慧旅游综合管理平台、前端应用体系和后端支撑体系三大部分。目的地智慧旅游基本架构是以创新融合的通信与信息技术为基础，直接在云计算平台进行建构。以游客互动体验为中心，以一体化的行业信息管理为保障，以激励产业创新、促进产业结构升级为特色且各子系统之间相互渗透，互为支援、互为动力，有机地建设一体化、敏捷化、数字化、交互式的旅游发展新模式，推动目的地智慧旅游的快速发展。

（一）智慧旅游综合管理平台

智慧旅游综合管理平台作为目的地智慧旅游的大脑和枢纽，在整个智慧旅游体系架构中起到匹配、整合、协调、联动各个应用体系和管理系统的作用，平台在实现智慧旅游各子系统相关业务数据统一抽取、融合共享的基础上，并与多种配套保障体系相互配合，对景区、酒店、旅行社等旅游应用系统进行统一协同管理，实现多系统间的信息共享、协同联动，并为旅游管理人员提供统一的入口，以进行旅游行业监控与管理。

（二）前端应用体系

前端应用体系包含游客、景区、旅行社、酒店、其他从业者、旅游主管部门 6 个实体及一套保障体系。它们是智慧旅游的实际组成部分，各自扮演着不同的角色。其中，"游客"与"旅游主管部门"位于体系的两端，着重体现了智慧旅游中的旅游体验和政府管理的智能服务，是智慧旅游的两条主线。景区、旅行社、酒店及旅游在线服务商等其他从业者共同组成智慧旅游的服务从业者，它们是游客体验与政府管理的实际载体。旅游业各个实体之间融会贯通，共同构成无缝的智慧旅游主体。保障体系包含环境、公共安全、交通、医疗护理、灾害防护5个方面，对智慧旅游主体的正常、有序运作起着非常重要的作用。

（三）后端支撑体系

后端支撑体系主要包括旅游信息资源数据库和智慧旅游基础服务系统两部分。

旅游信息资源库从旅游信息化整体和全局出发，重点考虑和建设一批战略性、宏观性、基础性和公益性的旅游信息资源基础数据库。典型的旅游信息资源数据库包括：GIS地理信息数据库、旅游资源数据库、游客资源数据库等。

智慧旅游基础服务系统主要面向游客、旅游行政管理部门、景区、旅游服务从业者以及配套保障部门等。智慧旅游基础服务系统提供资源发布接口，能够统一管理和智能调度各种旅游资源，并提供旅游资源调控、运行态势监督、资源使用统计、旅游情况预测等支持。

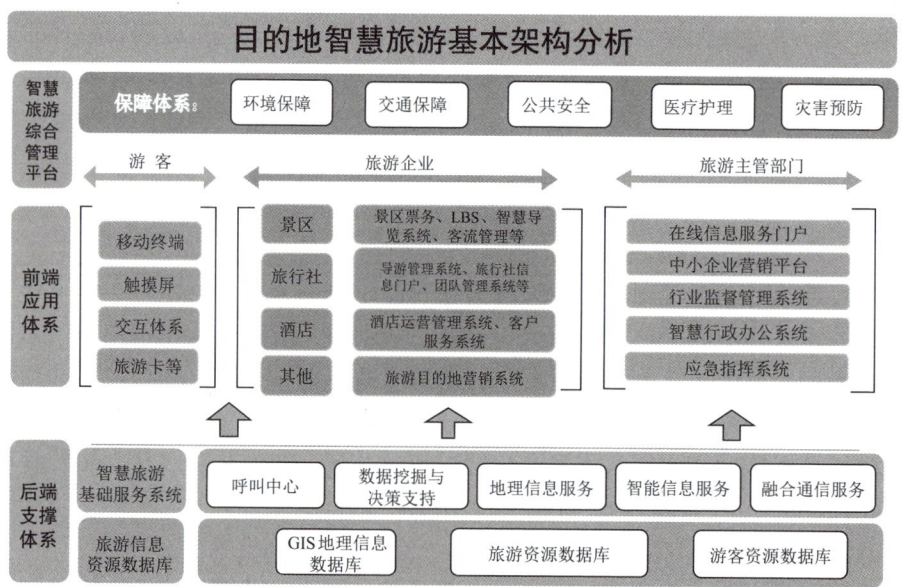

图6-2　目的地智慧旅游基本架构

三、目的地智慧旅游建设的核心目标

目的地智慧旅游建设要做好三方面服务：服务游客、服务企业、服务主管单位，让游客智慧旅游，让企业智慧经营，让旅游管理部门智慧管理，创建优质的旅游生态环境，提升旅游的服务品质，进而推动地区旅游经济的快速、健康发展。

（一）智慧旅游

让游客智慧旅游是目的地智慧旅游建设的核心任务和目标。通过智慧旅游网站建设、智慧旅游手机平台等的建设，满足游客出行前、出行中、出行后的导行、导住、导游、导购、导娱、导食的旅游需求，为游客提供便捷的服务，使旅游经济效益最大化，更好地带动区域经济的发展。

（二）智慧管理

各级旅游主管部门利用建立的智慧化技术应用平台，提高政府的管理能力和效率。通过智慧旅游综合管理平台实现对旅游饭店、旅游景区、旅行社等单位网上的旅游经营实时监测，实施网上对旅游经营单位的数字化、智能化和精细化管理，实现网上阅文、审批、办件等功能，全面提高管理水平，提高管理效益。

（三）智慧经营

通过目的地智慧旅游的建设，将企业经营与地区旅游进行有效结合，拓展企业的营销宣传渠道，为企业发展创造更多机遇。

完善智慧旅游电子商务平台，使电子商务平台具备金融结算、物流配送、票务服务、信息产业等功能，通过构建信用体系，制订交易规则，建立基于物联网、互联网技术的交易平台，为游客提供订票、订车、订房、订餐、购物等多种旅游产品与服务的网上交易，方便旅游企业的经营管理。

【任务训练】

通过本任务的学习，学生应熟悉目的地智慧旅游建设的整体框架及基本架构。

任务准备	全班分小组搜索全域旅游与智慧化运营相结合的相关案例
任务要求	1.各组讨论目的地智慧旅游的总体架构如何设计 2.各组讨论如何从服务游客、服务企业、服务主管单位3个方面提升目的地智慧旅游的服务品质，进而推动地区旅游经济快速、健康的发展
任务成果	每组提交讨论文字稿
评价方式	学生自评、教师评价及第三方平台评价相结合。小组分工时，应保证每位成员都承担相应项目任务

任务二　SaaS 平台应用

【任务导入】

"一部手机游青岛"平台上线，旅游城市+数字城市新范本

2023年，青岛市文旅局负责建设的"一部手机游青岛"平台正式上线，这标志着"一部手机游青岛"项目已正式面向广大市民游客提供吃、住、行、游、购、娱一站式服务。

据了解，"一部手机游青岛"项目打造了"一中心三平台"，即青岛文旅大数据中心、游客公共服务平台、涉旅企业管理服务平台、文旅综合监管平台，将实现文旅信息化建设流程再造，前端连接游客商家、后端连接景区、主管部门，实现文旅资源全部上平台，并有效互动、动态升级。

文旅大数据中心主要实现大数据采集分析和三维可视化两大功能，采集腾讯大数据、高速公路、航空、OTA等多维数据，进行统计分析，为产业监管、资源监管、客情监管提供数据支撑。产业监管方面，可提供产业经济、营销监测等两类数据分析；资源监管方面，可提供景区景点、酒店住宿、文博场馆、旅行社导游、乡村游等5类数据分析；客情监管方面，可提供游客客情、游客市场、全域文旅客情监管、航空客流等4类数据分析，为文旅产业政策制定、产品优化、服务提升、精准营销赋能赋智。游客公共服务平台、涉旅企业管理服务平台、文旅综合监管平台，这3个综合性服务平台，主要满足政府侧监管精准高效、用户侧服务智能全面、企业侧运营降本提效等功能需求。

游客公共服务平台以微信小程序呈现，平台设有22个功能模块，平台提供预约预订和购票购物类服务、城市旅游特色功能展示、旅游出行服务。已接入重点景区、酒店、文博场馆，名优特产专销，市民游客可通过微信搜索、扫码、小程序分享3种方式登录使用。文旅综合监管平台分为监控与直播、客情实时监管两大模块。监控与直播系统可对全市重点文旅景区场馆进行实时监控和安全巡查，目前已接入全市AAA、AAAA级及以上景区和国有文博场馆；客情实时监管系统可汇聚全市AAAA级以上景区游客精准画像，第一时间掌握游客动态，实现客流智能监测和实时预警。

任务解析： 文旅行业具备"一业带百业"的特点，大文旅涉及市场主体多、跨市场资源多、所需公共服务多、产生数据量大，数字化治理为文旅的发展提供了高质量发展的有效路径，而统一数字平台的建设则可以实现跨行业、跨领域的数据赋能。

请同学们阅读"一部手机游青岛"平台资料，思考以下问题。

1. 这种一站式智慧旅游服务能给游客提供哪些旅行便利？
2. 如何通过一站式智慧旅游服务释放数据要素的治理效能？

一、SaaS 概述

(一) SaaS 的概念

SaaS（Software as a Service），又称软件运营，是基于互联网提供软件服务的软件应用模式。作为一种在 21 世纪兴起的创新软件应用模式，SaaS 是软件科技发展的最新趋势。

视频 6-1：
SaaS 概述

SaaS 提供商为企业搭建信息化所需要的所有网络基础设施及软件、硬件运作平台，并负责所有前期的实施、后期的维护等一系列服务，企业无须购买软硬件、建设机房、招聘 IT 人员，即可通过互联网使用信息系统。企业根据实际需要，向 SaaS 提供商租赁软件服务。实际上，我们几乎每天都在和 SaaS 云服务打交道，例如，平时使用的 SAP、百度云网盘等产品。

(二) SaaS 产品的功能特性

从整体上来说，SaaS 系统有以下特性。

（1）在统一的地方管理。
（2）托管在远程服务器上。
（3）可通过互联网访问。
（4）用户不用对硬件或软件进行更新。

二、SaaS 产品种类

(一) 旅游行业管理

利用信息技术帮助旅游行业管理者合理安排旅游资源，通过准确地掌握游客的旅游活动信息和旅游企业的经营信息，实现旅游行业监管从传统的被动处理、事后管理向过程管理和实时管理转变。

(二) 旅游商家服务

通过旅游舆情监控和数据分析，挖掘旅游热点和游客兴趣点，策划对应旅游产品，制定对应的营销主题，推动旅游行业的产品创新和营销创新；同时通过量化分析和判断营销渠道，优化长期合作的营销渠道，提升旅游企业对游客日益增长的多方式、多途径信息获取诉求的响应能力。

(三) 游客服务

为游客提供全新服务体验的新型环境，结合旅游目的地和景区、旅行社、在线网络，实现游客在旅游信息获取、旅游计划决策、旅游产品预订支付、享受旅游目的地"三导"（自助导览、电子导游、在线导购）和回顾评价旅游的整个过程中的一站式服务、全链式响应。

【任务训练】

通过本任务的学习，学生应了解 SaaS 平台在智慧旅游中的应用及未来发展趋势。

任务准备	全班分小组搜集 SaaS 平台在智慧旅游中的应用案例
任务要求	1. 各组选择一个 SaaS 平台在智慧旅游中的应用案例 2. 各组针对搜集到的案例进行分析，其主要内容包括： （1）SaaS 平台在智慧旅游中的应用价值 （2）SaaS 平台在未来的发展趋势
任务成果	每组提交一篇应用案例分析报告
评价方式	学生自评、教师评价及第三方平台评价相结合。小组分工时，应保证每位成员都承担相应项目任务

任务三　旅游公共服务运营

【任务导入】

延庆打造"长城内外"服务平台

"长城内外"服务平台是北京市首家全域旅游电商平台。"长城内外"整合八达岭长城、延庆区及周边旅游资源，充分发挥八达岭长城品牌优势，打造集吃、住、行、游、购、娱为一体的网络服务体系，本着提升景区服务水平、提高景区信息化程度的旅游电子商务理念，为游客和企业提供网上在线交易服务。

如今，"长城内外"已建成美丽延庆官方平台、数字化管控平台、票务综合业务管理系统、云 PMS 酒店管理系统、全域旅游年卡系统、导游导览、智能客服、AI 互动旅游攻略、云餐饮新零售系统等多维度应用系统，对外链接了微信公众号、小程序、官网等多个端口，对接中国银行、华为鸿蒙、腾讯、电子支付等平台系统。

经过多次技术升级迭代，"长城内外"已实现延庆区各景区、酒店、民宿客栈、租车导游、土特产品和文创纪念品预订"一站式"服务功能，累计服务数千万游客及近千家旅行社、景区、酒店等旅游企业，实现在线交易额 5 亿余元。

任务解析："长城内外"通过多系统联动、智慧协作，为游客提供"一码游""一站式"

服务；借助"互联网+"、大数据、人工智能等现代信息技术，整合延庆区及周边旅游资源，智能分析游客出行数据，为景区智慧营销和管理提供数字化依据。

请同学们阅读"长城内外"服务平台资料，思考以下问题。

1. 长城内外建设的主要系统包括数字化管控平台、票务综合业务管理系统、云 PMS 酒店管理系统、全域旅游年卡系统、导游导览、云餐饮新零售系统、智能客服、AI 互动旅游攻略等，他们分别都发挥着哪些作用？

2. 你所在的城市或地区开发的全域旅游地图或平台都有哪些功能？

一、旅游电子地图和全域旅游地图

（一）旅游电子地图

旅游地图是地图学和旅游学交叉、渗透、结合的产物。它是以视觉的、数字的或触觉的方式表达旅游空间信息的工具。

旅游电子地图，是利用计算机技术，以数字方式存储和查阅的以某地区旅游为专题的地图。旅游电子地图的图素主要包括各种类型的旅游点和游览街区、娱乐和商业网点、旅游交通、旅游接待设施、旅游管理和咨询机构、医疗和公安机构等，此外还有必要的地理基本要素，如地形、水文、气候、行政区划、重要机构和企事业等，而对其他如居民点、没有旅游价值的街巷等则只做简单标示或略去。即旅游地图通常要以旅游的客体和媒体为主要图素。

（二）全域旅游地图

全域旅游地图要标识出主要旅游吸引物及旅游公共服务设施的位置，包括旅游集散中心、旅游主题线路、旅游景点、乡村旅游点、重要城市游憩区（点）、旅游厕所、高速公路出入口、停车场等，并明示咨询、投诉、救援电话等。在旅游集散中心位置显著处、重要通景旅游公路入口、核心旅游吸引物入口处、核心城市休闲商业街区等游客主要集散场所配套设置全景图或二维码下载服务，为旅游者提供全域旅游信息服务。

二、公共服务运营方式

（一）旅游公共服务平台

智慧旅游的目的是通过智能化的手段，提高旅游的信息服务水平，以满足游客、旅游企业和政府各自的需要。旅游公共服务平台是政府为游客和旅游企业提供公共产品和公共服务的一个平台，它是一个开放的服务系统，可以向广大游客、旅游企业、政府管理部门及公众提供全面、高效、方便的一站式旅游服务，从而提升旅游体验，促进旅游产业的良性发展。

（二）智慧旅游公共服务平台

在智慧旅游背景下，相关机构或部门建立一个公共服务平台是解决政府管理部门、旅游企业和旅游产品等相关信息共享，避免出现信息不对称和"信息孤岛"现象的强有力措施。

图6-3 旅游公共服务平台

智慧旅游公共服务平台是指集成海量旅游信息资源，实现各项服务和管理职能的综合性平台。智慧旅游公共服务平台建设的核心是建设一个多元渠道的旅游产业数据中心。它不仅是所有数据整合的中心，还是支撑智慧旅游产业服务体系的基础，面向游客、政府、旅游企业提供包括电子政务平台、旅游营销平台、预订支付平台、电子商务平台等诸多方面的应用。该平台涵盖了各类业务项目，是促进智慧旅游健康发展的强有力手段，能够全面提升政府旅游管理部门的管理能力和公共服务水平，引领旅游业更好更快地发展。

【案例6-1】

安徽省黄山市打造目的地智慧旅游运营新样板

近年来，黄山旅游发展股份有限公司（以下简称黄山旅游股份）依托黄山旅游官方平台（以下简称官方平台），运用信息化解决方案，丰富旅游公共服务，改善游客体验质量，持续提升智慧旅游能力。

1. 打造一站式数字化旅游服务平台

自官方平台上线以来，积极整合黄山风景区、黄山市及周边文旅资源及要素，发挥黄山旅游品牌优势，应用"互联网+"、大数据、人工智能等技术，构建吃、住、行、游、购、娱一站式

视频6-2：
智慧旅游公共
服务平台

旅游产品和便捷智能服务平台，打造集智慧服务、智慧管理、智慧营销为一体的目的地智慧旅游创新运营体系。

官方平台为游客提供支付宝/微信小程序和公众号、H5和PC官网等多端口的登录入口，可满足不同终端用户使用需求。进入平台后，用户可一键实现景区景点、酒店民宿、租车导游、土特产和文创纪念品等全业态文旅产品的预订服务，还可在平台上发现更多"惊喜"内容：新鲜玩法、特色活动、出游攻略……平台界面准确囊括了旅游出行的必备干货，也为旅途的行前、行中提供了更多信息参考。

据了解，自上线以来，官方平台已实现黄山市及周边全业态、一站式旅游产品和服务提供，主要产品覆盖市内及周边景区50余家、酒店民宿230余家、特色商品600余款、精品旅游线路140余条。截至2021年年底，官方平台注册会员数超240万，在线交易额超17亿元。

2. 精准把控需求升级服务内容

近年来，官方平台进一步升级改造，联合黄山旅游股份旗下酒店，为黄山市民率先推出平价便民简餐，积极拓宽电商助农渠道，帮助滞销的深渡镇三潭枇杷远销京、津、辽等地。

与此同时，官方平台还成为黄山市景区实名制分时预约的官方总入口，为全市46家AAA以上景区提供实名分时预约预订。游客可根据自身需要，提前进行在线实名预约，自主选择入园时间，抵达景区后直接扫描二维码或刷身份证快速入景区，有效防止游客拥堵，提升出行体验、方便景区管理。在此基础上，官方平台还以完善公共服务能力为导向，开发了景区预约数据管理系统，并将预约数据接入安徽省文旅厅、黄山市文旅局、黄山市数据资源局相关管理系统，更好地为政府主管部门提供信息化管理手段。

3. 嫁接资源描绘新文旅商业蓝图

2021年7月，黄山旅游股份与蚂蚁集团携手合作的"目的地新旅游、新生活"项目正式落地，安徽途马科技有限公司揭牌成立，正式开启了中国文旅行业数字化转型新征程。同年年底，以官方平台为载体，运用区块链技术在全国景区率先推出"黄山首款数字文创纪念门票"，为黄山数字IP文化打开了新局面。

在不断运营迭代升级的过程中，官方平台还积极携手更多伙伴开展系列跨界合作，在自主开发的票务综合业务系统、迎客松酒店管理系统、新国线景区交通系统、呼叫中心系统、TIMAS旅行社系统等六大业务管理系统基础上，嫁接中国银行、建设银行、工商银行、徽商银行等商业银行App系统，保险和银联等综合金融在线平台，携程等OTA平台，"游安徽"App、"皖事通"、黄山市城市大脑等省市相关政务信息系统。在实现系统联接、数据打通后,共享海量资源,抓取用户在不同场景下的行动轨迹,细分不同群体精细画像,分析挖掘旅游热点与游客兴趣点,借此引导平台赋能相关旅游企业,推出相应产品,推动大数据精准营销、跨界营销等新文旅商业的持续发展。

(案例来源:新民晚报官方账号,通讯员黄秋影,新民晚报记者吕倩雯)

案例分析:黄山旅游官方平台结合"互联网+"设计理念,借助大数据、人工智能等现代信息技术,依托黄山风景区旅游资源,整合黄山市及周边文旅产业要素,为游客提供吃、住、行、游、购、娱一站式旅游产品和便捷智能服务,打造"目的地新旅游新生活"数字化服务平台。它丰富了旅游公共服务,改善了游客体验质量,再造了旅游企业相应流程,提升了产业整合能力。

(三)智慧旅游公共服务平台的主要功能

智慧旅游公共服务平台	主要功能
交通信息查询	飞机、火车、汽车等到达目的地的交通线路及信息查询,提供按出发地、目的地、出发日期及时间、到达日期及时间、航空公司、列车班次等多种查询方式
天气预报查询	检索查询景区或指定查询部分地区的未来天气状况,为游客出行提供必要的天气信息参考,系统数据可依据网站定期自动或人工更新,或由专业数据提供商提供并自动更新
在线旅游咨询	无论是普通游客,还是景区的客服人员、提供相关服务的商家,都能在这个平台上进行充分交流和良性互动,以提供人性化服务为宗旨,使咨询系统更具有服务价值
在线帮助查询	提供游客所关心的常见问题的分类检索及查询,可自定义信息分类或无限级别设置,可灵活实现多种关键字段的前台检索。系统查询数据初步由主管单位和各景区收集录入,系统运营后将在线咨询中陆续收集的各类型问题同步提交到查询数据库,不断更新的数据又为游客提供更完善的查询支持,实现内容更新的有机循环
游客投诉反馈	游客可自定义投诉表单内容,后台统一发布,表单内容自动发送到指定职能部门的邮箱,也可存入数据库,供后台查阅。游客的投诉信息可以多个表单形式反馈到一个部门,也可以单一表单形式反馈到多个部门

三、旅游呼叫中心

（一）认识呼叫中心

呼叫中心（Call Center），又称客户服务中心，是一种基于 CTI 技术、充分利用通信网和计算机网的多功能集成，并与企业连为一体的一个完整的综合信息服务系统。世界上第一个具有一定规模的，可提供 7×24 小时的呼叫中心是由泛美航空公司在 1956 年建成并投入使用的，其主要功能是机票预订。随后，美国电话电报公司（AT&T）推出了第一个用于电话营销的呼出型（Outbound）呼叫中心，并在 1967 年正式开始运营，采用的 800 被叫付费方式。此后，利用电话进行客户服务、市场营销、技术支持和其他特定商业活动的概念逐渐在全球范围内被接纳和采用，直至形成今天规模庞大的呼叫中心产业。

视频 6-3：旅游呼叫中心

【案例 6-2】

以声传情　情满泰山

"你好，泰山景区，请问有什么可以帮您？"

从晨光熹微到子夜时分，在泰山景区有一个地方始终灯火通明、从不打烊，24 小时接听游客、市民的来电，这里就是泰山景区呼叫服务中心。泰山景区呼叫服务中心成立于 2018 年 8 月，依托"智慧泰山"全方位打造集咨询、投诉、广播、求助、寻人、救援、防火报警值班、假日指挥等智慧旅游服务。

他们对每一件投诉咨询都认真梳理、细致分类，严格程序，网格管理，落实首问责任制，打通客诉"最后一公里"，以提升旅游品质为核心，以确保游客满意为标准，努力做好每一件事、认真善待每一个人，是他们始终不变的诺言。他们用实际行动践行了"服务就是品牌、服务就是形象、服务就是营销，服务就是景区未来发展的最前沿"！

（案例来源：泰山景区融媒体中心）

案例分析：泰山景区呼叫服务中心达到了"即接、即办、即回、即访"的智能化工作流程。用细节彰显真情，用真诚化解矛盾，全力打造了"以声传情　情满泰山"服务品牌，不断提升游客满意度。

（二）旅游呼叫中心的功能

1. 改善旅游咨询服务质量

呼叫中心这一服务平台，可以让旅游企业与游客之间沟通更方便，信息更统一，避免出现多种说法的现象。呼叫中心还具有全程录音功能，可以完整地记录每一段通话内容，保证服务质量。

呼叫中心系统提供完善的用户信息，具备用户来电识别功能。当接通用户电话时，系统自动弹出用户资料，客服人员对用户信息一目了然，这种人性化的服务让用户倍感亲切。

图 6-4　旅游呼叫中心客服

2. 有效整合资源

旅游呼叫中心集传真、网络电话、邮件、短消息等多种接入方式为一体，使资源得到有效的整合，不仅为旅游企业节约成本，而且信息传递、共享也更加快捷和高效。

3. 提高工作效率

旅游呼叫中心采用自动呼叫分配（ACD）技术的多种排队机制，自动分配智能电话排队、自动呼叫分配热线电话，可以有效地解决呼叫占线、用户长时间等待等问题，缩短了响应用户时间。

4. 优化旅游服务流程

呼叫中心只需要对外公布一个统一的 400 或者 800 号码，便于用户记忆，用户可以随时拨打热线电话，与客服人员沟通。

根据旅游呼叫中心功能划分各部门工作职责，精简不合理的岗位。对于用户来说，减少了中间问题的转接环节，优化了旅游企业的服务流程。

5. 及时处理游客投诉

当游客对旅游企业服务有不满时，可以随时拨打呼叫中心的投诉热线，让游客可以享受一个愉快的旅游行程。该系统对游客的投诉处理及时跟踪并把处理结果反馈给游客。

6. 提升旅游企业的品牌优势

在呼叫中心建立之前，旅游企业只能靠提高服务人员的素质来改善旅游服务质量、服务形象。而旅游呼叫中心系统的建立，为旅游企业提供了一个信息传递更快捷，服务更专业的服务窗口，从而为旅游企业发展奠定了更好的品牌基础。

【任务训练】

通过本任务的学习，学生应熟悉公共服务运营，掌握旅游呼叫中心的功能，结合实际案例，激发学习兴趣。

任务准备	全班分小组搜集旅游目的地公共服务智慧化运营的相关案例
任务要求	1. 各组讨论确定一则公共服务智慧化运营案例 2. 各组针对搜集到的案例进行分析，其主要内容包括： （1）案例概况 （2）案例实践做法 （3）案例创新点
任务成果	每组提交一篇案例分析报告PPT
评价方式	学生自评、教师评价及第三方平台评价相结合。小组分工时，应保证每位成员都承担相应项目任务

任务四　旅游目的地供应链管理

【任务导入】

福州：丰富文旅产品供给　绘就"诗和远方"新画卷

依托滨海资源引进龙头项目，是福州深化文旅融合、推动文旅经济高质量发展的缩影。福州聚焦打造海滨城市、山水城市，加快建设文化强市和世界知名旅游目的地，推动文旅经济"量质"齐增，被国务院办公厅列入全国"文化产业和旅游产业发展势头良好"激励地方名单。

优质文旅产品是发展文旅经济的核心竞争力。福州深度挖掘古厝、坊巷、船政等特色资源，不断丰富文旅产品供给。近年来，福州积极创新文旅产品供给，以"演艺＋旅游"，推出《最忆船政》《寻梦闽都》《雀起无声》等一批文化旅游精品演艺项目，满足市民游客对新兴产品的需求。《最忆船政》将157年的船政时光浓缩进70分钟的表演中，游客坐在移动座椅上，仿佛置身时光飞船，加上精彩的船政故事，留下的印象深刻。

同时，福州聚焦"闽韵新风"主题，精心打造"闽江之心"等一批"闽都韵、国际范"文旅新地标，建设沿马尾、长乐、福清、连江、罗源海岸线"看山望海"的滨海风景道。全力整合山区与沿海、自然与人文、城市与乡村文旅资源，加快发展温泉游、古厝游、闽江游、内河游等一批特色文旅产品。

餐饮集合店与设计师潮牌的碰撞、艺文教培与休闲娱乐的融合……漫步在福州烟台山景区，200多家品牌商户门前人潮涌动，零售、餐饮、酒店、休闲娱乐等各个业态欣欣向荣。

此外，福州创新实施"放心游福州"服务承诺，全面提升吃、住、行、游、购、娱服务品质，不断提高游客的满意指数、幸福指数，助力"有福之州"文旅品牌越擦越亮。

任务解析：坚持以文塑旅、以旅彰文，推动文化和旅游更广范围、更高水平深度融合，打造更多人们喜闻乐见的新场景、新业态、新模式，实现旅游更高水平供需动态平衡，推动旅游高质量发展迈上新台阶，更好发挥旅游在助力经济社会发展、构建新发展格局、提高人民生活品质、增强人民精神力量等方面的重要作用。

请同学们阅读福州丰富文旅产品供给的资料，思考以下问题。

1. 福州在旅游目的地供应链管理方面都重点做了哪些工作？
2. 你所在的城市或地区近几年在满足人民多样化、个性化、高品质的旅游需求等方面做了哪些系列工作？

一、旅游目的地规划平台

随着智慧旅游科技发展，旅游规划设计逐步由纸质、平面成果转向智慧、智能、动画、虚拟成果。

为更好适应未来旅游规划设计技术成果应用，目的地应逐步构建智慧旅游规划设计平台，利用GIS系统掌握目的地旅游资源，利用云计算、物联网等技术感知旅游者信息，运用VR技术表达旅游规划设计理念、旅游规划设计场景等，为全域旅游目的地规划提供科技支持。

二、旅游目的地管理运营平台

目的地智慧旅游管理通过政务内网、政务外网、管理业务网、交互/展示平台、综合资源数据库以及配套的支撑设施，为游客、文旅企业、投资者、主管单位提供配套的业务支撑，促进地区文化旅游业的发展。

(一)政务及行业管理平台

政务公开系统以信息发布为主,通过栏目管理功能实现栏目的自定义建设,并且可以为每个栏目进行个性化的页面定制,通过用户和权限管理,对应的部门可以管理各自的栏目。信息发布和初审在部门内部完成,经过终审后进行发布,既可以保证政务公开的准确性,又可以保证内容更新及时。政务公开系统包括的主要栏目有政务动态信息、新闻中心、政府职能、法规文件、党群建设、社会经济发展、办事服务、公众参与、关注民生等。

(二)游客电子服务平台

1. 游客公共服务系统

游客公共服务系统主要包括交通信息查询系统、天气预报查询系统、在线旅游咨询系统、游客投诉反馈系统等。

2. 游客电子商务系统

游客电子商务系统主要包括游客自助旅游系统、景区网络订票系统、酒店预订管理系统、餐饮预订管理系统、特产购物系统等。

3. 游客自助咨询系统

通过游客自动咨询系统,以文字、图片、声音、视频等多种形式,生动翔实地向游客展示风景区秀丽的自然风光、人文景观、丰富的动植物资源、完善的旅游服务设施以及多姿多彩的民风民俗,方便快捷地向游客提供旅游实时信息及吃、住、行、游、购、娱六方面信息的即时查询服务,同时具备投诉申告、旅游调查等旅游信息反馈功能。

咨询系统采用多种技术,把分布在不同地点的服务终端——触摸屏等接入到数据中心,在风景区的游客集中地每天24小时为游客提供双向资讯信息、消费和各种娱乐服务,成为游客了解风景区各种旅游信息的好助手。同时提供便携式电子导游,游客可在旅游咨询服务中心借用,当游客进入特定区域,系统将自动进行播报。

(三)目的地监管系统

目的地监管系统是基于GIS、LBS等技术实现监控、门禁、网络、LED、车辆识别、车辆调度、操作控制、信息发布、统计分析、呼叫接警中心等监管工作,包括营销推广系统、客流监控系统、大数据挖掘系统、停车管理系统、环境监测系统、安全监控系统、统计分析系统、呼叫调度系统、物联网平台、权限管理系统等。

(四)企业综合应用系统

企业综合应用系统为各景区、酒店、旅行社等各旅游企业提供在线服务和电子商务应用,以保障地区文旅资源的有效整合。包括旅行社预订管理系统、景区营销管理系统、旅游信息发布系统、电子商务管理系统、酒店综合管理系统等。

为了实现目的地智慧旅游体系的构建，旅游目的地要实现 Wi-Fi 的全覆盖，在客流集中区、环境敏感区、旅游危险设施区设立视频监控、人流监控、位置监控、环境监测，并建立基于互联网门户、WAP 门户和手机客户端的智慧系统和大数据中心，最终形成旅游新智慧体系。

三、旅游目的地营销系统

（一）智慧旅游目的地营销系统

视频 6-4：旅游目的地营销系统

旅游目的地营销系统（Destination Marketing System，DMS）的概念在 1997 年由世界旅游组织（World Tourism Organization，UNWTO）提出，定义为：借助互联网和数据库技术、多媒体技术和网络营销技术，以网站为主要门户和表现形式，利用开放式体系架构，将互联网电视商务、网络营销、行业管理、信息服务等融合为一体，以跨媒体的低投入营销方式，获得高效完整的综合型应用系统，是针对旅游目的地（国家、区域、景区等）量身定制的整体营销和电子商务解决方案，是全国性的旅游信息化网络系统。

随着网络信息技术的快速发展，以及智慧旅游、"互联网+"概念的提出，旅游行业业态、网络信息环境、信息传播渠道都发生了巨大变化和调整，目的地营销系统已经转变为智慧旅游目的地营销系统——智慧 DMS。智慧 DMS 是以互联网为基础，大数据、云计算技术为手段，利用网络营销技术进行旅游宣传和服务的一种旅游信息化综合应用系统。服务对象包括各级旅游管理部门、旅游企业、旅游者和目的地居民。主要目标是组合目的地区域的文旅资源和基础服务要素，塑造目的地旅游品牌形象，宣传营销目的地旅游产品，从而使目的地旅游产业在文旅市场上形成整体竞争力，为旅游消费者提供全时有效的旅游信息和移动便捷电子商务体验；为旅游企业提供线上交易平台和权威信息发布平台；为组织管理者提供电子办公平台，帮助其进行决策分析等。

（二）智慧旅游目的地营销系统的特点

与传统 DMS 相比，智慧旅游目的地营销系统具有以下特点。

1. 移动化

人们逐渐习惯用手机来了解旅游景点、旅游攻略，通过手机预订门票和相关旅游服务，消费者的旅游出行习惯正被移动互联网变得碎片化和移动化，现今不仅信息和交通是移动的，同时人也是移动的。智慧 DMS 是以移动互联网为主要基础,移动端为表现形式,而电脑终端是辅助角色,这和以往的目的地营销系统在终端运用的表现形式进行了置换,需要在构建思想方面进行变革,以便适应移动互联网高速发展的形势。

2. 多渠道

旅游目的地管理机构积极参与拓展微博、微信、社区客户端等移动端渠道,但是各渠道间联系较少,甚至过于依赖于某单一渠道,常常陷入营销渠道的误区,忽略目的地旅游产品本身。所以在传播信息时,还需要留下客户,利用多渠道培养客户群,如利用微信、微博等社交软件,今日头条、搜狐新闻等新闻资讯聚合类 App,携程、去哪儿等 OTA 平台,马蜂窝、在路上等旅游 App。

3. 应用化

旅游智慧化要求,旅游目的地的旅游信息应该按照"无时不在,有求必应"原则,对渠道功能实现应用化。用移动端查用,可以轻松嵌入渠道平台,实现目的地的官方微信公众号模块化功能等,使渠道为功能应用服务,连接各级目的地系统,构建多元化、功能化的旅游目的地移动端应用商店。

4. 客户库

搭建目的地旅游客户管理系统,将各种线上平台和移动终端应用的"粉丝"客户化。随着互联网的发展,网络用户激增,国内旅游管理机构必须确立"客户"服务思想,因为这是精准营销的基础。DMS 的目的地客户管理系统通过各种线上和移动端渠道,收集客户各类信息(浏览记录个人喜好、游客特征等),记录客户服务和交互的过程(咨询、交易、反馈、评价等)。通过构建客户管理系统,将线上"粉丝"客户化,实现客户群体划分,为精准营销提供基础。

5. 增值化

流量分发和流量增值功能是智慧化的 DMS 应该具备的功能特征。调查显示,去哪儿、携程、途牛等线上旅游服务平台每日流量排名在全国旅游类APP 中名列前茅,同时,OTA 和旅游信息供应商的旅游产品目的地化趋势明显,加之在移动终端和 PC 端表现形式的多样性,为目的地营销系统提供了机会。由于当前 DMS 普遍存在过分依赖渠道而导致目的地旅游信息不能有效满足游客需求,最终造成 DMS 流量增值空间不大的问题。旅游目的地系统通过与 OTA 和旅游信息供应商衔接合作,达成双方共赢的局面。

6. 位置化

在传统的 DMS 中,旅游企业的营销和目的地的形象宣传一直局限于 PC端,但智慧化的 DMS 将 LBS(位置服务)融入旅游信息中,通过对游客的实时准确定位,让游客随时可以了解周围的旅游产品信息,方便游客做出最优选择，同时也帮助旅游企业找到可能实现消费的游客。

7. 关联化

智慧 DMS 是以形象宣传、信息供给、产品营销为核心的流量分发与增值，以串联上下级目的地营销系统为纵向的协同关联，以链接 OTA、旅游信息服务商、移动终端等渠道为横向的导流和互动，建立纵横交错的关联化旅游目的地营销系统，实现数据信息的互通共享。

8. 大数据化

"大数据 + 旅游"实现了旅游智慧化，利用大数据对游客进行多维度分析，包括客源市场定位、旅游市场细分、旅游营销诊断、项目可行性推演等，提升精准营销能力。大数据还可以对旅游舆情进行监控，通过对全网关注度、影响力的声量诊断，对传播路径监控分析，研判网民情感倾向，分析舆情参与者人群特征等，提升游客服务质量。

【任务训练】

通过本任务的学习，学生应掌握目的地旅游管理平台和目的地营销系统的应用。

任务准备	全班分小组搜集旅游目的地公共服务智慧化运营的相关案例
任务要求	1. 各组结合任务导入案例探讨智慧旅游目的地营销系统的内容和特点 2. 各组针对搜集到的案例，结合营销系统的特点，制定旅游目的地营销方案，要求体现出以下特点： （1）移动化 （2）多渠道 （3）应用化 （4）粉丝"客户化" （5）增值化 （6）位置化 （7）关联化 （8）大数据化
任务成果	每组提交一篇旅游目的地营销方案
评价方式	学生自评、教师评价及第三方平台评价相结合。小组分工时，应保证每位成员都承担相应项目任务

项目六 旅游目的地智慧化运营

任务五 旅游大数据应用

【任务导入】

山东移动：大数据赋能智慧游

　　山东旅游休闲资源丰富，是国内休闲度假的重要目的地之一。广大游客来到齐鲁大地，遇见岱青海蓝，品味齐鲁风韵。为做好服务支撑，山东移动文旅大数据平台以领先的数据融合、技术创新与模型构建能力，为全省文旅产业提供精准数据支撑和智能化服务，以优质的配套设施和丰富的周边产品迎接八方来客，赋能"好客山东"智慧游。

　　山东移动充分发挥自有海量数据优势，助力相关部门实时整合汇聚全省游客数据，利用数据客观呈现全省文旅资源分布情况，监测各文旅景区运营动态，分析整体出游指数，实现对全域景区的动态监测和全面洞察。数据维度广泛，涵盖全省客流规模、游客行为特征、热门景区商圈、娱乐经济等方面，汇集出行时间、目的地、来源地、位置变化、年龄、性别、职业、兴趣爱好、上网行为等多维数据，同时融合在线旅游平台吃、住、行、游、购、娱等各方面消费数据，为文旅行业融合发展、城市智慧化管理提供有力支撑。

　　山东移动基于庞大的用户标签和精准位置能力，可助力相关单位对全域游客进行画像分析，精准识别游玩行为特征与游玩倾向洞察。通过信令位置解析，利用指纹算法，助力洞察群体出行线路；通过内容解析算法，分析兴趣偏好和消费意向，为文旅行业提供精准营销和服务。利用爬虫、机器学习、知识图谱等技术，构建业界领先的标签体系，沉淀海量高价值数据资产标签，多对象、多维度开展融合分析，便于对景点布局、消费行为、区域指向科学规划，助力全面准确把握山东文旅市场整体态势和游客需求。

　　基于机器学习算法、人工智能和大模型技术，山东移动利用游客识别、交通方式识别、出游方式识别、客流预测等模型，快速识别不同游客群体特征，赋能文旅服务创新升级。基于游客识别模型，精准统计各城市、景区游客数据；通过时空数据分析出航空、铁路和公路出游方式占比，进而分析城市或景区游客出行轨迹和偏好；通过伴随模型分析跟团游、自驾游等旅游偏好等模型赋能全域景区智慧调度，提升文旅管理效能，为文旅服务创新升级提供了有力支持。

　　任务解析：山东移动深耕文旅大数据平台建设，依托大数据、5G、人工智能、云计算等技术，充分发挥信息化、数字化优势，助力提升文旅管理部门数字化监管、精准化营销、应急指挥、产业优化等能力，以"数据化、系统化、融合化"进一步激活释放文旅经济动能，满足游客多元智慧游需求，为文旅产业创新发展注入更强动力。

　　请同学们阅读山东移动：大数据赋能智慧游资料，思考以下问题。

· 213 ·

1. 山东移动通过哪些方法和手段进行手机采集？
2. 为你所在城市或地区某一节假日到访的游客画一幅"游客画像"。

一、旅游商业消费支付数据

旅游商业消费是拉动地方经济发展的核心指标之一。旅游商业消费支付数据在任何系统中都是内部数据，但在合适的场景下，商业消费支付数据可以脱敏输出。旅游商业消费支付数据的主要来源基本上可以分为3种。

视频6-5：旅游商业消费支付数据

（一）顶层清算平台

我国的顶层商用清算平台主要有中国银联和网联。中国银联（China Union Pay）成立于2002年3月，是经国务院同意，中国人民银行批准设立的中国银行卡联合组织，总部设在上海。中国银联已成为全球发卡量最大的组织，发行近80亿张银行卡。网联清算有限公司（Nets Union Clearing Corporation，NUCC）是经中国人民银行批准成立的非银行支付机构网络支付清算平台的运营机构。

顶层清算平台的数据特点是覆盖面大，对于区域分析价值高。缺点是对于一些交易信息的细节不掌握，如持卡人来源地与商户具体地址等，在全面分析上略显不足。

（二）第三方支付平台

第三方支付是指具备一定实力和信誉保障的独立机构，通过与银联或网联对接，促成交易双方进行交易的网络支付模式。第三方支付是伴随着互联网支付而发展起来的新型支付平台，对于网络、电话及手机短信等各种支付方式有较好的支持。

在第三方支付模式中，买方选购商品后，使用第三方平台提供的账户进行货款支付（支付给第三方），并由第三方通知卖家货款到账并要求发货，买方收到货物、检验货物并进行确认后，再通知第三方付款，第三方再将款项转至卖家账户。

我国第三方支付的持牌机构知名的有支付宝、银联商务、财付通等。第三方支付机构因直接参与顶级结算机构的清算，具备清算能力和资金归集能力，有能力的第三方支付机构会提供输出数据服务。

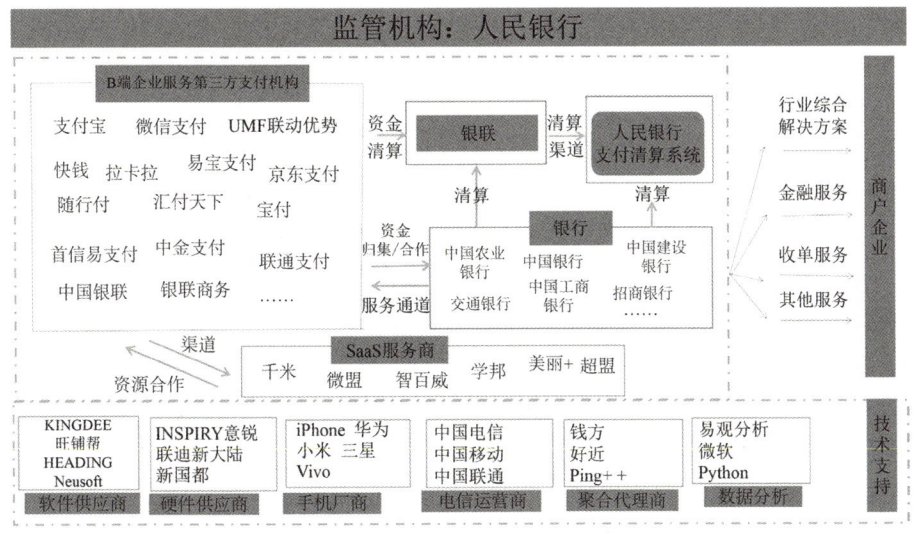

图 6-5　第三方支付平台图谱

（三）收单机构

收单机构是指与商户签有协议或为持卡人提供服务，凭交易单据（包括电子单据或纸质单据），直接或间接参加交换的清算会员单位。

收单机构主要负责特约商户的开拓与管理、授权请求及账单结算等活动，其利益主要来源为商户回佣、商户支付的其他服务费（如 POS 终端租用费与月费等）及商户存款。

大多数发卡银行和第三方支付持牌机构都兼营收单业务，也有一些非银行、非第三支付的专业服务机构经营收单业务，俗称第四方支付。

收单机构可以理解为 POS 机（实物形态和软件形态）的发放人，可以直接获取消费者的更多信息，故而其数据的完整性较高。收单机构数据的优势是对其有较多业务的商区和行业进行深入分析。但一般由于竞争关系，在一个行政区域各行业的总覆盖率都不会太高，故对于行政区域的整体消费分析价值不高。

二、游客出行轨迹

游客出行轨迹移动行为，包含从游客所在地到旅游目的地，在旅游目的地内部，以及从旅游目的地返回所在地的全过程。从广义上看，游客出行轨迹指的是游客与旅游目的地之间所产生的

视频 6-6：
游客出行轨迹

的所有时空行为,包括游客的旅游动机、计划、选择和具体活动。从狭义上看,游客出行轨迹指的是在旅游过程中,游客的时空位置变化及特征。在时间上,游客一般受节假日、季节的影响,节假日越长,游客越倾向于选择较远的旅游景区作为旅游目的地,相反,选择就近的旅游目的地。在某一旅游景点或旅游目的地的停留时间也受各种因素的影响。游客出行轨迹的空间行为,根据空间大小,可分为3个尺度:省内、省际和国际。一般为大尺度的游客出行轨迹,游客倾向于选择知名景点或景区作为旅游目的地。一般为小尺度的游客出行轨迹,游客倾向于选择临近居住地的景点作为旅游目的地。游客出行轨迹能反映游客在旅游地的时空分布及行为特征。

游客出行轨迹目前是依赖手机卡的运营商作为承载者,用户只要是通过手机卡或互联网上网,用户的互联网轨迹、App、位置、电话信息等时空行为轨迹均可被记录。运营商还可以获取游客的地区、省市、年龄、性别、职业类型等信息和精准画像并进行标签化处理,从而使精准获取海量旅游个体的时空轨迹数据并定量分析其时空规律成为可能。同时,通信工程学、统计物理学、计算机信息等学科的交叉也为定量化研究游客的时空行为提供了有力支撑。通信运营商在大数据的应用中具有得天独厚的优势,实名制要求保证了大数据的准确性,数以亿计的基础用户保证了数据的全面性和多元性,信息中携带的地理属性保证了数据的实时移动性,互联网接入数据和消费资源保证了数据的可持续性及实用性。因此,运营商采集的大数据信息相对来说是比较全面的。

运营商大数据与普通旅游大数据相比有很大区别,其中最大区别是它在遵从法律法规的情况下,获取到的全部是实名制用户数据,从而为各类企业规避风险,例如,可为金融机构提供征信参考。除此之外,可剔除过滤无效数据,进行实时数据读取,与各行各业所需信息进行精准匹配对接。运营商可采用加密、脱敏等一定的加密手段全面采集用户的行为信息,包括用户的位置信息、身份信息、网络信息、社交信息、消费信息、终端信息、行为信息、时序信息、出游信息等。运营商大数据可对海量的用户数据通过标签化处理,精确定位到用户的出行路线、时间信息、空间信息,并结合网上关注度、游客来源、景区等级、交通情况、天气和消费能力等多方面信息进行大数据分析,得到真实有效的参考数据。

三、LBS 位置数据

(一)定位原理

LBS(Location Based Service,基于位置的服务),又称移动定位服务,是通过电信移动运营商的网络（如 GSM 网）获取移动终端用户的位置信息（经纬度坐标），在电子地图平台的支持下，为用户提供相应服务。在旅游中基于位置的移动定位服务包括导航服务、位置跟踪服务、安全救援服务、移动广告服务、相关位置的查询服务等。例如，根据当前定位位置，通过在线旅游服务商的 App 等相关应用，可以查询附近酒店、旅游景点、娱乐设施等相关信息。

只要用户手机处于移动通信网络的有效范围之内，就可以随时进行位置定位，而不受天气、高楼、位置等影响。移动电话测量不同基站的下行导频信号，得到不同基站下行导频的 TOA（Time of Arrival，到达时刻）或 TDOA（Time Difference of Arrival，到达时间差），根据该测量结果并结合基站的坐标，一般采用三角公式估计算法，就能够计算出移动电话的位置。其精度很大程度依赖于基站的分布及覆盖范围的大小，有时误差会超过一公里，实际的位置估计算法需要考虑多基站（3 个或 3 个以上）定位的情况，因此，算法比较复杂。一般而言，移动台测量的基站数目越多，测量精度越高，定位性能就越高。

（二）数据源

手机基站定位数据包含在手机信令数据中，由移动通信运营商提供。手机基站定位数据由于定位原理不同于 GPS，能够持续获取用户位置点数据，游客位置数据的连续性好，适合旅游客流的轨迹分析。旅游大数据平台可将用户旅行轨迹动态实时呈现，可直接了解当前时段哪些地区、哪些景点的出行热度高，结合实时交通路况分析，预测出相应的出行趋势。但因为基站定位原理，对于基站不足的小地理尺度景区则无法获得游客位置数据，因此，手机基站定位数据适合用于较大地理尺度或区域客流统计。

四、用户画像

用户画像（Use Profile）的概念最早由交互设计之父 Alan Cooper 提出，是根据用户社会属性、生活习惯和消费行为等信息而抽象出的一个标签化的用户模型。构建用户画像的核心工作是给用户贴"标签"，而标签是通过用户信息分析而得来的高度精练的特征标识。

通过数据分析了解用户，根据他们的目标、行为和观点的差异，将他们区分为不同类型，然后从每种类型中抽取出典型特征。例如，个人基本信息、家庭、工作及生活环境描述，用一个名字、一张照片及一个场景等描述，就形成了一个具象的典型用户画像。人物角色一般会包含与产品使用相关的具体情境以及用户目标或产品使用行为描述等。为了让用户画像容易记忆，可以用具体的名字、标志性语言或几条简单的关键特征进行描述。

随着互联网的发展，用户画像又包含了新的含义。根据用户人口学特征、网络浏览内容、网络社交活动及消费行为等信息抽象出的一个标签化的用户模型，就是用户画像。它的核心工作是利用存储在服务器上的海量日志和数据库里的大量数据进行分析和挖掘，给用户贴"标签"。而"标签"是能表示用户某一维度特征的标识，主要用于业务的运营和数据分析。

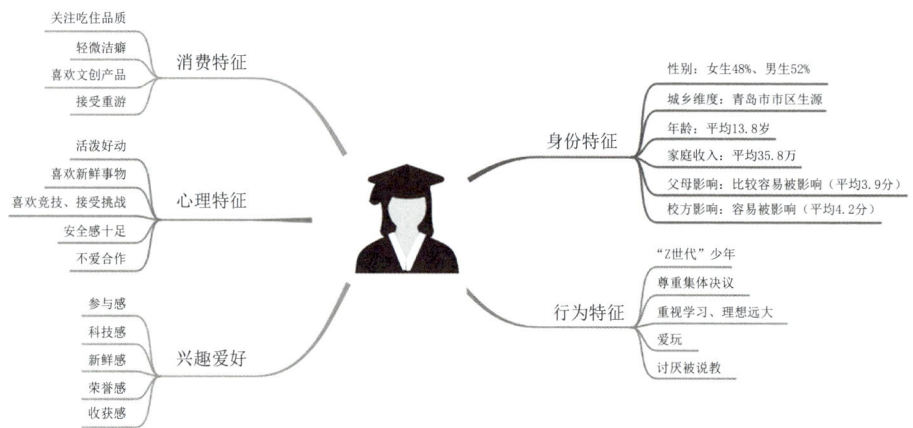

图6-6 "Z世代"游客用户画像示意图

简言之，用户画像是产品设计人员在产品规划阶段，基于对用户的真实需求，虚拟出的典型人物角色。用户画像是基于大量用户数据，结合相应的需求和场景沉淀出的一系列标签，这些标签共同为更好的产品迭代提供数据支持。

五、大数据可视化

（一）大数据可视化的概念

视频6-7：旅游大数据的可视化

可视化（Visualization）通常是利用计算机图形学和图像处理技术，将数据转换成图形或图像并在屏幕上显示出来，再利用数据分析和开发工具发现其中的未知信息，进行交互处理的理论、方法和技术。通俗地说，可视化设计的目的是"让数据说话"，用图形去讲述数据的故事（图6-7）。可视化是一种表达数据的方式，是现实世界的抽象表达。作为一种媒介，可视化已经发展成为一种很好的讲述故事方式。

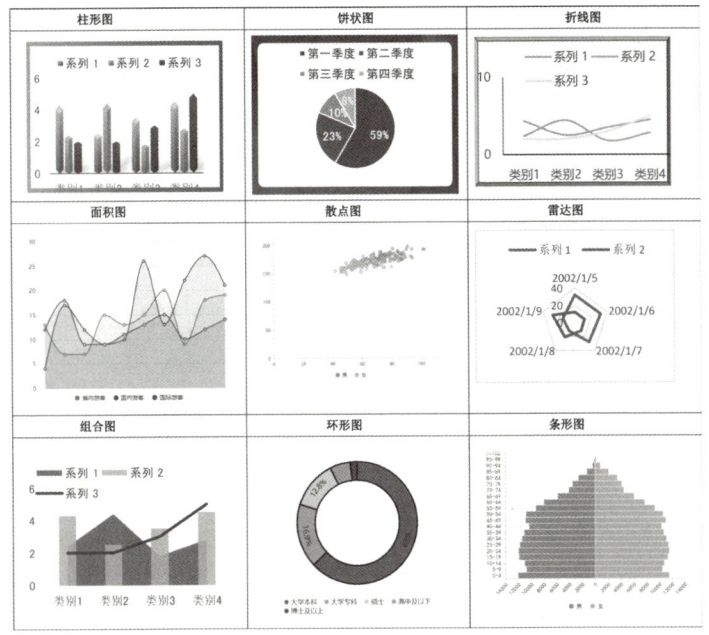

图 6-7 常规可视化图表展示

（二）旅游大数据的可视化

旅游大数据的可视化是让经历过清洗挖掘的旅游大数据更加灵动、直观地展现给最终用户，让非大数据专业人才以外的数据需求方能够看懂、读懂。例如，旅游企业通过把财务信息以画图表的方式呈现，更快捷地找到解决依靠当时传统方式不可能解决的核算和验证问题，将财务及分布数据整理成图表的方式，就是数据的可视化。

旅游从业者更需要通过可视化图表来充分理解陌生的数据，以便快速做出决策。最常见的大数据可视化方法包括 5 种：点分布图、时态图、多维图、等级图和网络图。

一般来说，大数据可视化可分为两种不同的类型：探索型和解释型。探索型帮助人们发现数据背后的故事，解释型方便人们理解信息。大数据可视化是关于图形或图形格式的数据展示，在一个连贯而简短的报告中体现大量的信息，它能够帮助人们更快地理解数据。人们可以在一个图表中突出显示一个大的数据量，并且可以快速地发现关键点。但在书面形式中，可能需要数小时来分析所有的数据及联系。

实际上，目前数据可视化已经逐步开始广泛应用于旅游企业产品策划、精准营销，旅游行政管理部门应急、监管等，这些可以让旅行服务更加高效。

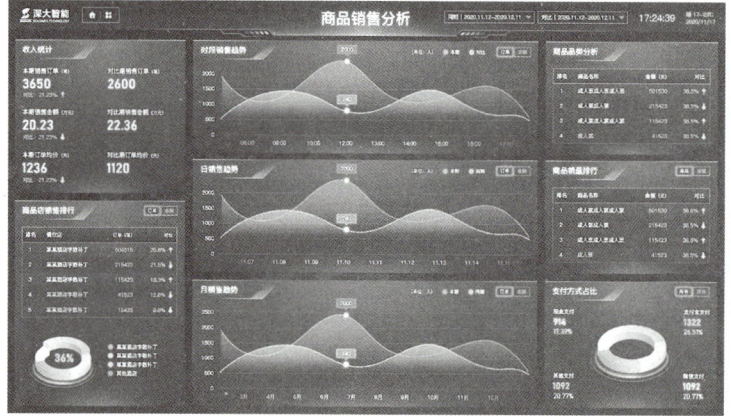

图 6-8 旅游消费情况统计

例如，金棕榈企业机构的数据可视化产品——大屏幕监控平台。它基于大数据技术的大屏幕监控系统，整合旅游市场及企业各类庞大烦琐的基础数据、动态数据，以多元可视化方式全面、完整、系统地呈现，为旅游企业决策、指挥与管理提供支持，让旅游数据灵动起来。平台的应用使动态数据的变化更直观，对基础数据的把握更全面，对应急定位的处理更迅速，对市场预知的决策更科学，对系统开放的管理更高效。

通过智慧旅游监测平台，人们可以实时了解旅游消费情况。对旅游团队动态的实时更新可以在很大程度上避免旅游重大事故的发生，并且可以做到即使事故发生，也能第一时间知情并实施救助。

（三）旅游大数据可视化工具

Excel 作为一个入门级工具，也能创建供内部使用的数据图，但这里不加赘述。在此，主要介绍几款实用的工具。

（1）Echarts 是商业级数据图表，提供一种非常完美的方式来实现数据可视化。它提供了大量现成的图标类型，支持多图表、组件的联动和混搭展现。

（2）JavaScript 是通常运行于网页里的一种脚本语言。这种脚本语言并不完美，但是最近几年可以使用的场景更多，TIOBE 将其评为年度语言。

（3）R 语言是主要用于统计分析、绘图的语言和操作环境。虽然 R 语言主要用于统计分析或开发统计相关的软件，但也用作矩阵计算。其分析速度可媲美 GNUOctave，甚至商业软件 MATLAB。

（4）Gephi 是进行社会图谱数据可视化分析的工具，不但能处理大规模数据集，而且是一个可视化的网络探索平台，可用于构建动态的、分层的数据图表。

项目六 旅游目的地智慧化运营

（5）GeoCommons 可以使用户通过构建交互可视化应用来解决问题，即使他们没有任何传统地图使用经验。用户可以将社会化数据或 GeoCommons 保存的超 5 万份开源数据在地图上可视化，创造带交互性的可视化分析作品，并将作品嵌入网站、博客或分享到社交网络上。

【任务训练】

通过本任务的学习，学生应掌握大数据技术在旅游中的应用。

任务准备	全班分小组搜集任务导入案例的详细分析
任务要求	1. 各组结合任务总结旅游大数据采集、清洗、分析和应用实施的具体做法 2. 各组针对案例具体做法分析应如何加强旅游目的地旅游大数据应用
任务成果	每组提交一篇案例分析及总结报告
评价方式	学生自评、教师评价及第三方平台评价相结合。小组分工时，应保证每位成员都承担相应项目任务

 任务六 全景智慧导游运营

【任务导入】

云端看珠峰——中国移动 4K+VR 慢直播带你"登上"世界最高峰

在中国登山队成功登顶珠穆朗玛峰 60 周年之际，中国移动重磅推出了云端看珠峰 4K+VR 慢直播活动，在雪域高原带你 VR 云游世界屋脊，360 度全景实时直播珠穆朗玛峰。在高海拔、低气温的极限环境下，如何保障信号和传输的稳定性成了重中之重，依托于中国移动前沿的网络技术和咪咕 4K+VR 超高清直播技术的硬核支撑，海拔 5300 米的珠峰 VR 慢直播已在咪咕视频、移动云 VR 顺利上线，24 小时不间断实时呈现珠峰的壮美景象，这也是迄今为止国内海拔最高的慢直播。中国移动为观众提供了两种 VR 云游珠峰的方式——咪咕视频手机端裸眼看 VR、移动云 VR 沉浸式看珠峰。

观众可以选择进入咪咕视频 VR 看珠峰专区，通过触控屏幕或转动手机进行 360 度视角的自由切换，实现裸眼看 VR，轻松打破时间与空间限制，"飞跃"雪域高原，实时云看珠峰 24 小时实况。用户还可以通过佩戴 VR 头显设备（一体式或分体式 VR 眼镜）进入"移动云 VR"，足不出户畅享 VR 全景看珠峰的极致体验。

作为 5G 时代杀手级的应用，VR 为我们开启了全新的"视"界。此前，中国移动咪咕已在体育、娱乐、传统文化、旅游等领域进行了诸多 VR 超高清直播的探索与实践，并多次开创了全球首次的记录。

任务解析： VR 全景技术可以打破时间和地域的限制，让旅游者无需出门，即可身临其境地感受各种风景名胜，从而创造独特的旅游体验。旅游者可以在虚拟现实环境中感受到真实的景色和氛围，增加旅游的乐趣和体验感，还可以提前感受到旅游目的地的环境和氛围，从而更有信心地选择旅游目的地，增加旅游的吸引力和竞争力。

请同学们阅读中国移动 4K+VR 资料，思考以下问题。

1. VR 全景在旅游业的应用有哪些方向？

2. VR 全景智慧文旅将游客带入虚拟世界，让他们能够身临其境地感受不同地点、场景，这样是否会减少或者打消该游客到访真实景点的旅行意愿？

旅游目的地利用互联网技术和大数据系统，推动人、物、信息的高度融合，促进全景智慧导游系统的构建和公众服务水平的提升，实现全方位移动终端应用的一站式服务及整合发展，为旅游事业的发展注入新的生命力。

一、全景智慧语音导览系统

智慧景区智慧语音导览系统是建立在无线通信、全球定位、移动互联网、物联网等技术基础之上的智能导览系统，将景区导览电子化、智能化。该系统具有全程真人自动语音讲解，覆盖景区全景及景区附近地图，能够快速提供线路规划，准确查询景区附近食、住、游、购信息及景区内公共设施等信息。该系统为游客提供全面、丰富的导游导览服务，实现把"导游装进手机里"，同时让手机成为景区内的活地图。

视频 6-8：全景语音导览系统

景区语音导览系统，可用图文、语音形式把景区和陈列展示的相关信息展示出来，起到景区导览和介绍的作用，使游客在观赏景物和展品的过程中可以更好地了解其背后的文化内涵和趣味故事。智慧导览功能，相当于游客的"智能导游"，解决出行过程中的导游、导览等问题，不仅能够让游客轻松了解景区全貌，还配备语音讲解，让游客玩得开心。通过使用智慧语音导览系统，游客只需扫描二维码，便能获得景点定位、景点资讯、导游讲解等多功能服务。

（一）智慧语音导览系统的作用

1.缓解景区导游员不足的压力

随着景区游客的不断增多，景区导游员的数量已经不能满足游客的需求。

每逢旅游旺季，旅游团队很难找到导游员，散客想找就更难了。另外，入境游客越来越多，面对不同语种的导游需求，景区很难配备对应的外语导游员。语音导览系统很好地缓解了景区导游员不足的压力,也不用担心旺季游客暴增或者入境游客导游的问题。对于游客来说,使用电子导览系统的成本远远小于聘请一位导游员,部分景区还提供了免费租用的服务。

2. 提供全面的信息和服务方式

传统旅游模式无法满足越来越多的自助游客,他们自主意识强,对个性化旅游的要求较高,更倾向于自己设计旅游路线。这些变化使得游客不再满足于跟随导游"上车睡觉、下车看庙、到景点拍照"的低质量旅游过程,而是希望通过在旅游过程中全方位地参与或体验,充分理解景区景点的内涵和特色。因此,需要智慧语音导览系统来弥补现有旅游服务中存在的不足,以满足游客的高层次需求。

【案例6-3】

清河坊历史街区电子导游

到杭州上城区清河坊历史街区的游客会发现,在这里游玩,不请导游,也不会感到茫然,只需要带上一个名片大小的小盒子,就仿佛有了一个随身"导游",将街区的历史人文和民俗风情一路娓娓道来。这就是上城区为自助游客量身定做的电子导游系统。游客戴上耳机,挂上接收器,每到达一个小景点,讲解器都会自动感应、自动讲解对应景点的历史来源、背景故事、民间传说等。游客走到哪里电子导游就讲解哪里,游客甚至可以反复听感兴趣的景点讲解。

据悉,这一系统涵盖了清河坊历史街区范围内的37处主要景点,可以用中、英、日、韩4种语言进行讲解。游客可以到清河坊游客接待中心、鼓楼游客咨询点、华光巷杭州旅游集散中心、大井巷荷方青年旅舍免费租借电子导游机。

案例分析:电子导游系统不仅可以使游客在观赏景物的过程中了解其内涵,获得丰富的知识,而且还能有效地配置人力资源,特别是外语讲解。以往,该街区很难为每位游客提供规范的讲解服务,而如今,电子导游机系统为散客和外国游客的参观提供了极大便利。

3. 游客可以自主安排游览线路

跟团旅游的游客经常会因为欣赏某个景点而没有听到导游员的讲解,甚至还要一路紧跟导游员步伐,旅游节奏完全由导游员控制。使用智慧语音导览系统后游客可以比较随意地安排自己的时间,可以在喜欢的景点驻足,也可以在不感兴趣的景点匆匆而过,甚至可以收听已经经过的某个景点的介绍。

大多数游客对景区里面拿着大喇叭喊话式讲解非常反感,虽然导游非常辛苦地向自己所带旅游团的游客讲解，却同时也影响了其他游客安静地欣赏风景。

电子导游可以有效解决这一问题。游客在需要收听的时候戴上耳机即可。

4. 通过游客定位分析，辅助管理

采用了新的定位技术的电子导游系统，也为游客提供了一份安全保障。景区可以通过相关的监测设备，知道每个电子导游设备当前正处在什么位置，并可以了解游客的行动轨迹。这不仅对于游客在景区内的游览安全提供了保障，景区还可以通过对游客游览轨迹的分析，更好地规划景区的相关设施。

（二）全景智慧语音导览设计

1. 精准的定位和导引

一般的手机应用均采用第三方的电子地图技术来实现定位和路线导引，但由于地图精准度不足的问题，这些第三方电子地图针对一个城市是够用的，在一个景区就很难实现精准定位了。因此，可能出现游客已经到了景区里面的某个景点，定位却还显示在景区大门的情形。解决这个问题，需要更加准确地采集景区的位置数据并可适当采用手绘地图方式，准确定位景区内主要的位置点，再结合景区游览路线为游客提供更好的导引，让游客手持电子导游时能很好地确定当前位置，并获得进一步的游览指示。

2. 获取和操作无障碍

智慧语音导览系统应该支持尽可能多的智能手机操作系统，如IOS、Android等。除了在景区官方网站、应用市场上提供下载相关应用之外，也应该为到达景区的游客提供更便捷快速的下载方式。例如，可以通过Wi-Fi或蓝牙直接获取，也可以通过扫描二维码快速下载，甚至还可以通过USB接口，从触摸设备上下载。

电子语音导览的界面设计，也要符合大部分手机和大部分游客的使用习惯，考虑到有相当比例的老年游客，电子导览系统应用的字体和触摸按钮，不妨设计得大一些。

3. 信息实时动态更新

景区的信息也经常发生变化，例如，新开通了一个景点，或者因为维护原因而封闭了某个场馆，这就需要电子语音导览系统能及时更改相关信息。

传统的电子语音导览系统是封闭的系统，每次修改信息都需要重新制作软件并对每个电子语音导览设备进行升级处理，无法随时更新信息。

基于软件应用模式的电子语音导览，可以实现信息集中存储统一更新，在游客打开相关应用的时候，更新最新数据，以保证信息的准确及时。

二、全景智慧导视系统

近年来，大众精神文化生活需求日益增长，游客越来越希望在参观过程中获得更丰富的知识与更好的体验。智慧导览系统仅有图文、语音讲解，缺乏对旅游景区或旅游展品的深度解读，导致游客参观感受不强，亟须建设智慧导视系统来满足游客多样化需求。

（一）全景智慧导视系统概述

智慧导视系统将互联网、移动终端、二维码、景区信息数据库及定位技术结合起来，为游客呈现音视频、AR、VR、三维场景等丰富的导视体验，数字化导视方式更加灵活多样，形成了视听一体、自由选择、定向推送、内容丰富的智慧导视系统。

随着现代社会科学技术进步，触摸行业应用技术迅速发展，为游客带来了更加便捷的体验。触摸导航软件出现，它能够根据所使用的不同场所进行设计，建立 3D 或者平面的导视效果，使得游客以更加直观的方式了解该景区的基本信息以及整体布局。对整个景区建成一个 3D 的鸟瞰地形，方便游客更加直观地了解该景区的景点分布情况，游客能够自定义地点击或者搜索所要到达的目的地，系统将会自动地进行路线规划，展现出现代科学技术的进步，呈现出较高的展示水平。触摸导航软件对景区附近的基础设施以及停车场、购票信息等的多种展示，使得游客能够更加直接地进行互动查询，并起到宣传与推广的效果，以智慧型景点形成更好的互动发展成果，并更好地实现景区导视系统应用发展技术，能够更加有效地促进智能化景区导视系统升级。在此基础上，景区导航系统的应用，为游客提供更加舒适的服务和更为便捷的旅游体验。

（二）全景智慧导视系统发展

在电子导览系统发展的基础上，加载了多媒体功能的电子导游，有一个屏幕可以显示景区导览图、图文介绍，有的还能播放视频，是导视系统发展雏形。

在现代化的生活中，旅游目的地各种各样的大型建筑物和复杂的楼层结构往往会导致人们的出游变得不方便，全景智慧导视系统结合现代化媒体信息展示的技术，运用新媒体技术作为系统的基础，将某个指定的场合的地理信息和室内的结构布局通过导航系统展示出来。在大型的建筑或者景区里面，可以将导航一体机放置在游客中心处，游客可通过触摸机器的软件系统寻找需要到达的位置，同时也可以在系统上面看到位置的相关信息介绍。导航系统清楚地展示了目的地各旅游吸引点的分布情况，以及各个公共区域的分布信息，智能导航可以帮助游客找到具体的目的地，实现在不同楼层、不同区域的自由切换，让用户可以快速和方便实现导航查询等功能，智能化的服务可以给用户带来更好的体验。

全景智慧导视系统的使用为用户提供了智能导航和景区引导服务，智能软件的发展和应用替代了传统人工指引服务的方式，通过智能化的服务可以带给游客更便捷和智能的服务体验，给旅游目的地带来了有效的指引服务。在大型景区里面，游客可以在智能导航系统上面搜索相对应的楼层、品牌、公共设施等，找到相应的地点信息，系统会详细地展示出该地点的信息，同时还可以通过点击获取到达地点信息的楼层和详细的路线等，方便游客快速找到想要去的地点。导航系统能够展示每个楼层和景点具体的位置和信息，减少游客走错路的可能性，通过智能化的服务满足用户的各种需求，为旅游目的地的可持续发展提供坚实的基础和持续的动力。

拓展案例6-2：便携式物联网导览机

三、全景智慧旅游综合管理平台

（一）全景智慧旅游综合管理平台概述

景区综合管理平台的核心是通过卫星导航定位技术、移动互联网技术、智能感知技术、云计算和大数据技术的整合，对景区的资源环境、基础设施、游客活动、车船设施、应急保障等进行全面、系统、及时的感知与可视化管理，提高景区信息采集、传输、处理与分析的智能化程度，实现综合、实时、交互、精细、可持续的信息化景区综合管理与服务目标的平台。

图6-9　智慧旅游平台业务

全景智慧旅游综合管理平台基于先进理念的可视化管理系统，引入"一张图"的概念，资源一张图管理、设备一张图控制，通过景区地图可一览景区所有情况，集监测、控制、维护、管理功能于一体，实现对景区的实时控制管理。全景智慧旅游综合管理平台基于景区现有的信息化应用及控制系统进行系统集成和功能对接，基于可视化的景区电子地图对景区内部大小设备、设施进行控制和管理并与电子地图地理坐标进行相互关联，达到综合管理和集中控制的目的。

（二）全景智慧旅游综合管理平台功能

全景智慧旅游综合管理平台首页主要有景区电子地图（二维、2.5D 和三维）展示、控制图层显示、危险预警、紧急求助、巡检呼叫、观光车统计、视频监控、公共广播和设备操作、电视墙管理、三维实景漫游、人脸识别、统计分析等功能系统。

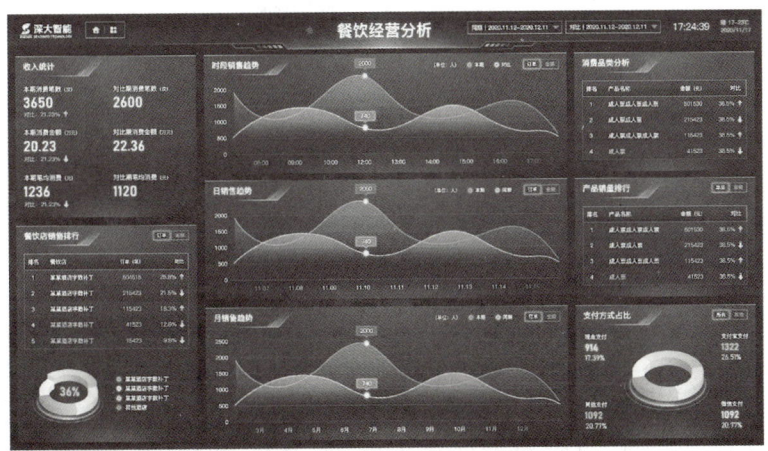

图 6-10　智慧旅游综合管理平台中关于餐饮的统计分析

四、全景智慧景区云旅游

（一）云旅游的内涵

云旅游是基于移动互联网技术的发展而出现的在线地图软件。我国学者魏宇在 2011 年提出了"云旅游"的概念：它是以云计算为基础条件，通过构建为公众提供旅游资讯与旅游服务的运营平台的方式，实现线上虚拟与线下现实相融合的新型数字化旅游方式。

(二）云旅游的特征

随着云旅游快速发展，众多旅游景区充分发挥自身特点和优势，尝试开发了多种形式的云旅游产品。以携程、飞猪为代表的在线旅行社通过"国内外景区语音导览"服务，为人们提供了"语音＋图文"游览世界的形式；敦煌研究院研发的微信小程序——云游敦煌，实现了"人—机—敦煌"的近距离接触；以中国国家博物馆为代表的国内八家博物馆与网红主播联手，为人们奉献了一场"实景直播＋主播讲解＋科普讲座＋现场卖货"的线上展览。云旅游产品，不仅创新了文旅产品的样式，而且为文旅产品的深度开发奠定了基础。从表面上看，云旅游是旅游景区主动应对社会环境变化的选择；从深层次上看，云旅游是旅游景区提升自身竞争力的必然选择。这些都是由云旅游的特点决定的。

图 6-11　在家云旅游

第一，云旅游产品开发的多元化。以 5G、AR、VR、AI 等为代表的网络化、数字化、智能化等高科技成果，丰富了云旅游的产品样式，图文、三维全景动画、短视频、直播等媒体内容，为游客提供了沉浸式的审美体验。

第二，云旅游传播形式的灵活化。移动互联网技术和多媒体技术的迅速发展，实现了云旅游的多屏互动，腾讯、新浪微博等互联网媒体争相推出形式多样的云旅游项目，淘宝、拼多多、美团、小红书等线上消费平台与多家景区开展云旅游项目合作。以"游云南"为代表的官方旅游平台 App 和以"云游敦煌"为代表的微信小程序层出不穷，云旅游产品的输出渠道变得越来越多元化。

第三，云旅游参与主体的多样性。旅游业是涵盖吃、住、行、游、购、娱等多种活动的产业，这决定了旅游业参与主体的多样化。在云旅游浪潮中，既有谋求产业转型或多元化运营的互联网平台，也有寻求审美满足的普通大众，正是因为不同供给主体间的相互合作,才有了旅游业的高质量发展。

第四,云旅游审美体验的丰富化。云旅游不仅打破了传统旅游活动的时空限制,而且为每位游客提供了单独观赏和游览热点景区的机会。游客徜徉于云端,再也无须穿越人海,不仅排除了外界环境的干扰,而且依托先进的多媒体技术欣赏到了线下旅游难以捕捉的细节和美景。

(三)VR智慧景区云旅游

VR云旅游是通过VR全景来实现的,720度全景是通过全景拍摄设备对一个点位的各个角度进行实景拍摄后,再经过拼接生成及功能添加等一系列处理制作而成的。游客可以通过VR云游身临其境般地进入到VR虚拟场景之中,并且能够真实地看到身边720度任意角度的景物。VR智慧景区,能够整合"VR全景+语音解说+手绘地图+游客互动"多项优势,打造云旅游综合方案。

1.聚合景区资源与服务

VR智慧景区将基于位置的场景化服务与真实世界中的美景连接起来,将各大景点以VR全景的方式精美地呈现出来。除文字介绍外,还将语音导览与地图服务深度结合。景区云旅游提供游客所到之处的文物背景讲解,让游客"走到哪,听到哪",全面释放古迹文物背后的人文价值。云旅游充分体现了智慧旅游的主旨:即使不必亲身前往景区,也能获得良好的旅游体验。

2.吃喝玩乐信息全收录

VR智慧景区集合了景区相关的各种资讯,包括来自社区的游玩攻略和丰富的景区布局介绍。这些都能为游客提供景区概况、位置查找、路线规划等精准的地图服务。可以通过VR全景自动导览的方式,推荐经典游览路线,充分给予游客自主旅游的便捷。除此之外,通过"点位搜索",可以对建筑、展览、餐饮、商店、停车场、卫生间、出入口等常见位置进行路线规划,引导游客快速找到相关位置。

3.打造新型立体景区名片

在文旅赛道,VR智慧景区作为新兴的应用型产品,致力于挖掘文旅产业的市场潜力。它不但能够解决旅游行业的诸多痛点,还能为游客带来别样的娱乐空间。VR智慧景区既整合了VR全景技术,还加入了AI图像合成技术,让游客能够线上与景区合影,引爆口碑传播,借助互联网渠道的裂变效应,帮助景区建立良好口碑,扩大影响力。

【任务训练】

通过本任务的学习,学生应熟悉目的地全景导览系统的应用及全景智慧旅游的应用价值。

任务准备	全班分小组选择一个VR云游平台
任务要求	1. 各组通过VR云游平台体验VR全景旅游 2. 各组针对VR全景旅游平台体验活动进行讨论,主要包括以下几个问题: (1) VR全景旅游的特点 (2) VR全景旅游的优势 (3) VR全景旅游的应用价值 (4) 可针对传统旅游目的地提出全景智慧旅游策划方案
任务成果	每组提交一篇讨论文字稿
评价方式	学生自评、教师评价及第三方平台评价相结合。小组分工时,应保证每位成员都承担相应项目任务

任务七　旅游目的地内容生态建设

【任务导入】

2023东亚文化之都——成都

东亚文化之都作为中日韩领导人会议人文领域的重要成果,是践行"一带一路"倡议的具体实践,也是落实亚洲文明对话大会精神,缔造人类命运共同体的具体举措,向世界展示成都具有国际范、中国风、天府韵的良好城市形象,2023年6月"2023东亚文化之都·中国成都活动年"启动以来,100余项独具特色的系列文旅活动相继开展,以天府文化为桥梁,在中日韩三国文明交流互鉴的过程中,不断增进成都与世界各国的文化和旅游交流,让各国人民相逢相知、互信互敬、共享和谐,让世界看见成都。

乘"东亚文化之都"东风,多项国际文旅合作项目达成,成都携手日、韩共同促进文化旅游交流互鉴。"2023东亚文化之都·中国成都活动年开幕式"现场,成都发布了十条"最美东亚之都——蓉城精品旅游线路",向世界发出天府之约。

近年来,"到成都街头走走看看"登上了社交媒体热搜,成都航空口岸出入境人员流量持续攀升。成都的城市魅力不断吸引全球游客,享有"天府之国"美誉的成都,成为全球热门旅游目的地。

任务解析:以文旅为媒,"2023东亚文化之都"活动期间,通过各方努力,共赴、共建、共享繁荣昌盛的东亚,不断推动了中日韩三国之间及与世界其他国家之间的文化交流和合共生、团结发展和互利共赢,让东亚文化的独特魅力和创意成果闪耀世界。

请同学们阅读"2023东亚文化之都——成都"资料，思考以下问题。

1. 旅游目的地内容生态建设都包括哪些方向？

2. 旅游目的地应当如何进一步深耕文化旅游资源，促进文化与旅游的深度融合与发展，不断提升旅游供给侧服务质量？

一、融媒体传播互动系统

融媒体传播互动系统主要负责旅游目的地互动活动的管理，在社交媒体平台（如微信、微博、QQ等）上发布互动活动，通过屏幕二维码通知用户参与活动；用户通过扫码或社交平台App入口进入活动页面，参与活动。

在其开放平台上，按照业务需求开发应用功能，如腾讯微信有微信开放平台，提供了认证授权、消息管理、微信用户管理、数据统计、微信支付等接口，满足具备开发能力的企业、媒体、商家等公众号运营者的垂直行业需求。社交媒体平台接口模块的主要功能是实现互动系统与这些开放平台的对接，同时打造出统一的接口，提供给互动系统中其他模块调用。

二、大数据运营管理赋能系统

旅游大数据的发展带动了旅游产业的全面升级，旅游大数据更加贴近游客需求和高效分析信息做出的预判，为旅游目的地品牌的提升、营销推广和舆情监测等提供了可视化的数据服务。利用旅游行业大数据进行分析，对真正提高旅游公共服务满意度、了解游客偏好、开发迎合市场需求的产品线路，对旅游行业市场精准定位都起到了积极作用。

（一）旅游大数据的应用核心

旅游大数据的应用，真正的核心在于挖掘数据中蕴藏的情报价值。大数据有助于旅游行业市场精确定位、旅游品牌市场个性化定位、项目评估和可行性分析及构建满足市场需求的旅游产品定位。

（二）大数据成为旅游目的地市场营销的法宝

大数据对旅游目的地市场营销的作用：一是数据获取及分析；二是数据积累及挖掘。以旅游行业对游客的消费行为和需求分析为例，收集和整理游客的消费行为方面的信息数据，建立游客大数据库，通过统计和分析来制定有针对性的营销方案和营销战略，投游客所好，由此带来的营销效应是无法估量的。

（三）大数据可支撑旅游行业收益管理

需求预测、细分市场和敏感度分析是旅游行业收益管理工作的3个重要环节，而这 3 个环节推进的基础是大数据。

大数据可以创新旅游行业需求开发。对互联网评论数据的搜集和分析，以此来改进和创新产品，制定合理的价格及提高服务质量，有效地提高市场竞争力和收益能力。

大数据可以完成竞品市场数据监测。通过深层次的数据挖掘，透析竞争格局，实现多种数据纬度的汇聚沉淀，准确展现宏观旅游市场状态。

大数据可以完成海外用户市场调研。通过旅游传播数据分析，7×24 小时实时、精准地多维度旅游传播数据分析，提供了丰富直观的数据查询、分析和预测服务。从数据中了解目标市场构成、细分市场特征、游客特征和兴趣爱好等，从而形成完整的用户画像。

大数据可以协助旅游舆情监测服务。短视频、微博、微信朋友圈、新闻评论相关信息传播速度极快，基于互联网信息抓取和监控技术而研发，可以第一时间全面了解游客动态，及时反映最新舆情信息，实现舆情监测自动收集与呈现。

大数据可以分析旅游品牌影响力评估。基于整个市场现状的分析，从细分市场、营销策略定位、竞争定位、传播渠道等方面分析而得出其旅游品牌影响力评估的价值。

当然，旅游大数据运营管理中也面临一些挑战，例如，数据挖掘搜集复杂，如何确定数据清洗的最佳方法，如何找准分析与优化的结合点，数据开放与隐私的权衡，大数据营销的难点和痛点等内容。

三、"动漫 IP+ 区块链"票务通赋能系统

该系统是在我国动漫及区块链多维度的支持下，联手行业资深专家共同打造的"全域旅游"票务系统。以动漫 IP 为全域旅游和企业产品的理念识别、行为识别、视觉识别、产品识别、互联网识别赋能；发挥区块链确权及去中心化优势，让游客共享"旅游 + 动漫"的乐趣，推动旅游成为人们寻梦、追梦、圆梦的心灵和精神家园。同时，引入公益传播理念，在旅游中加入公益元素，倡导"旅游即公益、消费即慈善"的新时代旅游文化，根据不同景区特色，开展丰富多彩和形式多样的公益活动，探索在旅游中加入公益，在旅游中享受公益，推动公益大众化。

四、智能交易结算赋能系统

智能交易结算系统是集自动识别技术和现代安全管理措施为一体，涉及电子、机械、计算机技术、通信技术、生物技术等诸多新技术。智能交易结算系统由计算机对图像、人像、二维码进行扫描识别，从而实现结算。一套功能齐全的智能交易结算系统，可透过简单的预订操作程序，对各类场所的结算方式实行计算机管理，从而建立有序管理机制与模式。它可以随时记录客人结算时的各种信息，并记录结算情况，为各种管理机制提供详实的数据。智能交易结算系统通过控制电路、结算指示灯电路、电控锁控制电路及信息上传电路，可以采用视觉识别完成刷脸结算、扫脸支付结账功能。

五、电子税票管理赋能系统

该系统是国家税务总局唯一授权的电子税务发票系统，打造的"全域旅游+电子发票"新模式组合，有助于政府优化财税的管理流程，提高产业链管理的工作效率。搭建旅游企业诚信平台，通过旅游+支付+电子发票的财税大数据助推政府决策，为地方以后增加财税收入奠定坚实的基础。该系统对企业实行统一收单，降低企业的交易成本；帮助企业建立了诚信体系，帮助企业更简便地拿到金融授信和金融产品。帮助游客在消费后及时获取发票凭证，提高游客在观光旅游时的体验，降低企业开具发票的时间成本。

六、文化数字工程赋能系统

文化数字工程赋能系统在内容上包含旅游目的地的历史日历库、地名库、人名库、作品库；在应用模式上分查询平台、网上文旅等在线模式；在出版模式上分为名人集、行业、专业集成类等。通过文化数字工程，可实现旅游目的地碎片化的文化资源、旅游资源的一体化、信息化、系统化、现代化，为旅游目的地进行文化传播和数字化营销提供基础。

【任务训练】

通过本任务的学习，学生应熟悉全景智慧旅游的导览系统及全景智慧景区云旅游，提升学习兴趣。

任务准备	全班分小组搜集全景智慧景区云旅游典型案例
任务要求	1. 各组讨论并选择一个典型案例 2. 各组针对典型案例进行讨论分析，主要包括以下内容： （1）全景展示技术的应用场景 （2）全景展示技术在云旅游中的应用价值 （3）如何利用全景旅游助力智慧旅游发展
任务成果	每组提交一篇汇报PPT
评价方式	学生自评、教师评价及第三方平台评价相结合。小组分工时，应保证每位成员都承担相应项目任务

测试题

一、单选题

1. 旅游目的地营销系统（Destination Marketing System，DMS）的概念在1997年由（   ）提出。
   A. 世界旅游组织　　　　　　　　B. 中国旅游协会
   C. 美国旅游协会　　　　　　　　D. 欧洲旅游协会

2. 以下哪个是阿里巴巴旗下的旅游品牌？（   ）
   A. 携程　　　　B. 美团　　　　C. 途牛　　　　D. 飞猪

3. 以下哪项属于SaaS产品的功能特性？（   ）
   A. 托管在远程服务器上　　　　　B. 在分散的地方管理
   C. 用户必须对软件进行更新　　　D. 无法通过互联网访问

二、判断题

1. Saas是Software-as-a-Service的英文缩写，软件即服务的简称。（   ）

2. 黄山旅游官方平台入选2022年文化和旅游部智慧旅游公共服务平台建设运营典型案例。（   ）

3. 世界上第一个具有一定规模的，可提供7×24小时的呼叫中心是由携程旅游公司在1956年建成的。（   ）

4. 旅游目的地营销系统（Destination Marketing System，简称DMS），在1997年由世界旅组织提出的。（   ）

5. LBS（Location Based Service，基于位置的服务）又称移动定位服务。（   ）

6. 智慧景区智能语音导览系统，可实现把"导游装进手机里"，同时让手机成为景区内的活地图。（   ）

7. 旅游目的地管理的智慧化建设，本质上就是借用智慧化手段完成旅游目的地管理工作内容的过程。（　　）

8. 让游客智慧旅游是目的地智慧旅游建设的核心任务和目标。（　　）

9. 旅游电子地图，是利用计算机技术，以数字方式存储和查阅的以某地区旅游为专题的地图。（　　）

10. 智慧旅游公共服务平台是指集成海量旅游信息资源，实现各项服务和管理职能的综合性平台。（　　）

11. 收单机构，可以直接获取消费者的信息，其数据的完整性较高，故对于行政区域的整体消费分析价值非常高。（　　）

12. 构建用户画像的核心工作是给用户贴"标签"。（　　）

13. 通俗地说，可视化设计的目的是"让数据说话"，用图形去讲述数据的故事。（　　）

三、多选题

1. 我国的顶层商用清算平台主要有哪些？（　　）

A. 中国银联　　　　B. 网联清算有限公司　　　　C. 支付宝

D. 微信支付　　　　E. 银联商务

2. 旅游数据可视化工具主要有哪些？（　　）

A. Echarts　　　　B. Java Script　　　　C. R 语言

D. Gephi　　　　E. Geo Commons

3. 移动通信运营商还可以获取游客的（　　）等信息和精准画像并进行标签化处理，从而使精准获取海量旅游个体的时空轨迹数据并定量分析其时空规律成为可能。

A. 地区　　B. 省市　　C. 年龄　　D. 性别　　E. 职业类型

4. 在旅游中基于位置的移动定位服务包括（　　）。

A. 导航服务　　　　B. 位置跟踪服务　　　　C. 安全救援服务

D. 移动广告服务　　E. 位置的查询服务

四、问答题

1. 传统旅游目的地如何借助网络、通信和数字媒体技术等手段，实现旅游目的地更好的营销目标？

2. 目的地智慧旅游的总体架构包括哪些方面？

3. 目的地智慧旅游建设的核心目标是什么？

五、案例分析题

敦煌，作为东西丝绸之路的重要枢纽，是千年以来中西方文化交流的中转站，是四大古文明交织的重要载体。在敦煌，最负盛名的文化遗产是"敦煌壁画"。敦煌壁画总面积达5万多平方米,包括敦煌莫高窟、山西千佛洞、安西榆林窟等522个石窟历代壁画,规模巨大,技艺精湛,内容丰富,题材广泛。

近年来,挖掘中国传统文化价值,将产品与传统文化深度结合,并用潮流化的方式进行创意呈现,成为各大品牌占领消费市场的重要选择。继故宫IP火爆后,同样极具艺术性和审美性的敦煌也开始扛起国潮IP的大旗,与百雀羚、李宁、茶百道联合推出联名产品,受到年轻人的欢迎。

根据以上材料,结合所学知识,并探讨以下问题。

敦煌如何借助网络、通信和数字媒体技术等手段,实现旅游目的地更好的营销目标?

项目七　智慧旅游工具应用

项目导读

本项目对智能旅游穿戴设备、虚拟现实旅游产品、电子导游产品和旅游内容营销工具4类主要的智慧旅游工具进行了系统的阐述和讲解。通过本项目内容的学习，学生能对目前行业中的主要智慧旅游工具产生更加清晰的辨识，掌握运用这些工具的基本方法并具备能够以此开展智慧旅游活动的初步思路。

学习目标

素质目标

1. 理解科技在推动和赋能旅游行业发展中的重要作用。
2. 激发自立自强和自主创新意识，鼓励学生在智慧旅游领域进行探索和创新。
3. 树立正确的价值观和职业道德观，增强在科技创新和旅游发展领域的国家安全意识。

知识目标

1. 掌握智能旅游穿戴设备的概念、类型、应用及发展趋势，了解其在旅游行业中的具体案例和实际应用效果。
2. 理解虚拟现实旅游产品的概念、类型、应用及未来趋势，熟悉VR技术在旅游行业中的创新应用。
3. 熟悉电子导游产品的概念、发展历程、优缺点及发展前景，掌握电子导游技术的演变和当前状态。
4. 理解旅游内容营销的概念、常见形式、主要平台及实施策略，了解内容营销在旅游行业中的应用案例。

能力目标

1. 能够分析智能旅游工具的特点和适用场景，并应用于旅游活动的策划和实施。
2. 掌握使用智能旅游穿戴设备、虚拟现实产品和电子导游产品的基本操作技能。
3. 能够根据旅游市场的需求，创作适合的内容营销材料进行有效推广。
4. 培养智慧旅游应用的新思路、新方法和新应用的创新思维。

价值引领案例7：科技自立自强

"中国智造"正在崛起——华米科技成为全球智能设备领导者

思维导图

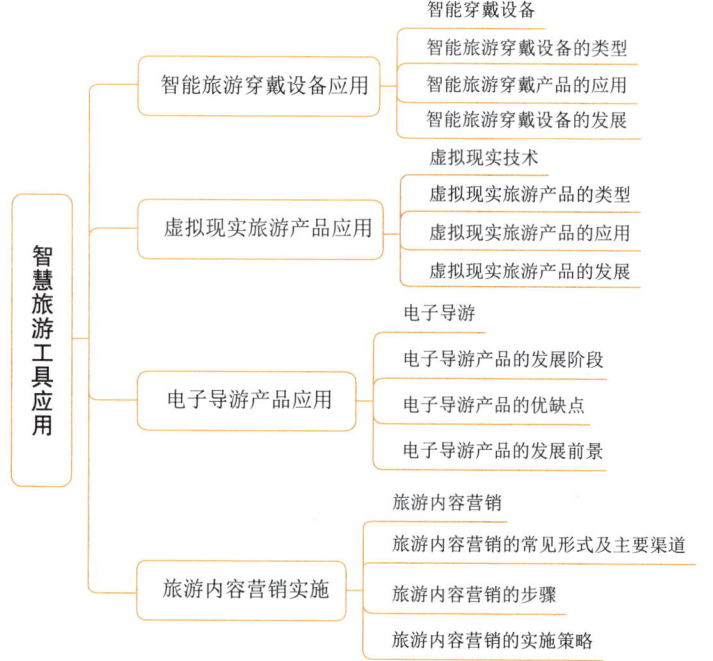

项目七　智慧旅游工具应用

任务一　智能旅游穿戴设备应用

【任务导入】

时尚，更跨越：华为穿戴从技术致胜到领跑高端

设计更跨越

过去十年，华为终端在高端市场的成功"秘诀"之一，是形成了"跳出苹果设计思维"、同时被广泛接受的"华为美学"。华为深耕穿戴领域的十年，也是华为将全球潮流美学融入智能手表设计的十年。与 Apple Watch 外观设计几乎"十年不变"相比，华为智能手表美学的一大特征，是将高端腕表的设计、材料工艺与尖端科技、创新功能相融合，从而满足不同人群在不同场合的时尚与高端品位穿搭需求。

健康更跨越

华为在健康领域的一大重要特点，除了"向下技术扎到根"，另一个就是重视"产、学、研、医"结合建立的大健康生态，推动全球健康产业数字化升级。通过与专业医学和健康机构的合作，华为穿戴不仅显著提升了其在健康领域的技术研发"精准性"与功能创新的"专业价值"，也在联手整个行业实现数字化健康管理能力的全新跨越。华为积极拥抱生态合作伙伴，为消费者提供更好的运动健康服务体验。

运动更跨越

华为穿戴同样是运动健康监测技术与功能创新的重要领跑者。比如，全新一代华为 WATCH GT 4 系列皆支持 100+ 运动模式与 20+ 专业运动模式，覆盖了常见的跑步、骑行运动，以及潜水、户外等专业运动项目。新增的全新智能天线设计，还能将用户跑步定位准确性提升 30%，HUAWEI TruSport 科学运动体系还可提供更具科学性的训练建议与更具个性化的执行计划。

通过设计、健康、运动 3 个方面的突破跨越，华为穿戴不仅再次显著夯实了作为全球穿戴科技创新领跑者的行业地位，并且有助于推动智能手表全球用户普及与数字化运动健康管理上"再进一步"。就像华为穿戴之前公布的产业理想："在主动健康管理道路上，智能手表的战略地位越来越显著，一人一表的时代已经到来。"

任务解析： 华为穿戴历经十年的技术探索与创新思考，已经明确了自己在全球市场系统级"新战法"：用极具创新的技术突破传统市场格局，用差异化的功能与设计吸引和建立用户口碑，用更具冲击力的品牌形式传递出华为的品牌力量，并让用户深刻感受到其代表的一种更引领、更跨越、更个性的时尚健康科技新生活变革方式，这是全球顶级科技企业的"最强心智连接"与"竞争护城河"。这也是华为穿戴从"技术领先"走向"代表新

生活方式领跑"，从"站稳中国市场"到成为"全球第一穿戴品牌"的正确选择。

请同学们阅读以上案例，完成下列讨论。

1. 你认为华为智能穿戴设备为何能取得成功？
2. 你有智能穿戴设备吗？他们对你的生活产生了哪些影响？

一、智能穿戴设备

（一）智能穿戴设备的概念

智能穿戴设备是应用穿戴式技术对日常穿戴进行智能化设计并开发出的穿戴设备的总称，如手表、手环、眼镜、服饰等。智能旅游穿戴设备是指专门应用于旅游活动的智能穿戴设备。人可以通过这些设备更好地感知外部与自身的信息，能够在计算机、网络甚至其他人的辅助下更为高效率地处理信息，能够实现更为无缝的交流。

智能穿戴技术在旅游业一直备受关注，只不过由于造价成本高且技术复杂，很多智能旅游穿戴设备仅仅停留在概念层面。随着互联网的发展、科学技术的进步和高性能低功耗处理芯片的推出，部分智能旅游穿戴设备已经从概念化走向商用化，诸多科技公司也都开始在智能旅游穿戴领域深入探索。

【案例 7-1】

TUI 智能手环：你的度假酒店钥匙、数字钱包和客房控制器

欧洲最大旅游集团途易在土耳其度假胜地推出途易智能手环。该手环可用作酒店房间钥匙、温度和照明监测器，还有数字钱包功能，也就是说，你不用带信用卡也可以买酒喝。手环看起来像是一个健身手环，不过它可以通过 NFC 技术支付度假胜地各项设施的费用。途易表示，设计手环还创建了更加可持续的旅游服务。手环可连接到房间的照明和环境控制，你离开房间时，灯和空调就会关闭，省电。手环配套的途易 My Holiday App 有 iOS 版和 Android 版，用户可以查看自己在旅游过程中的花销。你的酒水账单会被一一罗列，App 会帮你追踪你在买醉上花了多少钱。

案例思考：你还知道哪些智能旅游穿戴设备？

拓展知识 7-1：智能穿戴设备的发展历程

（二）智能穿戴设备的应用领域

穿戴式智能设备时代的来临意味着人的智能化延伸，通过这些设备，人可以更好地感知外部与自身的信息，能够在计算机、

网络甚至其他人的辅助下更为高效率地处理信息，能够实现更为无缝的交流。应用领域可以分为两大类，即自我量化与体外进化。

1. 自我量化领域

在自我量化领域，最为常见的即为两大应用细分领域，一是运动健身户外领域，另一个则是医疗保健领域。前者主要的参与厂商是专业运动户外厂商及一些新创公司，以轻量化的手表、手环和配饰为主要形式，实现运动或户外数据如心率、步频、气压、潜水深度、海拔等指标的监测、分析与服务。而后者，主要的参与厂商是医疗便携设备厂商，以专业化方案提供血压、心率等医疗体征的检测与处理，形式较为多样，包括医疗背心、腰带、植入式芯片等。

2. 体外进化领域

在体外进化领域，这类可穿戴式智能设备能够协助用户实现信息感知并提升处理能力，其应用领域极为广阔，从休闲娱乐、信息交流到行业应用，用户均能通过拥有多样化的传感、处理、连接、显示功能的可穿戴式设备来实现自身技能的增强或创新。主要的参与者为高科技厂商中的创新者及学术机构，产品形态以全功能的智能手表、眼镜等形态为主，不用依赖于智能手机或其他外部设备即可实现与用户的交互。

二、智能旅游穿戴设备的类型

（一）按照产品形态分类

按照产品形态，可以将智能穿戴设备分为主流和非主流两大类。其中主流部分以智能手环、智能手表、智能眼镜、蓝牙耳机、TWS 耳机等为代表；非主流部分则以配饰、服装、运动鞋、背包等为代表。

（二）按照产品功能分类

按照产品功能，可以将智能穿戴设备分为人体健康、运动追踪类和综合智能终端两大类。其中人体健康、运动追踪类最常见的产品是智能手环，主要通过传感器对用户的运动情况和健康状况做出记录和评估，大部分需要与智能终端设备进行连接，以显示数据；综合智能终端类最常见的是智能眼镜，这些设备虽然也需要与手机相连，但是功能更加强大，独立性更强，未来将成为智能穿戴设备的主导产品。

（三）按照使用场景分类

按照使用场景，可以将智能穿戴设备分为独立设备、伴随设备和沉默设备。独立设备可以独立于其他智能终端，作为用户随身计算中心的产品。这类产品有两种场景，最主要的场景是手机替代，如手表和眼镜；另一种需求场景是信息通知，就是 20 世纪八九十年代流行的寻呼机。伴随设备有 6 种应用场景，分别是辅助操控、辅助视觉、信息通知、健康监测、安全预警、验证鉴权，目前绝大多数可穿戴设备都是属于伴随设备。沉默设备最大的特点是注重信息的采集，在功能上尽可能做到不打扰用户，尽可能减少用户界面，主要有位置追踪、安全预警、健康预警、健康监测 4 类需求场景。

（四）按照穿戴部位分类

按照穿戴部位，可以将智能穿戴设备分为头戴设备、服饰设备、腕戴设备、手持设备、腰部设备和下肢设备等。

三、智能旅游穿戴产品的应用

随着智能手机的广泛普及，智能穿戴设备的需求也随之激增，智能穿戴设备作为新的商业机遇，众多企业开始抢占市场并取得了显著的成就。近年来，全球尤其是国内科技企业迅猛发展，科技创新层出不穷，各种智能旅游穿戴产品迭代更新，以下列出几种常见产品和应用案例供参考学习。

（一）智能旅游手表

智能旅游手表是为旅游，尤其是出境游而设计的手表，具备跨境通信、语音翻译、实时定位、Wi-Fi 热点、健康监控等功能，同时衍生出基于实时地理位置的应用和服务，目的是使人们的旅游出行更安全、便利、智能，体验更深入。

（二）AR 导览眼镜

AR 导览眼镜是在普通眼镜中融入增强现实技术的产品，它通过摄像头把现实中的实物画面和虚拟画面融合在一起并带入到现实世界中。

【案例 7-2】

良渚文化遇上黑科技 AR 导览眼镜，让你"一眼千年"

2020 年 9 月，位于杭州市余杭区的良渚博物院引进了一款智能 AR 导览眼镜，让访客在良渚古老文明与现代科技的交融中，体验全新的互动参观方式。戴上这副特殊的眼镜，游客只需看向馆内陈列的文物，眼前就会清晰地浮现出雕刻在文物上的符号、图腾等信息，耳边还会响起专属的音频解说。生动独特的体验方式，让游客对 5000 年前的良渚有了更直观的认识，在虚实结合的视觉场景中更深入地了解历史，可谓"一眼千年"。

图 7-1 良渚博物院

从外观上看，这副智能眼镜的大小跟普通墨镜差不多，但其内部搭载了 AR 智慧导览应用，相较于传统语音和 AR 平板导览，具备第一视角显示、人机交互自然、可穿戴、个性化的特点，能够为游客带来数字沙盘、地图导览、模拟导游等虚实结合的功能体验。

案例思考： 国内还有哪些景区或文化场馆推出了 AR 导览眼镜？

（三）智能运动鞋

智能运动鞋是指在鞋子中融入感应装置和芯片等高科技技术，能够读取穿戴者活动数据或控制鞋子的某些功能，通过手机端或智能手表实现智能化管理的运动鞋。

【案例 7-3】

宜春智热登山鞋系列摘得全国金奖

第 16 届中国义乌文化和旅游产品交易博览会在浙江省义乌市开幕，其间，2021 中国旅游商品大赛获奖榜单正式发布，宜春某品牌智热登山鞋系列摘得金奖。智热登山鞋系列采用智能发热系统，实现鞋仓发热、恒温效果，以解决保暖问题；鞋底内置紧急求助系统，集 GPS 定位、SOS 呼救等多功能于一体，同时可无线充电，科技感十足。

案例思考： 针对旅游需求，你认为还可以开发具备哪些功能的智能鞋子？

(四)智能旅行衣物

智能旅行衣物是指在普通衣物基本功能的基础上,能够实现衣物的调温、变色、环境感知、身体状态感知等智能功能的衣物,其可以通过衣服自带的开关或手机端 App 等,对其进行相应功能的控制、管理和查阅。

【案例 7-4】

探路者黑科技皮肤衣助你健康出游

2020年4月,探路者上线光变防晒皮肤衣系列。这款皮肤衣不仅具备常规的防晒功能,还可根据所处环境紫外线的强度随时变化衣服颜色的深浅。这种智能变色的 Buff,来自探路者研发的 TiEF CHAMELEON 智能光变防晒面料,其原理是采用仿生变色龙的变色系统,可根据紫外线强度智能变色,紫外线强度越高,光子晶体呈现的颜色越鲜艳。有了这项黑科技的加持,这款防晒衣便可化身为紫外线检测仪,通过颜色的变化直观显示紫外线强度,提示旅行者做出适当的防晒防护措施。

案例思考:你还知道哪些具备黑科技的智能旅行衣物类产品?

四、智能旅游穿戴设备的发展

(一)市场规模进一步扩大

苹果的 Apple Watch、华为的 Huawei Watch、HTC Grip 健身手环和虚拟现实头戴设备 Vive 等产品,让我们看到智能穿戴设备变得更加时尚和智能,品类更加丰富多样。随着消费电子产业与 5G、大数据、云计算、人工智能等先进技术的深度融合,智能旅游穿戴设备的市场规模必将进一步扩大,影响到人们旅游和生活的方方面面。

(二)产业链进一步加强合作

智能穿戴设备市场产业链主要包括硬件、行业应用、社交平台、运营服务、大数据、云计算等环节。目前智能旅游穿戴设备产业还不够成熟,不同厂家的产品彼此独立封闭,缺少合作,数据缺乏有效共享。同时,每个穿戴设备都开发了自己的应用及数据业务平台。这种端到端的研发模式投入大且风险高,同时人力资源分散,难以专注于自己的核心优势。未来智能旅游穿戴设备产业链上各方将会加强合作,共同促进"科技+旅游"的发展。

(三)与相关技术进一步融合并标准化

随着智能旅游穿戴设备市场的扩大,智能旅游穿戴设备将与生命健康、食住行游购娱、移动互联网技术进一步融合，智能旅游穿戴设备低功耗设计和研发水平将进一步得到提高，智能人机交互技术及产品应用将会得到发展。智能旅游穿戴设备与手机的数据管理和应用接口标准化，便于实现多种可穿戴设备整合，降低第三方开发应用的复杂程度，多数据融合和共享标准化，便于用户统一管理和拓展生态链。

（四）安全性进一步加强

大部分智能旅游穿戴设备都采用开放式操作系统，且与外部通信采用无线连接的方式。而且现阶段产品开发更多注重的是功能的实现，对于设备本身安全性关注度并不高，导致存在诸多安全风险。部分具备虚拟现实功能的智能旅游穿戴设备使用户在使用时分散注意力，影响用户人身安全。另外，目前智能旅游穿戴设备的低辐射性，可能会对身体造成伤害。随着智能旅游穿戴设备的普及，其安全性将会受到更多关注，并得到逐步提高。

（五）相关 APP 越来越丰富

目前，面向智能旅游穿戴设备开发的 App 较少。在 App 的数量上，不同品牌和功能的智能旅游穿戴设备所对应 App 数量和质量也参差不齐。与智能手机产品用户需求不同，各类智能旅游穿戴设备面向不同的细分市场，所以智能旅游穿戴 App 的生态系统碎片化严重，这也是智能旅游穿戴设备 App 较少的原因之一，开发人员为这些环境开发 App 变得非常困难，时间和精力成本大大提高，而 App 正是智能旅游穿戴设备发展的关键。

【任务训练】

通过本任务的学习和实践，学生应了解智能旅游穿戴设备的概念、类型、应用及发展趋势。

任务准备	全班分组成立项目小组，每组人数 3—6 人
任务要求	1. 各组搜集整理全球主流的智能穿戴设备品牌和产品 2. 各组搜集整理各种智能穿戴设备，并对其进行分类 3. 各组搜集整理与旅游活动有关的智能穿戴设备 4. 展示本组搜集整理的以上关于智能穿戴设备的资料
任务成果	各组提交搜集整理的智能穿戴设备的资料 PPT 展示文档
评价方式	学生自评、教师评价及第三方平台评价相结合。分组安排时，注意分工到位，每位成员都有一定任务

任务二 虚拟现实旅游产品应用

【任务导入】

VR 智慧景区，为游客开启智慧旅游新时代

近年来，文旅部加强了 5G、VR 虚拟技术等在文旅产业行业的运用，随着科技的不断发展，VR 技术的运用越来越广泛，VR 智慧景区作为一种全新的旅游方式，也渐渐地受到了广泛的关注，它可以让人们足不出户就欣赏到各地美景。

VR 智慧景区就是将文旅景区的景色通过 VR 全景拍摄，1:1 真实还原在线上，每个人都可以通过手机、电脑或者是平板等终端设备进行虚拟的云游体验，身临其境的感受景区景色的魅力。VR 智慧景区作为旅游业的革命性创新，为游客带来了一个不一样的沉浸式体验，同时也为景区管理者带来了无限的营销机遇。

VR 智慧景区为景区提供了智慧化的服务和个性化的体验，可以根据游客的需求以及偏好，提供个性化的旅游内容；同时结合互动体验技术，加入景区手绘地图、语音讲解、电子沙盘、AI 旅拍等功能，方便游客在景区一路畅游，掌控全局，不漏掉任何一处风景。

文旅景区打造集真实性和互动性为一体的 VR 漫游空间体验，游客能够在各个场景中"自由穿梭"，720 度自由浏览、无缝切换场景；AI 旅拍打卡功能自动抠图、一键换装，足不出户在线打卡。即使在家里，也能够身临其境的打卡拍照远隔千里的名胜古迹，这种自由程度给了游客更多选择的机会，以一种全新的方式发现和体验世界。

任务解析：VR 智慧景区带来了不一般的宣传方式，通过 VR 全景技术和实景建模技术，可以将景区的特色及魅力所在全方位地展示给游客，无论是历史悠久的文化遗址，还是自然风光的壮丽景色，都可以通过虚拟现实技术呈现在游客眼前，让游客对出行、游玩路线一目了然；同时利用 VR 全景航拍技术 720 度航拍还原景区全貌，并标注点位名称，结合热点跳转帮助游客快速浏览想要了解的 VR 场景。VR 智慧景区能够实现个性化的旅游体验，并将 VR 全景上传到各大平台，提供各平台消费入口，实现一键订票、订房间、订餐厅，让游客出游更加省心，以一种轻松、直观的方式来探索未知的风景。

请同学们阅读以上案例，完成下列讨论。

1. 你如何评价 VR 智慧景区？你认为它有哪些优缺点？
2. 您认为 VR 智慧景区的发展前景如何？

一、虚拟现实技术

（一）虚拟现实的概念

概括地说，虚拟现实是人们通过计算机对复杂数据进行可视化操作与交互的一种全新方式，与传统的人机界面及流行的视窗操作相比，虚拟现实在技术思想上有了质的飞跃。虚拟现实中的"现实"是泛指在物理意义上或功能意义上存在于世界上的任何事物或环境，它可以是实际上可实现的，也可以是实际上难以实现的或根本无法实现的。而"虚拟"是指用计算机生成的意思。因此，虚拟现实是指用计算机生成的一种特殊环境，人可以通过使用各种特殊装置将自己"投射"到这个环境中，并操作、控制环境，实现特殊的目的，即人是这种环境的主宰。因为这些现象不是我们直接所能看到的，而是通过计算机技术模拟出来的现实中的世界，故称为虚拟现实。

（二）虚拟现实技术的概念

虚拟现实技术（Virtual Reality，VR），又称虚拟环境、灵境或人工环境，是指利用计算机生成一种可对参与者直接施加视觉、听觉和触觉感受，并允许其交互地观察和操作的虚拟世界的技术。虚拟现实技术是20世纪发展起来的一项全新的实用技术，囊括计算机、电子信息和仿真技术，其基本实现方式是计算机模拟虚拟环境从而给人以环境沉浸感。它是利用现实生活中的数据，通过计算机技术产生的电子信号，将其与各种输出设备结合使其转化为能够让人们感受到的现象，这些现象可以是现实中真真切切的物体，也可以是我们肉眼所看不到的物质，通过三维模型表现出来。

虚拟现实技术可使用户在虚拟现实世界体验到最真实的感受，其模拟环境的真实性与现实世界难辨真假，让人有种身临其境的感觉。同时，虚拟现实具有一切人类所拥有的感知功能，比如听觉、视觉、触觉、味觉、嗅觉等感知系统。它具有超强的仿真系统，真正实现了人机交互，可以随意操作并得到环境最真实的反馈。正是由于虚拟现实技术的存在性、多感知性、交互性等特征才使它受到了许多人的喜爱。随着社会生产力和科学技术的不断发展，各行各业对VR技术的需求日益增长。VR技术也取得了巨大进步，并逐步成为一个新的科学技术领域。

（三）虚拟现实技术的特性

1. 存在性

存在性是虚拟现实技术的特征之一，虚拟世界为使用者提供真实感与3D效果，使用者无法察觉、辨别出自己所处的情境其实是由计算机衍生出来的，这就是存在性。使用者可以根据自己的主导意志，畅游在现实社会中不存在却展现在眼前的最完美的情景，这就是结合一系列交互进程，把感受器官和人的运动神经觉、触觉以及自己的意识带入虚拟情境中所实现的。

2. 交互性

运用传感器的多样性（如多角度展示头盔、多角度眼镜、嗅觉传感器、数据手套等）和多方位讯息产生交互作用，加强人类和计算机的联系，这就是交互性。在虚拟环境中显示的画面和语音是虚拟现实系统依照用户本身的需要、感觉及本能技巧的调剂创造出来的。"实际"的人体感受被放入虚拟环境中的同时，也对里面的事件进行操控，这一切是由人体的感受和虚构情境中的事物通过数字化、信息化之间的反应所实现的。

3. 创造性

虚拟现实里的虚拟环境并不是真实的，它是通过人类的想象构建出来的，人机交互从以前的定量推算到如今成为定量和定性的共同体。思想在指定用途中拓展，凸显了在虚拟环境中人掌控主要进程的重要情形。创造性可以定义为人类依照当今社会天然物理运作定律而形成的。在虚拟旅游环境中，人们依照活动法则详细制作出虚拟旅游者在情境中看到的所有相对详尽的物理性物质，如空间、时间、国家、路面街道、地域特征等，即为创造。在这个过程中，感受者将过去和未来的场景以及其他不能够展示的情境变得可展现，也可以随时随地构建自己喜爱的时空之旅。

4. 多感知性

虚拟现实与传统的二维图形接口的不同，可以令使用者感受身边情境的能力得以呈现，这种计算机接口技术以及桌面控制反馈的扩充，让使用者的舒适感得到了最大化的展现，这是由Gobbetti等人提出的。在如今的虚拟现实程序中，听觉、视觉和触觉这三项感官尤其灵敏，将其装上传感设备就可以让用户陷入其中。随着信息与电子科技的不断发展和进步，这些传感装备和仿真装置在嗅觉、味觉、运动神经觉方面也可以实现应用，让人好像置身于《黑客帝国》类电影之中。

（四）虚拟现实技术的发展历程

1. 思想萌芽阶段：1963年以前

1929年，Edward Link设计出用于训练飞行员的模拟器；1956年，Morton Heilig开发出多通道仿真体验系统Sensorama，这些有声形态的模拟器已经蕴含了虚拟现实的初步构想。

视频7-2：虚拟现实技术的发展历程

2. 产品产生阶段：1963—1972年

1965年，Ivan Sutherland发表论文"Ultimate Display（终极的显示）"；1968年，Ivan Sutherland研制成功了带跟踪器的头盔

式立体显示器（HMD）；1972 年，Nolan Bushell 开发出第一个交互式电子游戏 Pong。

3. 概念和理论形成阶段：1973—1989 年

1977 年，麻省理工学院制作出"阿斯彭电影地图"，这个系统使用户可以在虚拟现实中游览科罗拉多州的阿斯彭市，类似于现在的 VR 地图；1982 年，Dan Sandin 等研制出数据手套 Sayre Glove，是第一代基于手套的计算机输入设备；1984 年，NASA AMES 研究中心开发出用于火星探测的虚拟环境视觉显示器；同年，VPL 公司的 Jaron Lanier 首次提出"虚拟现实"的概念；1987 年，Jim Humphries 设计了双目全方位监视器（BOOM）的最早原型；同年，游戏巨头任天堂推出了消费型的商业性 VR 眼镜，虚拟现实产品第一次运用在民用领域。

4. 技术完善和应用阶段：1990—2015 年

1990 年，提出 VR 技术包括三维图形生成技术、多传感器交互技术和高分辨率显示技术；1991 年，Virtuality Group 推出了 Virtuality VR 游戏机，其全新的沉浸感震惊了整个行业，也是虚拟现实娱乐史上首次大规模生产，这台机器支持网络和多人游戏，配备了虚拟现实眼镜、图形渲染系统、3D 追踪器和类似外骨骼的可穿戴硬件设备；同年，世嘉公司宣布推出 VR 眼镜，可用于街机游戏；1995 年，任天堂推出 Virtual Boy 的游戏机，成为第一款家用 VR 设备。21 世纪以来，VR 技术高速发展，软件开发系统不断完善，具有代表性的如 MultiGen Vega、Open Scene Graph、Virtools 等。

5. 产品成型爆发阶段：2016 年至今

拓展知识 7-3：世界上最早的 VR 产品

2016 年被业内认为是虚拟现实技术的爆发元年，大约有 230 家国内外公司致力于基于虚拟现实的项目。通过这些科技企业多年的积累与努力，VR 产品迎来快速更新迭代的时期。这一阶段的 VR 产品种类繁多，拥有更亲民的价格，更强大的内容体验与交互手段；辅以强大的资本支持与市场推广，整个 VR 行业正式进入爆发成长期。

二、虚拟现实旅游产品的类型

（一）虚拟旅游的概念

所谓虚拟旅游，指的是建立在现实旅游景观基础上，利用虚拟现实技术，通过模拟或超现实景，构建一个虚拟的三维立体旅游环境，网友足不出户，就能在三维立体的虚拟环境中游览远在万里之外的风光美景，虚拟环境形象逼真，细致生动。虚拟旅游是 VRP-Travel 虚拟旅游平台技术的应用范围之一，应用计算机技术实现场景的三维模拟，借助一定的技术手段使操作者感受目的地场景。

【案例 7-5】

农村老人赶"新时髦",足不出户"逛首都"

每个年代的人,都有不同的梦想,在很多老年人心中,能去北京天安门是他们的梦想。而很多人逐渐年老,加之地理位置较远,可能这一辈子也很难实现"逛首都"的愿望了。

2021年6月,在广西玉林,老人们在一拍照摊铺前排队,照相摊前挂着一块绿色的幕布,老人们依次站在幕布前拍照,摊主用电脑将老人们的现场影像和各个旅游景区合成一张照片。在现场可以看到,老人们最想去的地方就是祖国的首都,那里有长城、天安门和故宫等,因为这些老人是和毛主席最近的年代的人,所以,他们的梦想就是去首都留影,而今天虚拟旅游设备帮助他们实现了梦想。这是多少老人的愿望,虽然年轻人很容易就能实现,但是老人就难了,不但要有钱,还要有体力,所以,应当感谢科技的力量。

案例思考: 你认为虚拟现实旅游产品未来可以给老年人生活带来哪些改变?

(二)产品类型

虚拟旅游产品的运作原理主要是,在虚拟旅游资源管理和电子商务发展的基础上,建立便捷的虚拟旅游网络资源的查询和搜索系统,并通过 JAVA 等先进的计算机技术逐步实现对三维场景的控制,达到人机交互,满足旅游者的需要,当前阶段的虚拟旅游产品类型如下。

1. 旅游产品的虚拟化

这是一种更经济、更环保的旅游开发模式。通过这种方式的虚拟旅游,不仅可以起到对旅游景点进行宣传、扩大影响力和吸引游客的作用,而且还能够在一定程度上满足没有条件到达旅游景点或享受特殊旅游产品的游客的游览和审美的需求,如基于观光类产品的泰山虚拟旅游、八达岭长城虚拟旅游、珠穆朗玛峰旅游、异国风情游及网上虚拟博物馆等。马来西亚的虚拟博物馆计划将其历史文化资源通过互联网上的数字流展现并保存于网络空间,供世界各个角落的虚拟旅游消费者使用。

2. 虚拟旅游社区

虚拟旅游社区是虚拟旅游者在网络上的群体空间。虚拟旅游者在虚拟空间中相遇、交流,并创建虚拟社区,形成独特的文化和群体,这些信息都被网络服务器所整理和保存,游客可以根据自己的偏好选取个性化的虚拟社区进行漫游。

3. 对未建成景观的虚拟旅游规划

这是针对正在规划建设中的或以目前的技术水平无法开发的旅游产品而展

开的,如秦始皇陵探宝虚拟旅游、金字塔之谜虚拟旅游、太空旅游、地壳旅游、深海旅游等。这能让旅游者通过网络和计算机技术提前实现探索和求知的欲望。

三、虚拟现实旅游产品的应用

(一) VR 在主题公园里的应用——主要利用沉浸感、交互性

VR 与主题公园里的过山车结合,带来了一些完全不一样的体验。以前当人们坐在飞速穿梭的过山车上时,伴随的是乘客惊险刺激的尖叫;而配上 VR 沉浸式内容后,用户可以体验在云端飞越、在星际飞行或在外星球探险。

视频 7-3:
虚拟现实旅游
产品的应用

2016 年 1 月,英国索普公园与奥尔顿塔先后宣布推出虚拟现实过山车体验、虚拟现实幽灵列车体验。3 月,三星宣布将联手世界上最大的主题公园 Six Flags,用三星 Gear VR 设备为消费者搭建虚拟现实过山车,让人们获得突破性的多维虚拟过山车体验。在进行虚拟现实过山车体验时,人们依然坐在真实的过山车上,但乘坐者戴着 Gear VR 设备,设备中会播放预先定制好的 VR 视频,为用户提供不一样的视觉体验。这些视频是根据头盔设备上的陀螺仪、加速计和各种传感器上的数据实景制作的。

另外一种 VR 与主题公园的结合方式是利用 VR 打造一个虚拟现实主题公园。美国的 The Void 已经打造出原型产品,The Void 主题公园体验的核心是重定行走的概念。玩家戴上具有 180 度视角的定制手套和头盔,在 60 米长 60 米宽的房间里进行探险。由于该舞台上的道具实物都是经过精心设计的,所以在"探险"过程中玩家可以很真切地感受到和现实中触感一样的"钢管""门把手""墙壁""石头"。在这个"舞台"上可以上演不同剧情的主题冒险娱乐活动,如反恐枪战、沙漠探险、大战外星人等。从某种程度上来说,VR 主题公园跟 VR 互动游戏很相近,沉浸感好,惊险刺激。目前利用 VR 打造的主题公园除了国内华强方特主题乐园,在德国、墨尔本、意大利等地都有厂商在尝试利用 VR 技术打造新一代主题公园。

随着 VR 技术的发展,这种更刺激震撼、新奇炫酷的旅游体验将能俘获众多游客的芳心,因为它能让游客瞬间沉浸在无与伦比的虚拟空间里。在建造和运营成本方面,VR 虚拟主题公园有很大优势,传统实体主题乐园搭建耗资巨大,对于开发商和运营方而言,会面临资金的压力,承担设计、建造、人力、财力等风险,而打造虚拟主题公园的风险则要小得多,并且公园可以实现定期更换娱乐主题,推出越来越多的场景,做到"风格百变"。

(二) VR 在广告、营销中的应用——酒店看房、目的地预览

人们在旅行之前需要提前挑选酒店、了解目的地景区的风光，而在到达之前，只能通过二维的图片、视频来了解实地情况，但这种展现方式并不能完全满足用户在预订酒店时对酒店信息获取的需求，比如一个酒店房间到底是否朝阳、有多大空间、酒店周边情况等，二维空间的图片和视频并不能让用户真切体验酒店情况。VR 则能以 3D 多维空间全景视频的展示方式，填补高用户需求与现有产品展示方式之间的信息缺口。

VR 技术在酒店领域的应用早已有先例。2010 年 10 月，香格里拉酒店发布了 VR 项目，展示了香格里拉酒店集团旗下 94 家酒店和度假村的 360 度全景视频。2015 年 12 月，旅游网站赞那度推出了国内第一个旅行 VR 移动应用，用户通过 VR 产品可以对旅游目的地有更真实的感受。2016 年 3 月，在线旅游服务提供商艺龙发布了酒店 VR 体验视频，在用户体验方面引入 VR 技术，为用户在选择酒店时提供"未住先知，身临其境"的服务。目前艺龙已经组建了 VR 实验室 X Lab，负责 VR 制作。几乎同一时间，欧洲最大的酒店管理企业 GCH Hotel Group 为 120 家包括雅高、洲际、温德姆等在内的国际酒店品牌制作了 VR 作品，这些酒店遍布德国、荷兰、比利时、奥地利、英国、西班牙、塞浦路斯等，这些 VR 作品可以通过谷歌虚拟现实头盔 Google Cardboard 或者 Oculus Rift 观看。

近年来，在景区、目的地营销方面，国内外旅游局、景区运营方也纷纷引进 VR 项目。比如墨西哥旅游局已经开始使用 Aurasma App，通过虚拟的经验册和明信片，让潜在的顾客和参观者能够感受他们所提供的旅行；澳航将宣传册内置在虚拟现实头盔里，为航客提供 360 度身临其境的新颖体验服务；南非旅游局将惊险刺激项目浓缩成一个 5 分钟的虚拟现实视频让游客体验，此外，南非旅游发展局和旅行机构还发起了一项活动，制作 360 度高清画质和双声道音效的南非风情宣传片，输送到伦敦和曼彻斯特的酒吧，让消费者可以在酒吧里戴上虚拟现实头盔设备，刺激其消费欲望；精钻会游轮利用虚拟现实开发了 Azamara 3D，让乘客"切身"体验游轮生活，例如驾驶一艘游轮穿越哥斯达黎加雨林，或者游历巴拿马运河。2016 年 1 月，在第 36 届西班牙国际旅游展览会上，中国展台上推出了 360 度全景虚拟眼镜，让国外朋友体验中国的旅游景色。

(三) 通过 VR 设备观看体育比赛

现在如果用户有一部智能手机或一台平板电脑，那么他离以一种完全不同的方式观看体育比赛仅一步之遥。

既有几十元的手机盒子、百元的"VR 魔镜"，也有上千元、数万元的华为

VR Glass、Gear VR、HTC VIVE、Oculus 等产品，终端设备的价格下降，促进了移动 VR 用户的增长。随着越来越多 360 度全景摄像机面市，VR 全景内容也越来越丰富。现在用户可以在优酷、暴风影音、乐视或全景客等应用上观看各种 VR 全景视频，通过倾斜或旋转手机来调整摄像机角度。这样手机屏幕实际上成了浏览风景或观看赛事的眼睛，这为人们利用虚拟现实在赛场上观看比赛、演出带来了希望。

对于赛事运营机构或者演出举办方来说，VR 技术应用为他们打开了新的商业局面，组织机构会想方设法充分利用这样的机会，观赛人数不再局限于现场，虚拟坐票或许也可以销售获利，这对于吸引赞助也会起到加分作用。

以上是人们在旅游业尝试的 VR 实际应用——"用在场感'欺骗'用户的视觉、听觉、触觉"。很多权威人士认为虚拟现实内容将成为下一个引发行业变革的科技，像移动互联网一样改变人们现在的生活方式，这样的评论吸引了很多投资者和创业者的注意。

【拓展知识 7-1】

VR 和 AR 你分得清吗？

VR 与 AR，作为一对难兄难弟，自打出生以来，就撇不清关系。很多时候，还会特意被"混为一谈"：XR。因为两者名称只差一个字母，很多眼镜也长得类似，所以人们经常分不清，对两者的应用场景也会有一些疑问，下面我们来了解一下两者的区别。

VR（虚拟现实），是指视野中的整个环境都是虚拟出来的，跟现实场景可以没有任何关系。你在自己家客厅里戴上 VR 眼镜，可以瞬间来到外星球，跟好友们一起玩太空对战游戏。电影《头号玩家》就是描绘了这样的一个世界。

而 AR（增强现实），是指视野中仍然有现实世界的影像，但是在影像之上，额外叠加上虚拟的物体，叠加的物体需要跟现实场景能有"互动"，比如能贴合到墙壁上，能放置在桌子上等，因为是对现实的增强，所以叫作增强现实。

四、虚拟现实旅游产品的发展

（一）虚拟现实旅游对实地旅游进行补充

虽然虚拟现实旅游现在已逐渐被大家所熟知，但是目前虚拟现实旅游还无法替代传统旅游给游客带来的情感体验，不过虚拟现实旅游可以通过补充传统旅游项目没有办法达成的部分，使旅游内容更加丰富。其实现在国内已经有很多景区在尝试结合当地景区特色来制作虚拟现实全景内容。此外，景区还可以利用虚拟现实向游客展现一个景点的建成过程，或者是向游客提供有偿定制服务，为用户在旅游期间拍摄虚拟现实全景，旅游结束时还可以作为纪念品。

（二）虚拟现实旅游开始走向旅游服务

由于目前市场保有量不大，同时也不具备消费黏性，虚拟现实旅游对于C端市场而言并不是硬件需求，而改善旅游服务才是提高旅游质量的关键，未来虚拟现实旅游由C端向B端发展也是一个趋势。过去导游在服务当中也只能通过不断试错的方式来提高自身的服务，制作符合旅游情境的虚拟现实全景，景区就可以使用虚拟现实设备来培训新导游，当然导游也可以利用虚拟现实技术来改善自己的服务。

（三）虚拟现实和AI结合将会成为虚拟现实旅游的一大趋势

利用虚拟现实进行旅游营销及对缺失旅游内容进行补充，可以结合AI来增加景区娱乐项目及与游客的互动，这也是未来虚拟现实旅游的发展趋势之一。除此之外，AI也可以将旅游景区附近的商家服务聚合到一起，为用户提供全方位的旅游服务，与虚拟现实紧密地结合起来。

【任务训练】

通过本任务的学习和实践，学生应了解虚拟现实旅游产品的概念、应用及发展趋势。

任务准备	全班分组成立项目小组，每组人数3—6人
任务要求	1. 各组搜集虚拟现实技术在旅游行业中的应用案例 2. 分析案例中虚拟现实技术的使用效果与不足之处 3. 进行虚拟现实技术在旅游行业应用的SWOT分析
任务成果	各组提交虚拟现实技术在旅游行业应用的SWOT分析报告
评价方式	学生自评、教师评价及第三方平台评价相结合。分组安排时，注意分工到位，每位成员都有一定任务

项目七 智慧旅游工具应用

 任务三　电子导游产品应用

【任务导入】

虚拟导游！数字人带您畅游世界文化之旅

旅游行业中，数字人也有着广泛的应用前景，可以帮助提高旅游服务质量、提高游客满意度、提高旅游管理效率等，我们可以把他们称为"虚拟导游"。虚拟导游总结起来主要可以完成如下任务。

1. 智能导览

虚拟导游可以通过语音交互、图像识别等技术，为游客提供更全面、详细的旅游导览服务。

2. 在线咨询和预订

虚拟导游可以通过语音交互、图像识等技术，为游客提供在线咨询和预订服务，随时解决游客的问题和需求，提高游客的满意度和忠诚度。

3. 智能客服

虚拟导游可以通过语音交互、图像识别等技术，为游客提供在线咨询、投诉处理、订单查询等服务，提高旅游服务的质量和效率。

4. 旅游管理和营销

虚拟导游可以通过数据分析、智能推荐等技术，为旅游企业提供更全面、详细的数据支持，帮助企业进行管理和决策。

5. 虚拟形象代言人

虚拟导游还可作为虚拟形象代言人，以城市虚拟代言人、博物馆虚拟员工等人格化的形式，可满足不同场景的需求。

任务解析：虚拟导游在旅游业中的应用可以有效地解决旅游业存在的一些痛点，提供更智能、个性化和便捷的服务，提升游客的旅行体验，促进旅游业的可持续发展。在数字文旅高速发展的宏观背景下，虚拟导游将以低本高效、高质量服务的形象面向市场，赋能文旅行业转型升级。

请同学们阅读以上案例，完成下列讨论。

1. 你喜欢虚拟导游为你提供导游服务吗？为什么？
2. 您认为虚拟导游的开发有哪些注意要点？它的发展前景如何？

一、电子导游

电子导游是指利用电子技术、信号处理技术制造出来的各种导游讲解设备，国外一般称之为 ATG（Audio Tour Guide）或 ETG（Electronic Tourist Guide）。

电子导游主要是结合公园和展馆的景区景点分布情况提出的设计方案。通过电子导游将公园景区及陈列历史文物等内容以图文并茂的方式展现给游客，使其内涵在游客观赏景物和展品的过程中得以延伸，更加生动。游客在充分欣赏了景区和展品的外观表象后，又获得了丰富的知识。

使用电子导游系统可以有效配置人力资源。由于讲解人员有限，特别是外语讲解人员较少，很难为每位游客提供规范如一的讲解服务，电子导游系统为散客和外国游客的参观提供了便利。利用电子导游系统即是以人为本的服务手段，又是现代化的标志之一。

二、电子导游产品的发展阶段

科技的变革是电子产品更新换代最大的驱动力。电子导游系统的发展伴随技术的进步走过了广播式、预存储式、无线收发式和定位导航式四个阶段。前三个阶段的产品主要适用于景区内部，而后者除了景区之外，还被应用于更加广阔的旅游区域和空间中。

（一）广播式

顾名思义，广播式即将景点的相关信息记录在特定的媒介之上，并通过喇叭再播放出来。然而，这种方式的实际效果并不理想。一方面，景区内人来人往，环境比较嘈杂，收听的效果往往易受干扰；另一方面，循环播放的模式并不能让所有的游客根据需求获取自己想了解的信息。

（二）预存储式

这种播放方式是将景点的解说词存储到一个录音器之中，由景区的管理人员发放或租借给游客使用。随着科技的革新，录音器已经越来越小巧，一般都配有无线耳机。这种方式较好地解决了广播式中存在的两个问题，不仅能为游客提供清晰的解说，还可以通过功能按键对想要收听的内容进行选择。

（三）无线收发式

这种电子导游系统由发射器和接收器两个部分组成。发射器安装在景区的各个景点，不断发射特定的信号。接收器中则存储了景点的信息，并能够检测和接收发射器提供的信号。当游客抵达一个景点时，接收器能够根据接收到的信号选择对应的解说词进行播放。这种导游方式使游客在游览过程中无须动手进行过多操作，使用起来更加便捷和智能，但成本相对较高。

（四）定位导航式

定位导航式电子导游分为两类，一类是独立的电子导游机，一类是安装在手机里的电子导游 App。借助于 GPS 全球定位技术的发展与成熟，定位导航式电子导游也渐渐开始崭露头角。这使电子导游系统的功能更加强大，除了具备传统的景点介绍功能外，还具备地图显示、旅游线路建议、指定目标搜索等各种附加功能。这也说明，电子导游系统功能已经从传统的景点讲解介绍提升为全方位的信息服务。总之，当今传统的电子导游已经过气，新型的定位导航式电子导游已经扛起了景区导览的大梁。

三、电子导游产品的优缺点

（一）电子导游的优点

1. 保护环境

目前，环境保护问题已成为旅游业的关注重点。随着我国热门景点的旅游人次越来越多，噪声污染已成为旅游景点管理的新问题，降低景点、博物馆高分贝的噪声成为景点管理的新要求。作为无噪声、无污染的高科技环保产品，电子导游机关注保护文物古迹、自然风景和人文名胜，并且对人体没有任何影响，让游客真正融入大自然，满足安全旅游、环保旅游、文明旅游、轻松旅游的新趋势。电子导游已成为当今旅游的时尚新趋势，不仅提高了旅游的质量，提高了国家对外旅游的整体形象，更保证了旅游发展与环境保护的和谐。

2. 方便外国游客

电子导游在欧美发达国家的旅游景点已普遍使用，可以选择汉语、英语、法语、日语等多种语言。当游客进入任一景点时，导游器会自动从头开始为游客解说该景点的文史等资讯，同时还伴有背景音乐，是旅游景点服务达到世界水平的一个重要标志。在我国的旅游市场，游客在景区旅游时，可看的景点多，可了解的资讯却很少，属于低层次的观感旅游阶段；而对于外国游客来说，由于语言的障碍，往往游览下来所知甚少。电子导游可以很好地解决以上问题。另外，由于小语种导游紧缺，多语种的电子导游可以弥补这一缺口。

3. 减少游客之间的干扰

目前我国的博物馆和展览馆众多，突出的问题就是旅游旺季时，馆内导游先后进馆介绍，既相互干扰又得不到好的讲解效果，游客的参观体验并不好，而电子导游就是很好的解决方案。利用电子导游可以针对游客暴增、讲解人员紧张的实际情况，全面提升讲解质量，满足广大游客的需求，游客只要租借便携讲解器或者在手机 App 上购买导游服务，就可以使用讲解器或者自己的手机，通过耳机在参观景点时自助收听到全方位的电子讲解。

4. 降低导游服务质量的不稳定性

对于景点来说，电子导游与人工导游相比，能避免由于导游个人因素带来的服务质量的不稳定性，为游客提供更加全面客观的服务。通过电子导游也可大大提高游客对景点的认知程度，并能通过他们的传播加快提高景点的知名度，从而增加游客的流量，加快景点旅游业的发展。另外，在一些散客较多的景点，配备电子导游，在一定程度上则能解决散客游览缺少导游的问题。

5. 满足游客的个性化需求

一方面，电子导游可以通过不同版本的声音，满足不同年龄、不同层次的游客的需要，比如，北京故宫里的电子导游就有"标准版""王刚故事版"和"鞠萍姐姐版"，深受广大游客的欢迎。另一方面，电子导游可以满足自助游背包客的个性需求，基于 GPS 技术的电子导游就是一个非常好的"向导"，如同保障游客安全的指南针。有了电子导游，你的旅行不再是走马观花的浅尝辄止，而是深度的精神享受，对于重视旅行质量的自助游背包客，电子导游无疑是最好的选择。

（二）电子导游的缺点

电子导游虽然优点众多，但是也有不可回避的缺点。例如，电子导游不是真人，缺乏人与人之间情感互动的过程；在狭窄的地方，对于一些因为游客情绪引起的混乱不能及时疏导或制止；对景点临时新增内容可能做不到实时更新；不具有真人导游在不同语境中提供的趣味性讲解，无法根据环境和游客心理，调整播音情绪；游客戴耳机游览，会影响对其他环境音的识别和接收；电子导游前期的投入开发成本比传统导游更高等。

【拓展知识 7-2】

表 7-1　人工导游与电子导游的差别

形式	人工导游	电子导游
音质	嘈杂、易受干扰	清晰
服务质量	受导游水平影响	服务优质稳定
游览自由度	顺序游览	自由游览
组团人数	限制	无限制
语种	单语种	多语种
费用	相对较高	相对较低
环保	噪声污染	无污染
开发成本	低	高

四、电子导游产品的发展前景

目前旅游市场上较为先进的电子导游主要为基于移动智能终端的电子导游机和电子导游 App 两类。根据不同的游览环境、参观需求及旅游目的地的自身条件等,这两类电子导游都有广泛的应用。就长远来看,电子导游 App 在旅游行业中将更有竞争优势。它基于智能手机精确定位并弥补了其他电子导游的不足,除涵盖电子导游本身所具备的优势外,电子导游 App 所具有的优势,也是电子导游产品的前景所在。

视频7-4:电子导游产品的发展前景

(一)普及和使用成本低

基于整套硬件设备建设一个景区的电子导游系统需要专业公司制定设计方案,并定向生产,投资大,损耗率高。而在今天的大数据环境下,在一个平台上添加一个景区的语音内容及触发方式,便可以很好地解决传统电子导游的不足。同时,游客也可省去几十元到几百元的租赁费用,只需下载电子导游 App 便可任意聆听各种风格的语音讲解。电子导游 App 可以单独付费也可以与门票绑定,长期来看,这都将降低景区的运营成本和游客的游览费用。

(二)灵活且便于操作

电子导游 App 一次下载便可随时使用,既节省了材料资源,又提升了游客体验满意度与讲解效率。目前,一些景区已出现基于在线小程序开发的电子导游,正在逐步免去下载步骤,扫描二维码进入小程序即可使用电子导游。这些越来越灵活且便于操作的使用场景,将是电子导游重要的发展前景。

(三)可与游客实时互动

随着 AI 人工智能的发展,未来将解决电子导游人机交互的问题,利用智能手机的语音输入和识别功能,将实现语音控制功能。电子导游可随时为游客解决各方面的问题,真正弥补电子导游相对人工导游缺乏情感交流的不足。

(四)支持方向判断功能

随着 GPS 定位等技术的发展,电子导游将能够基于游客位置对游览方向进行判断。当获悉游客的方向之后,便可进行全方位 360 度的语音讲解。系统可直接指出所讲景观在游客的哪个方向,便于游客辨认。

(五)可根据游客的喜好选择播报风格和类型

这是 APP 相较于讲解设备最有优势的发展前景,电子导游可实现自由选择播报类型而不仅限于一种,全方面地根据各种游客的不同需求选择适合自己的播报类型。

【案例7-6】

国内美术馆首家！青岛市美术馆MR眼镜导览服务上线

2021年12月，青岛市美术馆与国内某知名AR导览服务公司达成战略合作，共同研发青岛市美术馆专属MR导览服务系统。2022年2月，青岛市美术馆成为国内首家拥有MR眼镜导览服务的美术馆。借助一副眼镜，就能让游客拥有一位美术馆导览的虚拟"导游"！

青岛市美术馆上线的这款Rokid Air Pro MR眼镜，应用当下先进的AR与MR技术，采用轻量级设计，外观与普通眼镜无异。MR眼镜显示屏能够依照口头指令，显示虚拟菜单，供游客自行选择播放段落。MR眼镜搭载了衍射光波导技术，可实现40度的视场角和85%的透光率，带来了类似4米外120英寸的视觉感受。结合优秀的创意、专业的内容制作与深度的定制化服务，青岛市美术馆率先提供了这种形式新颖、内容丰富的数字创意服务。游客借助MR眼镜，可倾听虚拟讲解员对展品及美术馆历史全方位的解说，艺术作品与艺术家的相关背景资料通过音频、视频、虚拟现实等多种形式全方位、沉浸式传递给观众，让静态的艺术"活"起来。

案例思考：你认为电子导游产品未来还会有怎样的应用场景？

【任务训练】

通过本任务的学习和实践，学生应了解数字技术对导游行业带来的影响，对电子导游的发展方向有所认知。

任务准备	全班分组成立项目小组，每组人数3—6人
任务要求	1.各组搜集数字技术在导游行业的应用案例 2.分析案例数字技术在导游行业应用的效果与不足之处 3.进行数字技术在导游行业应用的SWOT分析
任务成果	各组提交数字技术在导游行业应用的SWOT分析报告
评价方式	学生自评、教师评价及第三方平台评价相结合。分组安排时，注意分工到位，每位成员都有一定任务

项目七　智慧旅游工具应用

任务四　旅游内容营销实施

【任务导入】

AI 智能助力抖音获客　开启新时代的营销方式

随着科技的不断发展，人工智能（AI）已经成为各行各业的热门话题。在营销领域，AI 的应用也越来越广泛，其中抖音作为一款热门的短视频平台，正逐渐受到企业的关注。本文将探讨 AI 智能如何帮助抖音获客，为企业开启新时代的营销方式。

个性化推荐引流 AI 智能技术可以通过分析用户的兴趣、喜好和行为数据，为企业提供个性化的推荐服务。在抖音平台上，AI 可以根据用户的浏览历史、点赞、评论等行为，精准推送相关的内容和广告，从而吸引潜在客户的注意力。通过个性化推荐引流，企业可以更好地与目标用户进行互动，提高转化率和获客效果。

智能广告投放 AI 智能技术可以帮助企业在抖音平台上进行智能广告投放。通过分析用户的画像和行为数据，AI 可以精准定位目标用户，并根据用户的兴趣和需求，投放相关的广告。同时，AI 还可以实时监测广告效果，根据数据反馈进行优化和调整，提高广告的点击率和转化率。智能广告投放不仅可以提高获客效果，还可以节省企业的广告投放成本。

智能客服与互动营销 AI 智能技术可以为企业提供智能客服和互动营销的解决方案。在抖音平台上，企业可以通过 AI 智能助手与用户进行实时互动，解答用户的问题和需求。AI 智能助手可以根据用户的提问，提供准确的答案和建议，提高用户的满意度和购买意愿。同时，AI 还可以通过自然语言处理和情感分析等技术，了解用户的情感和需求，为企业提供更加个性化的服务和推荐。

任务解析：AI 智能技术为抖音获客提供了全新的机遇和挑战。通过个性化推荐引流、智能广告投放和智能客服与互动营销，企业可以更好地与目标用户进行互动，提高获客效果和转化率。然而，AI 技术的应用也需要注意用户隐私保护和数据安全等问题。只有在合规和可信的前提下，AI 智能才能真正助力抖音获客，开启新时代的营销方式。

请同学们阅读以上案例，完成下列讨论。

1. 你认为 AI 智能助力抖音获客营销的逻辑思路是什么？

2. 在你的日常生活中存在哪些"AI 营销""无感式营销""体验式营销"或"内容营销"？请举例说明。

· 261 ·

一、旅游内容营销

（一）内容营销的概念

视频7-5：旅游内容营销

内容营销指的是以图片、文字、音视频或活动等介质，通过合理的内容创建、发布及传播，向用户传递有关企业的相关内容、有价值的信息，从而实现促进销售的目的。企业所依附的载体，可以是企业的LOGO、画册、网站、广告，甚至是T恤、纸杯、手提袋等物品，根据不同的载体，传递的介质各有不同，但是核心的内容必须是一致的。内容营销是不需要做硬广告或推销就能使客户获得信息、了解信息，并促进信息交流的营销方式。内容营销是有态度的网络营销里的核心观点之一，有态度的网络营销包括精准营销、全网营销、内容营销、态度营销四种网络营销理念。

旅游内容营销是指旅游企业以内容营销的形式，用旅游产品吸引现实和潜在目标游客的营销过程，以促使游客参与或购买旅游产品并为旅游企业带来利润。

（二）旅游内容营销的表现形式

旅游内容营销有软文、新闻稿、音频、播客、博客、白皮书、音乐、动画、图片、信息图、在线教学或电视广播、幻灯片、音视频、研讨会、App、游戏等多种大众喜闻乐见的表现形式。

二、旅游内容营销的常见形式及主要渠道

视频7-6：旅游内容营销的常见形式

（一）图文

图文可以说是旅游内容营销中最常见的形式了，大部分渠道也主要以图文的形式进行展示。图文这一形式的优势在于，能够通过一定的文字对图片进行相关的讲解，以帮助潜在消费者更好地了解旅游产品，从而进行购买。图文主要渠道包括网络软文、新闻类App、旅游推广类App等。

（二）短视频

短视频是近年来旅游内容营销的重点发展形式，也是最主要的渠道，优质的短视频更是会被抓取展示，可以说，在我们生活的每个角落都有短视频的身影。它能够让潜在消费者更加全面生动地了解旅游产品，旅游产品的场景化和代入感越强，潜在消费者的消费欲望也就越强。

主要渠道包括短视频类App和视频网站的广告等。

（三）网络直播

直播的出现，等于给潜在消费者提供了一个专业的旅游产品导购，能够帮助他们解决相关疑问。现在不仅是达人、卖家能够进行直播，旅游企业或店铺的客服也可以进行直播，以此可将潜在消费者引流转化。直播的过程中主播能与潜在消费者互动，精准引流，促进流量转化；同时还能提高潜在消费者的黏性，积累更多老顾客。

主要渠道包括各类直播平台和店铺直播平台等。

图 7-2　直播

（四）问答

问答也是现在旅游内容营销不可缺少的形式，主要表现在平台或店铺的"问大家"类的板块。通过这一形式，旅游企业可以更好地解答旅游消费者的疑问，从而刺激潜在消费者的购买行为。

主要渠道包括销售平台的问答板块和购物点评问答类网站等。

三、旅游内容营销的步骤

（一）内容准备期

内容准备期主要是定义内容营销目标、确定受众群体及规划内容生产计划。

1. 定义内容营销目标

要确定内容营销是要促进产品销售还是提升品牌知名度，这需要制定量化的指标。比如，要达成半年 100 万元的销售额，或者是创造 50 万元追加销售业绩；如果是用来提升品牌知名度，则要提供可量化的指标，定性指标后期很容易造成目标的缺失或弱化。

2. 确定受众群体

要确定受众群体是年轻人还是老年人、是学生还是白领、是男性还是女性，一般主要从地理位置，心理特征以及行为习惯3个方面来划分，受众群体越精确越好。

3. 规划内容生产计划

主要是要确定生产什么内容，对内容的标题、风格、主要思路等要有明确的规划，对内容的生产进度做好科学合理的计划。

（二）内容执行期

内容执行期是内容生产与分发的周期，执行周期常常是许多人的弱项，因此最好创建好内容日历，用日历提醒的方式完成内容的各项过程。

1. 进行内容创作

内容创作是非常复杂且重要的事情，可以自制或可以部分外包，也可以完全由第三方团队创作。大多数的创业者都是独立开始设计、写作，如果个人精力有限，在条件允许的情况下可以将设计工作委派给设计团队，自己则专注于内容的创作。

2. 内容分发与分配

内容分发与分配可以通过自媒体微博、短视频平台或微信公众号，或者是专业的付费媒体平台，也可以是像百家号、简书、知乎、头条号等内容发布平台。

3. 内容的推广

内容再好，不推广也不会有流量，可以选择意见领袖的影响力合作推广，不过对于个体创业人员，SEO（搜索引擎优化）和社群营销是首选。

（三）内容完成期

内容推出后，要定期地进行内容的评估并不断地调整内容营销的前几个步骤，以便达到最优化的效果。

1. 内容营销评估

内容需要评估，以便了解内容营销的效果，内容营销评估涉及很多问题，但营销之后是不是有转化，是评判内容营销是否成功的重要基础。

2. 调整内容并进行营销改进

绝大多数内容创作人员都不可能一次就制作出爆款内容，爆款是一个不断迭代积累的过程，需要根据评估的结果反复地调整内容策略或内容生产过程，以便提升整个内容的质量。

四、旅游内容营销的实施策略

（一）热点性内容

热点性内容即某段时间内搜索量迅速提高、人气关注度很高的内容。合理利用热点内容能够迅速带动网站流量的提升，但是热点内容的利用一定要恰到好处。对于是否达到热点内容的标准，可以借助平台通过数据进行分析。比如：新浪微博热搜榜、百度风云榜和搜狗热搜榜等都是很好的工具。另外，热点内容需要与网站主题相对应，避免成为与之格格不入的硬广告。恰当的热点性内容能够在短时间内为网站创造流量，并获得效益。

（二）时效性内容

时效性内容是指在特定的某段时间内具有最高价值的内容。时效性内容越来越被营销者们所重视，并且逐渐加以利用使其效益最大化，营销者利用时效性创造有价值的内容展现给用户。所发生的事和物都具备一定的时效性，在特定的时间段拥有一定的人气关注度，作为一名合格的营销者，必须合理把握以及利用该时间段，创造丰富的主题内容。时效性内容对于搜索引擎而言也十分重视，搜索结果页面中也充分利用了时效性。

（三）即时性内容

即时性内容是指内容充分展现当下所发生的物和事。即时性内容策略上一定要做到及时有效，若发生的事和物有记录的价值，必须第一时间完成内容写作，其原因在于第一时间报道和第二时间报道的区别比我们想象的差很多，所带来的价值更不一样。就软文投稿而言，即时性内容审核通过率也有所提高，比较容易得到认可与支持。不仅如此，就搜索引擎而言，即时性内容时间无论是排名效果还是带来的流量都远远大于转载或相同类型的文章。

（四）持续性内容

持续性内容是指内容含金量不受时间变化而变化，无论在哪个时间段内容都不受时效性限制。持续性内容作为内容策略中的中流砥柱，必须引起高度重视。持续性内容带来的价值是连续、持久性的，持续性内容已经作为丰富网站内容的主打，在众多不同类型的内容中占据一定份额。就搜索引擎而言，内容时间越长久，获得的排名效果也越好，带来的流量也是不可估量的，因此营销者们越来越关注持续性内容的发展及充实内容。

（五）方案性内容

方案性内容即具有一定逻辑，符合营销策略的方案内容，方案的制定需要考虑很多因素，其中受众人群的定位、目标的把握、主题的确定、营销平台、预期效果等都必须在方案中有所体现,然而这些因素必须通过市场调查,通过数据对比分析,并且需要依靠丰富经验。作为方案性内容而言,它的价值非常大,对于用户来说,内容中含金量非常高,用户能够从中学习经验,充实自我,提升自身行业综合竞争力。缺点是方案性内容写作上存在难点,需要经验丰富的营销者才能够很好把握,互联网上方案性内容相比而言较少,因此获得的关注更多。

(六)实战性内容

视频7-7:智慧旅游内容营销案例

实战性内容是指通过不断实践在实战过程中积累的丰富经验而产生的内容。实战性内容的创造需要营销者具有一定的实战功底,具有丰富经验的营销人员才能够做到真实性,内容中能够充分展现实践过程中遇到的问题,让读者从中获得有价值的信息,能够得到学习锻炼的机会。实战性内容能够获得更多用户的关注,因为这是实战,是真正的经验分享。

(七)促销性内容

拓展案例7-2/3/4:智慧旅游内容营销

促销性内容即在特定时间内进行促销活动产生的营销内容。特定时间主要把握在节日前后,促销性内容主要是营销者利用人们需求心理而制定的方案内容,内容中能够充分体现优惠活动,利用人们贪图优惠的心理做好促销活动,促销性内容能够帮助企业快速促销产品,并提升企业形象。

【任务训练】

通过本任务的学习和实践,学生应深刻理解内容营销的内涵、逻辑与不同表现形式,了解旅游内容营销的步骤和实施策略。

任务准备	全班分组成立项目小组,每组人数3—6人
任务要求	1. 各组搜集内容营销和旅游内容营销成功和失败的案例 2. 分析总结成功和失败案例的主要原因 3. 进行内容营销和旅游内容营销成功和失败案例的分享
任务成果	各组提交内容营销和旅游内容营销成功和失败案例展示的PPT文档
评价方式	学生自评、教师评价及第三方平台评价相结合。分组安排时,注意分工到位,每位成员都有一定任务

测试题

一、单选题

1. AR 技术指的是（　　）。
   A. 虚拟现实技术　　　　　　B. 增强现实技术
   C. 混合现实技术　　　　　　D. 扩展现实技术

2. 智能穿戴设备的应用领域可以分为自我量化领域和（　　）领域。
   A. 体内进化　　B. 体外进化　　C. 健康领域　　D. 医疗领域

3. 一般认为电子导游产品的发展经历了广播式、预存储式、无线收发式和（　　）4 个阶段。
   A. 无线电式　　B.App 式　　C. 蓝牙式　　D. 定位导航式

4. 以下（　　）不属于旅游内容营销的形式。
   A. 在景区中拍摄知名综艺节目
   B. 在新闻中植入旅游景点名称
   C. 明星在直播平台为景区代言
   D. 销售员在广场推销旅游产品

二、判断题

1. 内容营销是需要做硬广告或推销才能使客户获得信息、了解信息，并促进信息交流的营销方式。（　　）

2. 智能旅游穿戴设备是指专门应用于旅游活动的智能穿戴设备。（　　）

3. VR 和 AR 是同一种技术的不同称谓。（　　）

4. 旅游内容营销的时效性内容即某段时间内搜索量迅速提高、人气关注度很高的内容。（　　）

5. 当今传统的电子导游已经过气，新型的定位导航式电子导游已经扛起了景区导览的大梁。（　　）

三、多选题

1. 以下哪些属于智能旅游穿戴产品的应用？（　　）
   A. 智能旅游手表　　　B. AR 导览眼镜　　　C. 智能运动鞋
   D. 智能旅行衣物　　　E. 智能导览耳机

2. 以下哪些属于虚拟现实旅游产品的应用？（　　）
   A. VR 在主题公园中的应用
   B. VR 在酒店看房中的应用
   C. VR 在旅游目的地预览中的应用
   D. VR 在观看体育比赛中的应用

E. VR 在博物馆中的应用

3. 以下哪些属于电子导游的优点？（　　）

A. 开发成本高　　　　　B. 无噪声污染　　　　　C. 支持多语种

D. 互动性有限　　　　　E. 减少游客间的干扰

4. 旅游内容营销的常见形式包括（　　）。

A. 图文　　　B. 短视频　　　C. 短信　　　D. 网络直播　　　E 问答

5. 旅游内容营销的主要平台包括（　　）。

A. 电话　　　B. 微信　　　C. 微博

D. 移动互联网门户网站　　　E. 企业客户端 APP

四、问答题

1. AR、VR、MR 有何区别？

2. 你认为电子导游产品有怎样的发展前景？

3. 旅游内容营销的常见形式和主要渠道有哪些？

4. 智能旅游穿戴设备包括哪些类型？

5. 什么是旅游内容营销？

6. 举例说明虚拟现实旅游产品的应用。

五、案例分析题

南京牛首山文化旅游区紧跟数字时代浪潮，以牛首文化为核心推出"数智牛首"数字化平台。通过知识图谱、元宇宙、全景漫游、AR 个性化游线定制、便捷线上购票等方式塑造了科技感十足、沉浸体验感浓厚、文化特色鲜明的各类应用场景。景区的"东禅心旅"游线路运用 AI、AR、云渲染等数字技术，有机串联李瑞清墓、岳飞抗金故垒、摩崖石刻等文物古迹，以实景游赏＋数字体验为形式，实现"保护一片遗址、串联一峰文化、打造一条小径"的目标。

请根据以上材料，结合所学知识回答以下问题。

牛首山文化旅游区如何将智慧文旅、数字文旅、科技文旅不断转化为游客可触可感的项目、产品和服务？

测试题答案 7

项目八　旅游相关行业智慧化运营

📄 项目导读

本项目对旅游演艺项目、旅游购物项目、旅游文创项目和旅游交通项目四大类旅游行业的重要项目的智慧化运营进行阐述和分析。通过对本项目内容的学习，学生能够明确区分旅游相关行业智慧化运营的概念内涵，通过对典型案例的学习，学生能够了解旅游相关行业智慧化运营的发展趋势，并具备旅游智慧化运营的基本思路。

 **学习目标**

素质目标

1. 激发学生自立自强和自主创新意识，鼓励学生在智慧旅游领域探索和创新。
2. 培养学生在智慧旅游内容营销过程中的诚信观念和社会责任感。
3. 理解国家科技创新和旅游发展方面的政策导向，增强国家意识和社会责任感。

知识目标

1. 理解旅游演艺智慧化的概念，掌握旅游演艺项目的发展历程、分类及智慧化运营的典型案例。
2. 理解旅游购物智慧化的概念，熟悉旅游购物的相关法律规定和智慧化运营的典型案例。
3. 理解旅游文创智慧化的概念，了解打造旅游文创项目的注意要点和智慧化运营的典型案例。
4. 理解旅游交通智慧化的概念，了解主要旅游交通方式及其优缺点，熟悉旅游交通项目智慧化运营的典型案例。
5. 能根据旅游相关行业特点，提出与之对应的智慧化运营思路。

能力目标

1. 能够分析旅游相关行业智慧化运营的特点和适用场景，应用这些智慧化工具进行旅游活动的策划和实施。
2. 掌握使用智慧化设备和平台的基本操作技能，能够在实际旅游服务中运用这些技术。
3. 培养创新思维，能够结合新兴技术，提出智慧化运营的新思路、新方法和新应用。
4. 能够识别和分析旅游相关行业智慧化运营中可能出现的问题，并提出有效的解决方案。

价值引领案例8：弘扬中华文化

科技创新与传统文旅的碰撞——沉浸式智慧旅游演艺项目《重庆·1949》

 **思维导图**

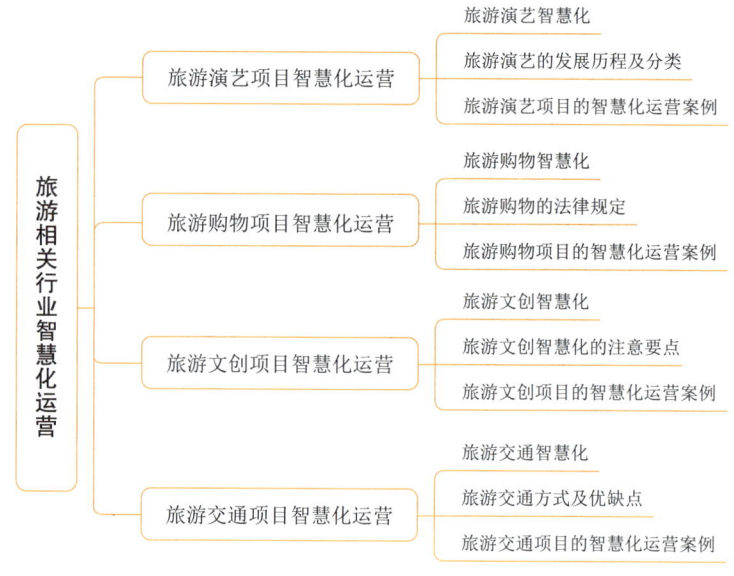

项目八　旅游相关行业智慧化运营

任务一　旅游演艺项目智慧化运营

【任务导入】

"文旅＋科技"智慧旅游沉浸式体验掀起消费新热潮

2023年8月，文化和旅游部公布《第一批全国智慧旅游沉浸式体验新空间培育试点名单》。名单中共有24个项目上榜，它们依托旅游景区、度假区、休闲街区、工业遗产、博物馆等场所或相关空间，运用增强现实、虚拟现实、人工智能等数字科技并融合文化创意等元素，通过文旅融合、虚实结合等方式，让游客深度介入与互动体验，形成了旅游新产品、消费新场景。这些项目在规划建设、投资运营、管理服务、制度规范、装备技术等方面积极创新，具备引领性标杆性作用，为全国智慧旅游沉浸式体验空间的产业化、标准化、规范化、规模化发展，探索模式，积累经验。

拓展知识8-1：第一批全国智慧旅游沉浸式体验新空间培育试点名单

任务解析：在智慧旅游沉浸式体验新空间里，科技将梦想变为现实，将现实变为沉浸；音乐可以变为画面，画面也可以变为触感。不同地域项目的积极探索，让收藏在博物馆里的文物活起来了、陈列在广阔大地上的遗产潮起来了、书写在古籍里的文字动起来了。但是，"文旅＋科技"的应用，既要传承弘扬中华优秀传统文化，发展社会主义先进文化，也要重视文化旅游产业现代化发展进程中的科技动能。

请同学们自行查看《文化和旅游部关于公布第一批全国智慧旅游沉浸式体验新空间培育试点名单的通知》文件，阅读后完成下列讨论。

1. 传统旅游演艺项目正在发生怎样的变化？
2. 新时代的旅游演艺项目主要融入了哪些元素和技术？

一、旅游演艺智慧化

旅游演艺是以游客为主要观众受众，通常依托旅游区，综合运用歌舞、杂技、曲艺等艺术表现形式，以表现地域文化背景或民俗风情为主要内容的主题商业演艺活动。旅游演艺的内涵有3方面的内容：一是从表演内容来看，旅游演艺为表现旅游目的地的历史文化和民俗风情，充分挖掘和体现地域文化，有不可复制性；二是从表演场地来看，旅游演艺是在旅游景区的现场及旅游目的地的演出场所进行的；三是从主要欣赏者来看，旅游演艺的观众为旅游者，其针对旅游市场所开展，不同于普通的文艺表演。

· 271 ·

旅游演艺智慧化是指在传统旅游演艺项目基础上，融合高科技设备和技术，通过智能化的控制手段，进一步提升游客观看或参与旅游演艺项目的沉浸感、科技感、炫酷感及体验感的创意化项目形式。

【拓展知识 8-1】

表 8-1　传统演艺和旅游演艺的区别

	传统演艺	旅游演艺
观众	居民	游客，这是旅游演艺与传统演艺的根本区别，有些传统演艺项目也可能发展为旅游演艺
地点	城市	旅游景区
内容	不限，或古典或时尚，或高雅或大众，目的以休闲娱乐为主	地域特色为主，因观众多来自异地，旅游演艺本身也是旅游区的旅游产品，展现地域文化成为旅游演艺的自然特点，目的以体验为主

二、旅游演艺的发展历程及分类

（一）旅游演艺项目的发展历程

1. 萌芽阶段（20 世纪 80 年代）

中国的旅游演艺形式最早在 20 世纪 80 年代出现，主要代表是陕西省歌舞剧院古典艺术剧团于 1982 年 9 月在西安推出的《仿唐乐舞》，它的出现让到西安参观秦兵马俑的国内外游客不再"白天看庙，晚上睡觉"。

2. 市场化发展阶段（20 世纪 90 年代至 21 世纪初）

随着华侨城旗下的中国民俗文化村于 1995 年 7 月推出的《中国百艺晚会》、世界之窗于 1995 年 12 月推出的《欧洲之夜》及宋城景区于 1997 年 3 月推出的《宋城千古情》等，旅游文化演艺节目陆续开始公演，我国旅游文化演艺行业逐渐步入了繁荣发展的时期。

3. 快速发展阶段（21 世纪初至 2019 年）

新千年以来，旅游实景演出和主题公园特色演出真正掀起旅游演艺的热潮。2004 年推出的大型山水实景演出《印象·刘三姐》已演出 20 多年，8000 多场次，观众达 2000 多万人，成为国内文化产业成功运作的典范，也引发了国内大型实景演出及旅游演艺产业发展的热潮。

4. 智慧化升级阶段（2020 年至今）

近年来，以 5G、数字化、大数据、虚拟现实和 AI 智能等为代表的新一轮科学技术革命的迅猛发展,催生了旅游演艺新业态的形成,为旅游演艺高效发展赋予科技动能,科技创新推动旅游演艺项目进入智慧化升级发展阶段。例如,北京欢乐谷国内首创的城市空间装置体验秀《欢乐魔方》,首创3D模组运动舞台;杭州西溪湿地的《今夕共西溪》项目,打造了可360度旋转的古建观众席,融合全息声、全息投影等多媒体新技术,有力支撑起多主角、双时空并行的叙事空间。

视频8-1:旅游演艺项目的分类

(二)旅游演艺项目的分类

按演出场所,可分为室内剧场演艺、室外实景演艺、巡游演艺(表8-2)。

表8-2 旅游演艺项目分类1

分类	特点
室内剧场演艺	固定的室内演出场所,人工造景与布景
室外实景演艺	固定的室外演出场所,自然山水与人工布景相结合
巡游演艺	无固定演出场所,根据演出场所不同,布景造景相应变化

按依托因素,可分为景区依托式、主题公园依托式、城市依托式(表8-3)。

表8-3 旅游演艺项目分类2

分类	特点	典型案例
景区依托式	景区内部或附近,强势依托景区客流,演出主题较自由	长恨歌
主题公园依托式	多位于主题公园内部,演艺主题、内容、氛围与主题公园保持一致	大宋·东京梦华
城市依托式	位于著名旅游城市或规模较大的城市,依赖城市旅游客源,代言城市文化与形象	ERA-时空之旅

按"演出内容"和"场所",可分为实景旅游演艺、主题公园旅游演艺和剧场旅游演艺(表8-4),这些为最常用的分类方式。

表8-4 旅游演艺项目分类3

分类	依托	特点	典型案例	演艺功能	演出形式	剧目创作	演出团队	演出票价
实景旅游演艺	自然山水景区	优美的自然山水与独特的地域文化紧密结合,多为大规模	"印象"系列	拉动旅游地区市场增长	室外大型演出	创作阵容强大,剧目创新频繁,创作周期长	专业演员与社区艺术家、居民	高票价

续表

分类	依托	特点	典型案例	演艺功能	演出形式	剧目创作	演出团队	演出票价
主题公园旅游演艺	主题公园	与主题公园游乐互补，共同打造复合型旅游产品，主题性尤其明显	"千古情"系列	强化休闲娱乐功能，渲染游乐气氛	大型主题演绎、小型常规表演，定点演出与巡演相结合	兼顾艺术性与商业性，原创剧目与引进剧目相结合，剧目更新较快	自建表演团队或引进专业团队	中等票价或免费（含在门票中）
剧场旅游演艺	旅游城市为主	与传统演艺易混淆，多为城市文化名片性的产品，多为政府投资，会采用巡演方式	云南映象	展示优秀文化，丰富文化旅游体验	驻场演出与巡演相结合	专业团队创作，剧目创新较快，创作周期较短	专业演出团队	高票价（平均200元以上）

【拓展知识 8-2】

我国旅游演艺项目的热点地区和主要品牌

目前，我国旅游演艺项目呈现"三地区""三家族"发展格局。

1. 三大热点地区

从区域分布来看，目前长三角、珠三角及西南地区是旅游演艺项目的热点地区。其中，广东为主题公园旅游演艺"发源地"；云南和广西是印象系列项目的"发源地"；而浙江则是千古情系列"示范地"。

2. 三大品牌家族

从中国重点知名旅游演艺项目的投资额、剧场规模、产品能级、市场知名度等维度综合对比，"印象"系列、"山水盛典"系列、"千古情"系列位列前三，票房占据文旅演艺半壁江山。

三、旅游演艺项目的智慧化运营案例

视频 8-2：旅游演艺项目的智慧化运营案例

随着人们生活水平的不断提高，旅游行业热度也在不断攀升，旅游演艺项目也搭载着 5G、数字化、大数据、虚拟现实和 AI 智能等先进技术不断推陈出新，各大景区纷纷推出自己的品牌化智慧旅游演艺项目。从北方夜场到江南湿地，从东部沿海到西部古城，凝聚华夏特色的各类智慧化旅游项目争相登场，激发了我国的文化旅游事业的活力，下面通过典型案例来进一步了解旅游演艺项目的智慧化运营。

【案例 8-1】

沉浸式全域水幕光影景观秀《大唐追梦》

《大唐追梦》演出是西安大唐芙蓉园推出的大型水舞光影秀，是具有西安曲江特色"日游夜演"的全新概念智慧文旅演艺项目。项目依托芙蓉园恢弘大气的山水园林景观，将盛唐文化和游客参与深度结合，通过场景、故事的演绎和各类新技术的运用，从内容上尝试将观众心境与剧中的实景环境相衔接，践行一种新的"游船寻梦"的体验关系。

拓展案例 8-1/2/3：旅游演艺项目的智慧化运营

图 8-1 《大唐追梦》舞台场景

观众席采用了"游船观演式体验"形式，共设 5 艘游船，每艘游船可乘坐观众 160 人，共 800 座。观众乘船泛舟看演出的同时，还能在水上游弋畅玩，跟随精美绝伦的场景，去探索神秘莫测剧情。演出场景展示出芙蓉园亭台楼阁溢彩、廊桥水波辉映的迷人景致，营造出穿越千年、贯穿古今的浪漫意境，让观众真切感受古朴浓郁的盛唐文化气息。表演区则通过多组可升降水幕景观装置、多色激光投射和多维水喷泉设备、雾森系统、沉浸式环绕音响等现代科技手段，呈现出一台全新沉浸式全域水幕景观秀，让观众全身心地融入、尽享文化盛宴。演出中还大量加入了透明"冰屏"，观众观看时，画面悬浮于空中，像浮在透明玻璃上一样，可享受如梦如幻的沉浸式视觉新体验。

案例思考：国外有哪些沉浸式的旅游演艺项目？都有什么特点？

【拓展知识 8-3】

文化"IP"

"IP"是英文"Intellectual Property"的缩写，其原意为"知识财产所有权"或者"智慧财产所有权",也称为智力成果权。随着时代发展和变化,我们现在所说的"IP"的含义有了新的变化和延伸。它常常与"火"和"大"等词语搭配在一起。那到底是什么意思呢?

文化IP是指一种文化产品之间的连接融合,是有着高辨识度、自带流量、强变现穿透能力、长变现周期的文化符号。在中国当代语境下,文化IP已不再局限于文学、动漫、影视作品,诸如《清明上河图》、曾侯乙编钟等国宝重器,敦煌飞天壁画、秦兵马俑等景区文物古迹,马拉松、世界杯等顶级赛事,均可成为文化IP。例如,前些年改编自网络小说的热播剧《花千骨》,上映短短两个月其品牌效应呈几何增长,"花千骨"一跃成为"大IP"。当然IP并不单指网络小说改编电视剧这么简单,它催生出了"文学—影视—音乐—游戏"这一跨形态的完整产业链。以往依靠某一款单独的作品或产品去赢得市场,而如今人们思考更多的是如何可持续地利用已"功成名就"的作品,快速地实现其他形态领域品牌化。

总结起来,IP具备4个基本特点:第一,它是无形的,但又贯穿始终;第二,它必须能穿越多种形态,只能固定存在单一形态的不是IP;第三,虽然是虚构,但无比坚固,不可随意改变;第四,虽是虚构,但人人都可以感受到它的真实存在。

【任务训练】

通过本任务的学习和实践,学生应理解旅游演艺智慧化的内涵,了解旅游演艺项目的发展历程及分类,熟悉旅游演艺项目智慧化运营的典型案例。

任务准备	全班分组成立项目小组,每组人数3—6人
任务要求	1. 各组搜索并阅读《文化和旅游部关于公布第一批全国智慧旅游沉浸式体验新空间培育试点名单的通知》(简称《通知》) 2. 各组从《通知》中选择1个最感兴趣的智慧旅游沉浸式体验项目,并搜集视频和图文资料 3. 展示本组所选择项目的基本信息、具体内容、体验形式和创新之处等资料
任务成果	各组提交所选项目的PPT展示文档
评价方式	学生自评、教师评价及第三方平台评价相结合。分组安排时,注意分工到位,每位成员都有一定任务

项目八 旅游相关行业智慧化运营

任务二 旅游购物项目智慧化运营

【任务导入】

千年大计拥抱无界零售 京东最大X无人超市入驻雄安

"雄安发布"官方微信发出雄安市民服务中心园区最新照片,京东X无人超市雄安新区店正式"露面"。坐落于雄安市民服务中心的这家门店不仅是京东X无人超市迄今为止最大的一家门店,也成为京东助力雄安新区建设的首个实际落地项目。

刷脸进店、智能标价、自动结算……在京东X无人超市雄安新区店,购物只需三步走:进入超市先"刷脸",通过摄像头进行人脸识别,绑定身份与支付信息;随心随意挑选商品,电子价签将实时展现商品促销价格;拿着商品通过智慧化结算通道,无需支付动作就能轻松完成商品统计与结算。X无人超市为雄安当地人民送去了满载黑科技的"无感知"购物方式。

任务解析: 无人超市已经引起了国内外诸多企业的关注和跟进,许多零售巨头正在加快推进智能化转型,以应对未来竞争的挑战。除了无人超市,智能零售业中还涌现出各种智能购物场景,如需要提前提供商品清单的无人贩卖机、全程视屏导购的网络购物、变形的智能货架等。这些创新的购物场景受到了消费者的追捧,成为零售行业新的增长点。值得注意的是,随着技术不断进步化和人工智能的加入,智能购物场景将更加多样化、便利化和个性化,未来还将有更加强大更具创意的智能购物形式推陈出新。对于消费者而言,无人超市和智能零售业的兴起确实为消费生活带来了很大的变革。在此背景下,要顺应时代的潮流,推进新的商业发展方式,就需要企业、政府、社会各方面共同努力,共建智能时代的社会,实现全社会的共同发展。

请同学们了解"无人超市"相关知识后,完成以下讨论。
1. 你都见过哪些"无人超市",购物过程中有何感受?作何评价?
2. 您认为"无人超市"可以应用到旅游产业的哪些场景?

一、旅游购物智慧化

旅游购物是指游客在旅游目的地或在旅游过程中购买商品的活动以及在此过程中附带产生的参观、游览、品尝、娱乐等一切行为。旅游购物不是单纯的购买商品的行为,这与日常生活中的购物不同,其中就包括了与旅游相关的休闲娱乐等活动。旅游购物是旅游或旅游业的一个领域或要素,其作为一种旅游行为,对当地社会文化、经济及旅游政策都能够产生影响。

随着旅游需求的不断扩大和科技手段的迅速发展，在传统的旅游购物形式、载体或项目基础上，融入智慧化设备和手段而打造的新型旅游购物形式，均属于旅游购物智慧化的范畴。

二、旅游购物的法律规定

视频8-3：旅游购物的法律规定

《中华人民共和国旅游法》第四章第三十五条第二款规定："旅行社组织、接待旅游者，不得指定具体的购物场所，不得安排另行付费旅游项目。但是，经双方协商一致，旅游者要求且不影响其他旅游者行程安排的除外"。结合《反不正当竞争法》，本书对旅行社包价旅游中服务于游客购物的内容界定如下。

（一）"指定具体的购物场所"的界定

（1）非为面向当地社会公众服务的商业区或购物点。

（2）专门为服务旅游团队设立的购物场所，一般比较偏远，商品价格明显高于面向当地社会公众服务的商业区同样商品的价格。

（3）购物场所以回扣、小费等商业贿赂为吸引业务的主要方式，实行账外按游客消费数额一定比例给予旅行社、导游（领队）一定提成的潜规则。

（二）旅游参观景点内购物场所的界定

旅行社包价旅游线路中，含有工农业旅游等特色旅游景点的，有的景点内有购物场所。符合以下条件的认定为旅游景点，不符合的认定为指定的具体购物点。

（1）游览面积占景点的绝大多数面积，购物场所建筑面积原则上不超过景点总建筑面积的30%。

（2）所售商品80%以上为该企业产品，商品价格与当地社会公众服务的商业区同样商品基本相当。

（3）不以回扣、小费等商业贿赂为吸引业务的主要方式，不实行按照游客消费数额给予旅行社、导游（领队）提成的潜规则。

（三）旅行社经营专项购物线路产品规范

旅行社经营以客运服务为主的小包价购物线路（如怀仁皮革城），应当遵守以下规则。

（1）线路产品价格不得低于成本。成本主要包括交通、司乘、导游服务费，购物场所经营者账内付费等给予的补贴，并如实入账。

（2）旅行社、导游不得以任何形式在账外从购物场所收取任何账外回扣、小费。

项目八　旅游相关行业智慧化运营

（四）旅游者在旅行社包价旅游线路产品的购物活动规范

（1）旅游者在自由活动期间选择旅游目的地主要面向当地社会公众服务的商业区开展正当、合理的自由购物，旅行社、导游（领队）可以提供交通、向导等服务。

自由活动时间为线路中专门列明的自由活动时间及旅游行程之外（如晚餐后入住酒店后）的时间。但不得在晚餐后入住酒店前安排全体团队购物，不得因部分游客的需求影响其他游客休息，强迫或变相强迫游客参加合同约定行程之外的活动。

（2）旅行社、导游（领队）不得以任何借口擅自改变合同约定的行程组织游客购物。包括游客签字同意。不可抗力的除外。

（3）旅行社组织游客到具体购物场所购物，旅游者在旅游行程结束后三十日内要求旅行社为其办理退货并先行垫付退货货款的，由旅行社无条件负责。

（五）购物点与旅行社、导游、领队关系规范

购物点与旅行社、导游（领队）之间不得有利益关系的潜规则。

（1）购物场所不得账外以回扣、小费等形式贿赂旅行社、导游、领队。

（2）旅行社、导游（领队）不得因组织游客购物账外以任何方式收取购物场所佣金、回扣、小费。

三、旅游购物项目的智慧化运营案例

随着5G、数字化、大数据、虚拟现实和AI智能等技术的普及应用，旅游购物项目的开发已经从传统认知向智慧化理念转变。现阶段，基于无人驾驶和网络直播两类技术，已经在诸多景区衍生了无人超市、无人零售车、景区直播卖货、旅行带货主播等购物形式，多样的购物、卖货、带货形式给身在不同空间、时间的游客，带来了更炫酷的购物体验、更便捷的购物服务和更透明的商品价格，下面通过典型案例来进一步了解旅游购物项目的智慧化运营。

视频8-4：旅游购物项目的智慧化运营案例

拓展案例8-4/5/6：旅游购物项目的智慧化运营

【案例8-2】

旅行主播：一边旅游　一边直播带货

直播带货现已成为旅游行业常态化的销售模式在国内某旅行直播平台上，导游出身的主播张先生，在直播平台旅行节特价狂欢中，于当日仅直播2小时的情况下，凭借自身过硬的旅游专业知识和品质线路，实现日入过万，成

为名副其实的旅行带货达人。相较于传统电商的带货，旅行带货让一些非头部主播也实现了较好的收益。

区别于传统直播的去中心化，旅行直播是单刀直入式地直入主题；区别于电商带货的卖点提炼，旅行带货则是一场需要内容充实、角度专业的体验讲解，有效将风景、历史传递给观众，才能将线路的销量做到最大化。因此这份工作是一场具有挑战性的"负重"旅行。旅行直播是主播和优质路线之间的彼此成就，主播既是旅行体验官也是一名普通的游客，从根本上确保了主推线路的可靠性。主播出于维护人气的目的，会对主推线路进行主动甄选以避免"翻车"，而口碑良好的线路，也将助推主播的人气增长。相较于传统电商直播一场数千万元成交额的体量，旅行直播仍然是一片蓝海市场，市面上现有的旅行 KOL 大多仍以视频、图文为载体，市场潜力较大。

案例思考：你认为旅行主播在未来会有怎样的发展情景？

【任务训练】

通过本任务的学习和实践，学生应理解旅游购物智慧化的概念，熟悉旅游购物项目智慧化运营的典型案例。

任务准备	全班分组成立项目小组，每组人数 3—6 人
任务要求	1. 各组搜索查找国内外有哪些无人超市的主流厂商和品牌 2. 各组讨论无人超市有哪些优势和弊端？可以在旅游产业得到怎么样的应用？ 3. 展示本组搜集的无人超市在旅游产业中的应用案例，并说明经营现状和预期前景
任务成果	各组提交无人超市在旅游产业中的应用案例 PPT 展示文档
评价方式	学生自评、教师评价及第三方平台评价相结合。分组安排时，注意分工到位，每位成员都有一定任务

任务三　旅游文创项目智慧化运营

【任务导入】

数字技术让旅游"聪明"起来——文旅文创融合发展的"安阳路径"

当"中华字都"（河南省安阳市）遇上数字技术，当红旗渠邂逅元宇宙，当数字营销成为"诗和远方"的"破圈"传播之道……智慧文旅将文物的深度、历史的厚度、文明的广度转化为特色场景的辨识度、游客的参与度以及与日常生活的连接度，成了文旅高质量

项目八 旅游相关行业智慧化运营

发展的切入点、着力点、支撑点。

"我和朋友两个人一共去了5个景点，如果每个景点都买票，即使半价，也要374元。"来安阳市旅游的游客说。让他们点赞的，除了美丽风景，还有在"字都安阳"小程序上购买的一张小卡片——"中华字都"安阳文旅一卡通。"有了这个出行'神器'，我们只花140元就能打卡许多景点，省钱、方便，体验感很好！"

"字都安阳"小程序将安阳市优质文旅资源服务盘活汇聚到一个平台，既丰富了旅游营销的模式，又带来了场景业态的叠加。"字都安阳"小程序融合了旅游资讯、线路规划、景区导览、酒店预订等多种功能，可为游客提供"吃、住、行、游、购、娱"一站式文旅体验，通过云计算、大数据、视频互动、文旅数字化、虚拟现实等技术服务游客出行。

"要让静态的历史文化在旅游产品中'活'起来，满足游客的多元化需求，推动文化旅游产业智慧化建设是发力的关键。"安阳市文化广电体育旅游局工作人员介绍，随着全市智慧旅游管理暨产业运行监测平台上线运营，安阳文旅体验越来越好。下一步，安阳市将继续结合游客的兴趣爱好、消费趋势，创新"网络体验＋文旅消费"新模式，发展云旅游、云演艺、云直播、云展览等数字化体验新产品，发展沉浸式体验型文旅消费，引导和培育网络消费、体验消费、智能消费等消费新热点、新模式。

在"中华字都"安阳，科技正进一步打破文旅产业界限，为文旅的未来带来更多可能。

任务解析：以文化为核心，以科技为助力，数字科技为文旅文创产业融合发展构建出新空间、注入了新动力。当前，文旅需求加速向线上转移，数字化、沉浸式体验成为文旅消费新常态。"5G＋元宇宙"的文创产品形式大大丰富了文旅领域的表达方式。在推动文化旅游与数字经济深度融合过程中，应当加快传统文旅业态数字化改造，实施新兴业态培育行动，推动数字赋能研学旅游、红色旅游、体育旅游等，拓展数字文旅文创体验新空间。

请同学们阅读以上案例，查看"中华字都"小程序，完成以下讨论。

1. 安阳市推出的"中华字都"小程序对城市元素进行了哪些创新？
2. 你认为文旅和文创还可以从哪些方面深度融合发展？

一、旅游文创智慧化

旅游文创是指旅游文化创意产品，是艺术衍生品的一种，通过设计者对于旅游文化的理解，将原生艺术品的文化元素与产品本身的创意相结合，形成的一种新型的、针对旅游文化的创意产品，满足了人们的多样化需求，增加了旅游本身的附加值，为旅游经济的发展注入了新的经济增长点。

旅游文创智慧化也称为数字旅游文创，是以旅游文化创意内容为核心，依托数字技术进行创作、生产、传播和服务的旅游经济文化活动，其本质是旅游、文化、艺术、创意、知识和科学技术的深度融合。

二、旅游文创智慧化的注意要点

（一）消费行为是一种情感运作

视频8-5：旅游文创的注意要点

消费者对旅游文创商品的消费行为是一种文化或情境的情愫发酵，消费地方旅游文创商品时，可以将当地的人文背景带回家里，因此，商品的价值就在于它背后的故事。所以旅游文创商品应该具备诱发这些情愫的元素，无论在外观、材质或技法上。如果商品在这方面的特征不明显，也可透过企业的品牌形象或包装的手法来达成，这里的包装是指商品的营销包装，如参与公益活动、特色活动的事件加持。

（二）消费行为是一种心理价值比较

消费者选购旅游文创商品会就商品所带的意涵进行比较，包括品牌价值、定位，或是商品本身的故事性。也就是说，如果你的商品不具品牌价值、没有背景衍生故事，是无法触动消费者的购买动机，而且这些触动人心的品牌或内涵如果深度不够时，就会被视为消耗性的消费，就是可买可不买。总之，旅游文创商品是一种心理层面的消费行为，如果商品无法在这方面创造价值，就没有市场的竞争力。

（三）知名品牌不是永远的选择

看到旅游文创的热度，许多知名品牌甚至科技品牌也纷纷推出旅游文创商品或项目，然而旅游文创市场讲的是旅游文化与创意，因此这些已经在消费者心中定型的大品牌不见得会成功。旅游文创商品具备了独一无二的个性，这个性是需要特别去形塑的，另外在创意度上小品牌较大品牌没有包袱，挥洒空间更大。

（四）消费动机来自被影响

口碑营销一直是消费行为最重要的一环，尤其目前网络社群的大浪潮，更带动了群体的购买动机。因此品牌及商品的无形价值，都可以在事前经由消费社群的运作来形塑创造。旅游文创商品是一种心理价值的消费对象，一旦加强这种心理价值的影响力及传播性，必定会在消费社群创造更大的反响。

（五）消费不只是为消费

当前有一种追求时尚商品的新消费趋势正蔓延开来，其动机不在民生需求，也不在物质的享受，而是议题的认同，甚至社交功能的衍生，旅游文创商品或项目在这方面更是能发挥这种效应，比如具有旅游目的地特色的T恤、杯子、雨伞、手机壳等。

项目八 旅游相关行业智慧化运营

（六）消费者期望商品创造惊喜

旅游文创商品或项目不只是满足消费者预期的需求，更是走在消费者心理的前端，让消费者在第一次接触及随后的使用中，感受惊喜与感动。这种创造体验价值领导的旅游文创商品，让消费者认同文创商品与旅游品牌的忠诚度，将为旅游企业创造更多的未来商机。

三、旅游文创项目的智慧化运营案例

从 2018 年开始，随着文化和旅游部的成立，文化产业和旅游产业在用地政策、金融政策、补贴政策等方面实现对接，开启了中国文旅产业的大时代。在经历了"产业洗礼期""智慧洗礼期""互联网洗礼期""全域洗礼期"之后，旅游产业迎来了"文化洗礼期"。依托 5G、数字化、大数据、虚拟现实和 AI 智能等前沿科技的跟进，旅游文创项目正在不断与互联网和数字化融合，开发具有时代特色的智慧化旅游文创项目，下面通过典型案例来进一步讲解旅游文创项目的智慧化运营。

视频 8-6：旅游文创项目的智慧化运营案例

【案例 8-3】

博物馆搬上云展厅　足不出户赏非遗

青岛饽饽榼子博物馆是青岛酒店管理职业技术学院和青岛市手工艺协会联合筹建，山东省内唯一关于面食模具的专业博物馆，被山东省教育厅批准为"山东省中华优秀传统文化传承基地"，集收藏、展示、研究、制作、体验、传承、文创于一体。馆内收录了元、明、清、民国和新中国成立初期的近 400 件饽饽榼子精品进行展览。

拓展案例 8-7/8：旅游文创项目的智慧化运营

2021 年 5 月 27 日，经多方筹备，饽饽榼子博物馆云展厅正式上线，以云端展览的新面貌向公众开放。进入博物馆云展厅，可以看到"场景""源流""产地""民俗""文创产品"五大板块，跟随引导选择场景，点击相应的区域，就能看到展厅全貌和每一件榼子的详细介绍。在"博物馆文创产品"板块里，根据场景转换，能看到饽饽榼子的制作工艺，以及工艺美术品设计专业师生所进行非遗工艺传承活动等。云展厅让游客坐在家中，足不出户赏文物，以"云参观""云刷馆"的方式体验和享受文化生活。

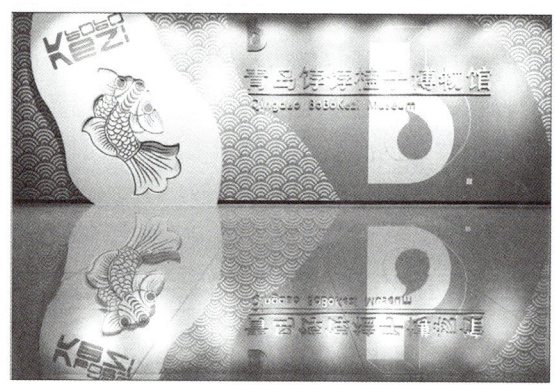

图 8-2 青岛饽饽榼子博物馆云展厅界面

随着 5G 技术的广泛应用,虚拟数字展馆和数字旅游文创将成为热点趋势,青岛饽饽榼子博物馆即是数字旅游文创的典型代表,它将数字技术、旅游行为和文化产品融合起来,使虚拟数字展馆更加人性化、前沿化,服务于更多待在家中的"云端游客"。

案例思考:你知道还有哪些开设了云展厅的博物馆或展览馆?它们都有怎样的特色?

【任务训练】

通过本任务的学习和实践,学生应理解理解旅游文创智慧化的概念,了解打造旅游文创项目的特点,熟悉旅游文创项目智慧化运营的典型案例。

任务准备	全班分组成立项目小组,每组人数 3—6 人
任务要求	1. 各组搜索查找旅游文创类的手机端小程序 2. 各组选择 1 个小程序进行深入的操作了解 3. 分享本组所选择文创小程序的优缺点
任务成果	各组提交所选择的文创小程序,并提出该小程序的优缺点各 3 条
评价方式	学生自评、教师评价及第三方平台评价相结合。分组安排时,注意分工到位,每位成员都有一定任务

项目八　旅游相关行业智慧化运营

 任务四　旅游交通项目智慧化运营

【任务导入】

武汉首条"无人驾驶车"旅游专线开通

2023年10月，东风悦享在武汉经开区筹备的无人驾驶旅游专线正式开通。该专线已经取得运营牌照并实现常态化运营，是武汉市首条无人驾驶旅游专线。

该线路全程24公里，单程预计35分钟，从小军山地铁站出发，依次经过设法山三国历史文化公园、鸟语林、龙灵山等景点，形成一条集交通、文化、自然风光和户外活动于一体的旅游研学自动驾驶线路。目前，该线路已配置7辆东风悦享Sharing-Bus无人驾驶巴士。这些无人驾驶巴士运用组合导航+视觉+激光点云融合技术，完成了高精度的定位，能够更好地让无人驾驶车辆适应各种复杂环境，平稳、安全、快捷地将乘客送到目的地。在工作日，这些无人驾驶巴士用于日常通勤接驳，保证线路周围居民的便捷出行。周末它们则化身定点旅游研学的"导游"，带着旅客更快更舒适地到达想去的景点。乘客可通过武汉通刷卡以及悦享智行小程序购票乘车。

任务解析： 无人驾驶车依托先进的导航技术和自动驾驶技术实现了无人操作，车辆运行效率得到大幅提升。借助语音导引和多语言翻译系统，在游客使用期间，无人驾驶车能全程为游客提供讲解服务。不仅能给游客提供更好的游玩体验，也为景区节省了人力成本。但是，无人驾驶车的安全性是公众关注的焦点。尽管无人驾驶车辆在理论上可以减少交通事故，但在实际应用中，仍然存在事故风险。这需要建立完善的安全标准和监管机制，确保景区无人驾驶车辆的安全性能和可靠性。

请同学们阅读以上案例，完成下列讨论。

1. 你认为无人驾驶车有哪些优点和隐患？
2. 你认为无人驾驶技术还可以在景区中得到哪些更广泛的应用？

一、旅游交通智慧化

旅游交通是指为旅游者由客源地到旅游目的地的往返，以及在旅游目的地景区或景点之间实现空间位移而提供的交通设施及服务。

旅游交通智慧化也叫智慧旅游交通，是指在旅游交通领域中充分运用物联网、互联网、云计算、人工智能、自动控制、移动互联网等技术，对交通管理、交通运输、公众出行等交通领域全方面以及交通建设管理全过程进行管控支撑，使交通系统在区域、城市甚至更大的时空范围具备感知、互联、分析、预测、控制等能力，以充分保障交通安全、发挥交通基础设施效能、提升交通系统运行效率和管理水平，为通畅的公众旅游出行和可持续的旅游经济发展服务。

二、旅游交通方式及优缺点

拓展知识 8-2：列车编号的代表意义

视频 8-7：旅游交通方式及优缺点

纵观旅游发展史可以发现，旅游业的每一次大发展都与交通的发展紧紧联系在一起。近代旅游的发展得益于蒸汽机在交通中的运用，而现代旅游的发展是以喷气式推进技术在民航中的应用为标志。目前，旅游交通方式主要分为公路旅游交通、铁路旅游交通、水路旅游交通、航空旅游交通、特色旅游交通和智慧旅游交通，不同的旅游交通方式，有各自的优点与缺点（表 8-5）。

表 8-5 旅游交通方式的优缺点

旅游交通方式	优点	缺点
公路旅游交通	灵活、方便，能深入到旅游景点内部，短途旅行速度快，投资少，工期短，见效快，对自然条件的适应力较强	运载量小，受气候变化影响较大，污染严重，安全性较差
铁路旅游交通	客运量大、费用低、受气候影响小、安全准时，速度较汽车快	造价高、工期长、受地区经济和地理条件限制
水路旅游交通	豪华舒适、价格低廉	速度慢、时间长、准时性差
航空旅游交通	快速高效、安全舒适、航线开辟不受地面的各种天然或人为障碍的限制，事故率低	只能完成点点之间的旅行，票价高；空港占地面积大，用地条件高，噪声污染严重，易受天气条件的制约
特色旅游交通	如观光游览车、索道、缆车、滑竿、人力车等，减轻了游客的行进负担，增加了游览的趣味性	如轿子、渡船、羊皮筏子、摩托艇等，易受天气环境变化和技术水平的影响，对人身和财产安全有一定的危险性
智慧旅游交通	节约人力资源、有利于生态保护，减少交通事故，提升运载效率等	现阶段的生产、运营成本较高，存在被黑客入侵的风险等

三、旅游交通项目的智慧化运营案例

旅游交通是旅游者实现空间位移的必要条件，对于旅游活动至关重要。智慧旅游交通源自智慧交通，是智慧交通的一部分。智慧旅游交通是应对目前旅游交通拥堵、安全性不高、自驾游客数量快速增长等现状的新思路。当前的智慧旅游交通项目，主要是以无人驾驶技术为基础的景区内的旅游交通项目，从广义上来看，近年大热的太空旅游项目，由于是以高科技手段实现旅游者的空间位移，所以也可将其归为智慧旅游交通项目。下面通过典型案例来进一步了解旅游交通项目的智慧化运营。

视频 8-8：旅游交通项目智慧化运营案例

拓展案例 8-9/10/11：旅游交通项目的智慧化运营

【案例 8-4】

国内首个自动驾驶主题景区落户龙灵山

无人驾驶售货车不停穿行，游客只需挥挥手，就能扫码购买饮料；无人驾驶环卫车定时启动清扫，7 公里道路，2 个多小时就能自动完成打扫；无须司机，无人驾驶观光车，可以带着游客逛遍景区……2020 年 12 月 9 日，我国首个自动驾驶主题景区——龙灵山自动驾驶主题景区在国家智能网联汽车（武汉）测试示范区内建成，自动驾驶接驳车、自动驾驶出租车、无人售货车、无人环卫车等 7 大类 19 台自动驾驶车辆穿行，让游客体验未来城市智慧出行的多种场景。

景区内的无人驾驶观光车东风 Sharing-VAN，为国内首款完全自主研发的 L4 级 5G 自动驾驶汽车，具备一键招车、动态避障、多车编队、自动泊车及远程控制等多项功能。考虑到景区人多路窄，特意强化了其安全系数，在距离 15 米左右发现动态障碍物，车辆就会自动避开或停车。景区内的 4 台无人驾驶巴士，主要负责龙灵山与鸟语林景区之间的游客接驳，车上专门配备安全员，可随时进行人工和智能驾驶两种模式的切换，最大限度确保出行安全。

案例思考：你认为要打造自动驾驶主题景区，原始景区应具备哪些基本条件？

【任务训练】

通过本任务的学习和实践，学生应理解旅游交通智慧化的概念，了解主要旅游交通方式及优缺点，熟悉旅游交通项目智慧化运营的典型案例。

任务准备	全班分组成立项目小组，每组人数3—6人
任务要求	1. 各组搜索查找两个景区开通无人驾驶车的案例 2. 讨论景区无人驾驶车的安全、就业和道德伦理问题
任务成果	各组提交一份景区无人驾驶车的调研报告
评价方式	学生自评、教师评价及第三方平台评价相结合。分组安排时，注意分工到位，每位成员都有一定任务

测试题

一、单选题

1. 以下哪项是城市依托式旅游演艺项目的典型代表？（　　）
 A. 长恨歌　　B. 大宋·东京梦华　　C. ERA-时空之旅　　D. 大唐追梦

2. 以下对旅游景点内购物场所的表述，可以认定为"指定的具体购物场所"的情况是（　　）。
 A. 商品价格与当地社会公众服务的商业区同样商品基本相当
 B. 不以回扣、小费等商业贿赂为吸引业务的主要方式
 C. 购物场所建筑面积占景点总建筑面积的40%
 D. 不实行按照游客消费数额给予旅行社、导游（领队）提成的潜规则

3. 以下属于智慧旅游交通形式的是（　　）。
 A. 共享单车　　B. 羊皮筏子　　C. 游览观光车　　D. 太空旅行飞船

4. 按演出场所，旅游演艺项目可分为室内剧场演艺、室外实景演艺和（　　）。
 A. 实景旅游演艺　　B. 巡游演艺　　C. 主题公园演艺　　D. 剧场演艺

5. 旅游文创智慧化是以（　　）内容为核心，依托数字技术进行创作、生产、传播和服务的旅游经济文化活动。
 A. 旅游文化　　B. 旅游文化创意　　C. 数字技术　　D. 智慧旅游

6. 以下属于智慧旅游交通缺点的是（　　）。
 A. 浪费人力资源
 B. 存在被黑客入侵的风险
 C. 会增加交通事故
 D. 不利于生态保护

二、判断题

1. 数字旅游文创是智慧旅游的重要组成部分，它主要依赖传统旅游资源

和人工服务，而不涉及现代数字技术和文化创意的融合。（　）

2. 智慧旅游交通现阶段生产、运营成本已经很低，不存在被黑客入侵的风险。（　）

3. 文化 IP 是指一种文化产品之间的连接融合，是有着高辨识度、自带流量、强变现穿透能力、长变现周期的文化符号。（　）

4. 无人购物车在旅游景区的使用，属于旅游购物项目的智慧化运营。（　）

5. 旅游文创智慧化的本质是旅游、文化、艺术、创意、知识和科学技术的深度融合。（　）

6. 智慧旅游交通现阶段生产、运营成本已经很低，不存在被黑客入侵的风险。（　）

三、多选题

1. 以下属于旅游购物项目智慧化运营案例的是（　）。

A. 现代化景区内开设传统超市

B. 无人超市落户 AAAAA 级旅游景区

C. 无人零售车亮相景区

D. 旅游主播直播带货

E. 免税店使用智能购物系统

2. 以下属于旅游文创项目注意要点的是（　）。

A. 消费行为是一种情感运作

B. 消费行为是一种心理价值比较

C. 知名品牌不是永远的选择

D. 消费动机来自被影响

E. 消费不只是为消费

3. 以下属于旅游文创项目智慧化运营案例的是（　）。

A. 非遗博物馆开设云展厅

B. 文化公园开办数字文创活动

C. 旅游主播直播带货

D. 旅游景区打造"文化旅游＋数字文创"新模式

E. 建立智慧文创旅游体验区

4. 下列属于智慧旅游交通优点的是（　）。

A. 节约人力资源　　　　B. 利于生态环境　　　　C. 减少交通事故

D. 提升运载效率　　　　E. 增大建设成本

四、问答题

1. 旅游购物过程中，如何界定"指定具体的购物场所"？

2.旅游交通主要有哪几类？

3.简述旅游演艺智慧化、旅游购物智慧化、数字旅游文创、智慧旅游交通的基本概念。

4.请问旅游演艺项目可分为哪几类？

5.请问文化IP的基本特点是什么？

6.请问旅游文创有哪些注意要点？

7.请问旅游交通有哪几类？举例说明。

五、案例分析题

近年来，我国不断涌现一大批采用现代科技手段创作的高水平数字旅游演艺项目，在艺术创新和社会效益上都获得了较大成功。基于先进科技手段，文旅场域与戏剧演艺的融合，这些数字旅游演艺项目既彰显了地方的传统人文地理特色优势，又凸显先进科技带来的艺术奇观体验，可以视之为现代科技推动下的旅游演艺创新业态，极大满足了现代社会观众的观演需求。

明代戏曲家汤显祖故里抚州的大型沉浸式实景戏剧《寻梦牡丹亭》，将戏曲元素与实景环境相结合，还原了"临川四梦"之一的《牡丹亭》中亭、台、楼、阁等梦幻景致，结合全息数字影像技术、巨型圆环装置投影等声光电技术，以《游园惊梦》《魂游寻梦》《三生圆梦》为三折主线，真实还原了汤显祖笔下的梦幻场景，让观众有"人在戏中游、戏在境中演"的独特体验。

根据以上材料，结合所学知识，请回答下列问题。

现代科技如何促进传统旅游演艺的创新发展？

《智慧旅游运营实务》在线测试

参考文献

[1] 李刚.景区票务分销系统的设计与实现[D].大连：大连理工大学，2016.

[2] 史甜甜，曾丽，靳文敏，关燕琴.5A级旅游景区微信公众号对客服务功能及其建设水平研究[J].旅游学刊，2021，36（10）：85-97.

[3] 史文彬，王春森.GPS定位技术在市政工程安全管控工作中的应用[J].电子技术与软件工程，2021（03）：34-35.

[4] 严玥.智慧旅游视角下南京城墙数字化导览系统应用探究[J].科技传播，2021，13（20）：130-132+139.

[5] 陈磊，田素娟，黄钰涵.微信小程序在旅游景区管理中的应用分析——以无极鬼谷景区为例[J].武夷学院学报，2020，39（07）：72-75.

[6] 赵菁，赵靓.中国国家博物馆导览系统观众需求分析[J].博物院，2021（05）：97-105.

[7] 王瑜.虚拟旅游景区系统关键技术的研究与实现[J].泰山学院学报，2017，39（03）：51-55.

[8] 汤洁娟.我国虚拟旅游系统建构与应用研究[J].求索，2016（04）：139-142.

[9] 罗丹.智慧博物馆型票务系统的机制设计研究——以佛山市禅城区博物馆为例[J].文物鉴定与鉴赏，2021（20）：133-135.

[10] 杨会健.智慧景区旅游应急指挥中心设计[D].南京：南京邮电大学，2020.

[11] 张国超.新技术驱动下，视频指挥调度系统的融合发展与行业化应用[J].中国安防，2020（12）：13-16.

[12] 吴淑敬.大数据时代，视频指挥调度系统技术融合的必要性与新发展[J].中国安防，2021（Z1）：12-14.

[13] 蒋丹.高校校园导游咨询系统的需求分析与开发——以荆楚理工学院为例[J].荆楚理工学院学报，2010，25（11）：13-17.

［14］欧朝蓉.智慧旅游［M］.北京：中国林业出版社，2021.

［15］姚志国，鹿晓龙.智慧旅游：旅游信息化大趋势［M］.北京：旅游教育出版社，2013.

［16］吴红辉.智慧旅游实践［M］.北京：人民邮电出版社，2018.

［17］赵靓.语音导览的发展及在博物馆的应用［J］.理论探讨，2018.

［18］吴彬，姚菲.从博物馆语音导览系统发展谈成都金沙遗址博物馆智慧导览系统建设［J］.文博学刊，2021.

［19］钟栎娜，邓宁.智慧旅游：理论与实践［M］.上海：华东师范大学出版社，2017.

［20］许子明，田杨锋.云计算的发展历史及其应用［J］.信息记录材料，2018，19（8）：66-67.

［21］刘陈，景兴红，董钢.浅谈物联网的技术特点及其广泛应用［J］.科学咨询，2011（9）：86-86.

［22］王琪.分布式计算的大数据构建探析［J］.计算机产品与流通，2019（06）：103.

［23］王江汉.移动互联网概论［M］.成都：电子科技大学出版社，2018.

［24］张涛.资源池模式及其扩展策略应用研究［J］.电脑知识与技术学术交流，2011（3）.

［25］李宏.中国在线旅游研究报告［M］.北京：旅游教育出版社，2019.

［26］陆均良，宋夫华.智慧旅游新业态的探索与实践［M］.杭州：浙江大学出版社，2017.

［27］李云鹏.旅游电子商务［M］.重庆：重庆大学出版社，2019.

［28］汤跃光.旅游电子商务［M］.重庆：重庆大学出版社，2017.

［29］张华，李凌.智慧旅游管理与实务［M］.北京：北京理工大学出版社，2017.

［30］马海龙，杨建莉.智慧旅游［M］.银川：宁夏人民教育出版社，2017.

［31］宋佳.旅游电子商务［M］.镇江：江苏大学出版社，2020.

［32］倪广龙.电子导游系统路径规划的研究［D］.哈尔滨：哈尔滨理工大学，2016.

［33］张凌云，乔向杰，黄晓波.智慧旅游理论与实践［M］.天津：南开大学出版社，2017.

［34］葛晓滨.旅游电子商务教程［M］.北京：中国人民大学出版社，2016.

［35］郭剑衡.互联网背景下旅行社智慧化路径探究［J］.当代旅游，2021，19（29）：25-27.

［36］江增光.智慧旅游背景下江苏省旅行社业发展的策略研究［J］.无锡商业职业技术学院学报，2013（6）：14-17.

［37］雷扬.智慧旅游背景下四川中小旅行社转型研究［J］.风景名胜，2019（08）：219-220.

［38］薛小梦，汪玮.黄山景区"一站式"服务APP［J］.经济师，2019（02）：161-162.

［39］张建忠，秦振吉，温娟娟.旅游电子商务［M］.北京：高等教育出版社，2015.

［40］伍欣，王晓羽.旅游信息化应用［M］.武汉：华中科技大学出版社，2018.

［41］范智军，徐勇雁.旅游电子商务实务（2版）［M］.上海：上海交通大学出版社，2019.

［42］严杰，杨友芳.旅游电子商务教程（2版）［M］.北京：中国人民大学出版社，2021.

［43］张建忠，弓志刚.旅游电子商务［M］.北京：高等教育出版社，2021.

［44］郑红，颜苗苗.智慧酒店理论与实务［M］.北京：旅游教育出版社，2020.